高等院校会计专业(新准则)通用规划教材

银行会计

杨中青　杨国忠　主编

上海财经大学出版社

图书在版编目(CIP)数据

银行会计/杨中青，杨国忠主编．—上海：上海财经大学出版社，2015.6

高等院校会计专业(新准则)通用规划教材

ISBN 978-7-5642-2076-1/F・2076

Ⅰ.①银… Ⅱ.①杨…②杨… Ⅲ.①银行会计-高等学校-教材 Ⅳ.①F830.42

中国版本图书馆 CIP 数据核字(2014)第 309365 号

□ 策划编辑 石兴凤
□ 责任编辑 石兴凤
□ 封面设计 张克瑶
□ 责任校对 廖沛昕 卓 妍

YINHANG KUAIJI
银 行 会 计
杨中青 杨国忠 主编

上海财经大学出版社出版发行
(上海市中山北一路 369 号 邮编 200083)
网 址：http://www.sufep.com
电子邮箱：webmaster @ sufep.com
全国新华书店经销
江苏省句容市排印厂印刷装订
2015 年 6 月第 1 版 2017 年 12 月第 2 次印刷

787mm×1092mm 1/16 15 印张 384 千字
印数：4 001—6 000 定价：38.00 元

前 言

随着我国新《企业会计准则》的实施，信息技术的不断发展，银行业务的不断创新和扩展，服务范围的不断扩大，提高银行从业人员的行业素养和业务素质是必然要求。为了满足广大银行工作者以及相关专业高等院校教学的需要，我们编写了这本《银行会计》教材。

本教材主要有以下特点：

1. 内容新颖。本书结合最新的银行结算的有关规定及新《企业会计准则》，详细地介绍了银行的存贷款业务、支付结算业务、外汇业务等，同时把新兴的银行业务充实进去。

2. 体系完整。本书主要介绍了银行的主要业务，同时还介绍了中国人民银行的相关业务。

3. 理论联系实际。本书注重模拟银行会计的真实环境，用实例阐述原理，便于对银行会计知识点的理解和掌握。

4. 重点突出。本书重点突出了银行会计的处理环节，以示银行业务的特殊性。

5. 配备练习。为了便于掌握学习情况，本书在每个章节后面都配备了思考与练习。

本书由吉林农业科技学院杨中青副教授、北华大学财务处杨国忠担任主编，由北华大学刘国奇和吉林农业科技学院张赫楠、金升辉、王银龙担任副主编。具体编写分工如下：刘国奇担任第一、二章的编写；杨中青担任第三、四、五、六章的编写；杨国忠担任前言和第七、八、九章的编写；张赫楠担任第十、十一章的编写；金升辉担任第十二、十三章的编写；王银龙担任第十四章的编写。全书由杨中青副教授编纂定稿。

本书在编写过程中参考了同类专家和学者的教材，谨向这些文献的作者表示衷心的感谢。同时本书也得到了上海财经大学出版社领导及编辑的支持，石兴凤老师也为本书的出版付出了辛勤的劳动，在此一并表示感谢。由于作者水平有限，书中难免会有这样或那样的缺点和错误，恳请广大读者批评指正。

编 者

2015 年 5 月

目　录

第一章　总　论

会计作为一个服务主体，是适应于经济核算和经济管理的客观需要而产生的，可以反映一个企业的兴衰。同时，它作为一种经济管理活动，对反映和监督经济活动、核算和考核经济效益、实施经济决策都发挥着重要作用。银行是一种特殊的行业，是现代经济的核心，所以作为全面反映银行经营活动的会计业务也就具有举足轻重的作用。

银行是现代经济的中枢，银行运用货币这一特殊的信用形式，筹集、融通和分配资金，吸收存款，发放贷款，办理国内结算及票据贴现，经营外汇买卖，经营债券等。银行会计正是依据最新的准则和银行内部的监控措施对上述业务进行核算，为经济管理提供所需要的会计信息，并参与决策。

第一节　银行会计的概念、对象、要素和会计等式

一、银行会计的概念

银行会计是以货币为主要计量单位，采用独特的方法和程序，对银行的经营活动过程进行连续、全面、系统、分类的反映、核算和监督，为银行的经营管理者及有关方面提供一系列有关银行的经营成果、财务状况、资金信息的专业会计。

在理解这一概念的过程中，要注意以下问题：

(1)银行会计的实质是管理活动，即属于管理信息系统的范围。所以银行会计是对商业银行的业务经营活动进行全面、连续、系统的核算和监督，并进行分析和预测，参与经营决策的一种经济管理活动，为银行内部的管理人员、股东、债权人、监管当局以及其他相关的外部机构提供财务信息。

(2)银行会计的目标主要是向会计信息的使用者提供反映其财务状况、经营成果和现金流量的核算信息。银行会计信息的使用者主要包括以下四类：银行内部的管理人员、股东、债权人、监管当局。银行会计信息的不同使用者对信息的关注角度各不相同。例如，银行内部的管理人员需要及时地了解银行资产、负债、资金头寸、经营业绩等财务信息，以便适时调度头寸，避免经营风险，获取更大收益，增强银行实力；股东关心的是商业银行经营的盈利情况和稳健状况以及相关的股利政策；债权人关心的是商业银行的资本债务结构是否合理，借款者的偿还情况和偿还能力；监管当局关心的是商业银行的各项经营活动是否遵循了《商业银行法》等法规的规定以及资本状况是否满足《巴塞尔协议》的要求。银行会计提供的信息内容应当包括以上各类使用者所要求的信息。

(3)银行会计有一系列独特的方法。在商业银行的经营过程中，银行会计形成了一系列区别于其他专业会计的专门方法，主要包括：采用单式传票，传票的传递制度，特定凭证的填制，联行往来的章、押、证的分别管理制度，账务组织的双线核算，按日提供会计报表制度等。这些

专门方法从制度上保证了银行会计核算的准确性、及时性和安全性。

二、银行会计的对象

银行会计的对象是指银行会计核算和监督的内容，是能够用货币计量的银行经济活动，即银行的资金运动。银行会计的对象是银行资金增减变动的过程和结果，它具体体现在银行所经营的各项业务中。

根据2003年修正的《中华人民共和国商业银行法》，该法所称的商业银行是指依照本法和《中华人民共和国公司法》(简称《公司法》)设定的吸收公众存款、发放贷款、办理结算等业务的企业法人。该法第三条规定商业银行可以经营下列部分或者全部业务：

(1)吸收公众存款；

(2)发放短期、中期和长期贷款；

(3)办理国内外结算；

(4)办理票据承兑与贴现；

(5)发行金融债券；

(6)代理发行、代理兑付、承销政府债券；

(7)买卖政府债券、金融债券；

(8)从事同业拆借；

(9)代理买卖外汇；

(10)从事银行卡业务；

(11)提供信用证服务及担保；

(12)代理收付款项及代理保险业务；

(13)提供保管箱服务；

(14)经国务院银行业监督管理机构批准的其他业务。

经营范围由商业银行章程规定，报国务院银行业监督管理机构批准。商业银行经中国人民银行批准，可以经营结汇、售汇业务。

三、银行会计的要素和会计等式

(一) 会计要素

会计要素是对会计对象具体内容所作的最基本的分类，它科学地概括了会计对象的基本内容。通过会计要素可以将商业银行繁杂的各类经济业务予以反映。因此，对会计要素的理解和掌握是做好会计核算工作的基础。根据我国《金融企业会计制度》的规定，商业银行的会计要素包括资产、负债、所有者权益、收入、成本和费用、利润六项。

1. 资产

银行资产是银行拥有或者控制的、能以货币计量的经济资源，该资源预期会给银行带来经济利益。银行资产按其流动性进行分类，主要分为流动资产、长期投资、固定资产、无形资产和其他资产。

流动资产，是指可以在1年内(含1年)变现或耗用的银行资产。银行的流动资产主要包括库存现金、拆放同业、贴现、应收利息、清算备付金、代发行证券、代兑付债券、买入返售证券、短期贷款等。

长期投资，是指除短期投资以外的投资，包括持有时间准备超过1年(不含1年)的各种股权性质的投资、不能变现或不准备随时变现的债券投资、其他债券投资和其他长期投资。长期投资应当单独核算，并在资产负债表中单列项目反映。

固定资产，是指同时具有以下特征的有形资产：为生产商品、提供服务、出租或经营管理而持有的；使用年限超过1年；单位价值较高。未作为固定资产管理的工具、器具等，可作为低值易耗品核算。

银行的无形资产，是指为提供服务、出租给他人或为管理目的而持有的，没有实物形态的非货币性长期资产。无形资产分为可辨认无形资产和不可辨认无形资产。可辨认无形资产包括专利权、非专利技术、商标权、著作权、土地使用权等；不可辨认无形资产是指商誉。银行自创的商誉，以及未满足无形资产确认条件的其他项目，不能作为无形资产。

其他资产是指除上述资产以外的资产，如长期待摊费用。

2. 负债

银行负债是银行承担的、能以货币计量的义务，履行该义务预期会导致经济利益流出银行。

银行的负债按其流动性可分为流动负债、应付债券、长期负债等。

流动负债，是指将在1年内(含1年)偿还的债务。银行的流动负债，主要包括活期存款、1年以下(含1年)的定期存款、向中央银行借款、票据融资、同业存款、同业拆入、应付利息、应付佣金、应付手续费、各项借入资金、金融机构往来资金、各种应付预收款项以及发行短期债券和其他短期负债。

银行发行债券，应当按照实际的发行价格总额作为负债处理；债券发行价格总额与债券面值总额之间的差额，作为债券溢价或折价，在债券的存款期间内按实际利率法或直线法于计提利息时摊销，并按借款费用的处理原则处理。

长期负债是指偿还期在1年以上(不含1年)的负债。银行的长期负债主要包括1年以上的单位定期存款、储蓄定期存款、长期借款、发行的长期债券。

3. 所有者权益

所有者权益，是指所有者在银行资产中享有的经济利益，其金额为资产减去负债后的余额。银行的所有者权益，主要包括实收资本(或股本)、资本公积和未分配利润等。银行计提的一般准备也是所有者权益的组成部分。

4. 收入

收入，是指银行在销售金融商品、提供服务及让渡资产使用权等日常活动中所形成的经济利益的总流入。银行提供金融商品服务所取得的收入，主要包括利息收入、金融企业往来收入、手续费收入、贴现利息收入、担保收入、汇兑收益和其他业务收入。收入不包括为第三方或者客户代收的款项，如代水电部门收取的水电费等。

银行应当根据收入的性质，按照收入确认的条件，合理地确认和计量各项收入。银行提供金融产品或服务取得的收入，应当在以下条件均能满足时予以确认：第一，与交易相关的经济利益能够流入企业；第二，收入的金额能够可靠地计量。

5. 成本和费用

成本是指银行为提供服务和产品而发生的各种耗费；费用是指银行为销售商品、提供服务等日常活动所发生的经济利益的流出。银行应当合理划分期间费用和成本的界限。期间费用应当直接计入当期损益，成本应当计入所提供劳务的成本。

银行的期间费用包括营业费用，应当计入当期损益，并在利润表上分别反映。营业费用，是指金融企业在业务经营及管理工作中发生的各项费用，包括固定资产折旧、业务宣传费、业务招待费、电子设备运转费、安全保护费、劳动保护费、外事费、印刷费、公杂费、差旅费、水电费、租赁费(不包括融资租赁费)、修理费、职工福利费、职工教育费、工会经费、无形资产摊销、长期待摊费用摊销等。

银行支付给职工的工资，应当根据规定的工资标准等资料，计算职工工资，计入成本费用。银行按规定给予职工的各种工资性质的补贴，也应计入各项工资项目。银行在经营过程中所发生的其他各项费用，应当以实际发生数计入成本费用。凡应当由本期负担而尚未支出的费用，作为预提费用计入本期成本费用；凡已支出，应当由本期和以后各期负担的费用，应当作为待摊费用，分期摊入成本费用。

银行必须分清本期的营业成本、营业费用和下期的营业成本、营业费用的界限，不得任意预提和摊销费用。

6. 利润

利润是指企业在一定会计期间的经营成果，包括营业利润、利润总额和净利润。营业利润，是指营业收入减去营业成本和营业费用加上投资净收益后的净额。利润总额，是指营业利润减去营业税金及附加，加上营业外收入，减去营业外支出后的金额。营业外收入和营业外支出应当分别核算，并在利润表中分别反映。净利润是指利润总额减去所得税后的金额。

(二)会计等式

会计等式是用以反映会计要素之间相互关系的数学表达式。任何一项经济业务的发生，都可以归结为某些会计要素的变化，而在会计要素的变化中，遵循一定的守恒定律，从而构成复式记账原理的理论基础。

1. 反映资产、负债和所有者权益要素之间关系的会计等式

银行作为一个经济单位，其经营活动离不开一定数量和种类的经济资源，种类繁多的经济资源是银行得以存在和发展的物质基础，这些经济资源就是资产。这些资产是由银行债权人的投入和银行股权投资人的投资共同构成的，银行可以按照约定期限或者在其持续经营期间内一直使用这些资产。同时，银行为其拥有和控制的资产必须承担一定的责任和义务。银行承担的对债权人的偿还义务形成了银行的负债，在约定的债务到期日，银行必须用其资产或劳务清偿债务。银行对其股权投资人委托其经营的资产负有保值增值的责任，衡量其尽职程度的就是银行所有者权益的增减变动，股权投资人在银行持续经营期间享有分红的权利。在会计期间的期初和期末，银行的所有者权益是银行资产总额减去其负债总额后的余额。根据以上分析，银行的资产、负债、所有者权益之间的关系可以用公式表示如下：

$$资产=负债+所有者权益 \tag{1.1}$$

或

$$资产-负债=所有者权益 \tag{1.2}$$

(1.1)式是从资产的实物分步价值与取得资产的来源渠道的价值两个方面建立起来的等式，它强调的是企业拥有资产的实物形态。所以，该公司被称为“实体观”会计等式。(1.1)式是会计等式中最基本的等式，它反映了银行在某一时点上的财务状况，反映了银行经营活动中资金的分布使用和资金形成渠道两方面的相互依存、相互制约的关系，体现了资金运动中有关会计要素之间的数量平衡关系。所以，(1.1)式也被称为会计恒等式。会计恒等式反映会计要素之间存在的一种天然的关系，它是银行会计记录的出发点和回归点。

(1.2)式是基于所有者权益建立起来的等式，是一种留剩权益的经济思想。银行的股权投资人如果要得到银行的资产要求权，必须在银行总资产中先扣除银行的负债总额，即银行债权

人的权益优先于其所有者权益。例如，在银行清算时，首先要满足债权人对资产的要求权，然后才清算股权。这一经济思想在世界各国的有关法律中都得到了体现。因此，(1.2)式也被称为“权益观”会计等式。银行资产总额扣除负债总额后的余额，在会计上称为“净资产”。所有者权益是股权投资人对银行净资产的要求权。

(1.1)式和(1.2)式都反映了银行在其经营活动中相对静止的某一时点上的财务状况，是构建资产负债表框架的基础。

2. 反映收入、费用和利润要素之间关系的会计等式

银行是一个利益主体，追求经济利益是银行存在、发展的根本目的。银行的资金只有不断地运动才能实现增值，所以，资金的静止是相对的，资金的运动是绝对的。在银行持续经营期间，一方面，银行在吸收存款、同业拆借等经济活动中会发生利息支出、金融企业往来支出、手续费支出等，导致银行货币资金的流出或其他经济资源的消耗，形成会计要素中的“费用”；另一方面，银行在发放贷款、办理票据贴现等业务中会形成利息收入、金融企业往来收入、手续费收入、贴现利息收入、汇兑收益等项目，获得货币资金的流入或者现金要求权的增加，形成会计要素中的“收入”。收入与费用配比以后即形成了利润(或亏损)。收入、费用和利润要素之间的关系可以用公示表示如下：

$$\text{收入}-\text{费用}=\text{利润} \tag{1.3}$$

(1.3)式反映了银行在一个会计期间内的经营成果，是构建利润表框架的基础。

3. 综合反映资产、负债、所有者权益、收入、费用和利润要素之间关系的会计等式

银行筹集设立时，其资产、负债、所有者权益之间存在数量上的平衡关系。之后，在其持续经营期间，其资产、负债、所有者权益会不断地发生增减变化。这些变化的原因除了借债、还债、吸收投资和减资外，主要是由银行的营业活动引起的。在银行持续经营期间，银行在吸取存款、同业拆借等经济活动中会发生利息支出、金融企业往来支出、手续费支出等费用，导致银行资产的消耗或负债的增加；另一方面，银行在发放贷款、办理票据贴现等业务中取得利息收入、手续费收入、贴现利息收入、汇兑收益等的同时，产生资产的增加或负债的减少；收入弥补费用支出后的利润(或亏损)导致银行所有者权益的增加(或减少)，恢复其资产、负债、所有者权益之间在数量上的平衡关系，上述关系可以用公式表示如下：

$$\text{期初资产}=\text{期初负债}+\text{期初所有者权益}$$

$$\text{期末所有者权益}=\text{期初所有者权益}+(\text{本期收入}-\text{本期费用})$$

$$\text{期末资产}=\text{期末负债}+[\text{期初所有者权益}+(\text{本期收入}-\text{本期费用})]$$

$$\text{期末资产}=\text{期末负债}+[\text{期初所有者权益}+\text{本期利润(或亏损)}]$$

$$\text{期末资产}=\text{期末负债}+\text{期末所有者权益}$$

第二节 银行会计的特点、原则和任务

一、银行会计的特点

(一)反映情况具有综合性和全面性

这是由银行在国民经济中所发挥的重要作用所决定的。银行是国民经济的核心，国民经济中各部门的资金变化都反映为其在银行的账户上资金数额的增减。所以，从微观层面来讲，银行会计核算反映国民经济的各部门、各企业和各单位，乃至每个人的经济活动情况；从宏观

层面来讲，由于银行实行的是从上到下的垂直管理系统，在银行系统内建立分支机构，通过会计资料的逐级汇总，能够全面反映一个地区、一个省乃至全国的经济活动情况。因此，银行会计反映出来的信息具有综合性和全面性。

（二）业务处理与会计核算的统一性

对于一般的工商企业来讲，其生产经营活动与会计核算业务是由不同部门的相关人员各自办理的。而银行是以货币资金为经营对象的特殊企业，其特殊性表现在以下两个方面：第一，商业银行的活动范围不是一般的商品生产和商品流通领域，而是货币信用领域；第二，一般企业创造的是使用价值，而商业银行创造的是能充当一般等价物的存款货币。所以，银行业务的这种特殊性就决定了银行的会计活动是与银行的业务活动同步进行、统一完成的经济行为。例如，客户的存款业务行为包括客户提交存款凭单，银行接拒审核、凭证处理、传递到登记账簿完成结算，这一系列程序既是银行的业务活动过程，也是银行的会计核算过程。

（三）监督和服务的双重性

银行是社会资金活动的中心，国民经济中的各个部门、各单位、各企业的货币收支都是通过银行来办理的，所以银行的会计记录中保留了这些部门、单位和企业的资金往来和业务关系，全国范围内的主要生产和再生产活动都可以在银行的会计记录中得以反映。根据国家的有关方针、政策、法令法规，银行有权对这些部门、单位和企业的各项经济活动的合理性、合法性、有效性进行监督和审查。一方面，对于符合国家法规的经济活动，银行提供各方面的积极支持，千方百计地为客户着想，不仅要满足客户对产品与服务的现实要求，还要满足客户对产品与服务的潜在要求。银行的经营管理理念要以客户满意为中心，让银行本身、银行每个成员和客户三者之间能充分沟通，确保银行可以向客户提供全方位的服务。另一方面，对于违反国家财政、法律法规的要坚决抵制，构成犯罪的，要配合有关部门进行严厉打击，保证国家的财产安全。从以上可以看出，银行会计既发挥监督作用，又执行服务的职能。

（四）财务会计部门与业务会计部门的双重性

银行作为一个独立核算、自负盈亏的经济实体，必须设置自己的财务会计部门，以对银行资本、流动资本、长期投资、固定资产、无形资产、经营情况和利润分配等运动过程进行反映、监督、分析和管理。同时，前面讲到银行会计活动与业务活动是统一的，所以银行也就形成了业务会计部门。银行的财务会计与业务会计分别设置，独立运行。财务会计部门在业务会计部门开立结算账户，通过结算账户实现资金的循环和周转，二者相互联系，构成银行会计的整体。

（五）会计数据资料提供的准确性和及时性

鉴于银行与国民经济中的各个部门、各单位、各企业的密切联系，所以要求银行会计提供的数据资料具有准确性、真实性和可靠性。银行作为国民经济生产和再生产过程中货币信用的中介，每天要处理大量的业务，而这些业务与有关的开户单位和个人的资金运转密切相关。为了加速客户资金周转，银行必须及时地将各项业务纳入核算程序进行处理，防止由于银行结算的迟缓而耽误客户的资金周转，影响客户的经营活动情况。银行为了保证准确、及时地提供会计资料，必须采用特定的核算形式，进行双线核算、双线核对，每日结账。

二、银行会计核算的基本前提

银行会计核算的基本前提，又称会计假设，是指银行会计准则制度中规定的各种程序和方法适用的前提条件。会计核算对象的确定、会计方法的选择、会计数据的搜集等，都要以会计核算的基本前提为依据。我国银行会计核算的基本前提包括会计主体、持续经营、会计分期和货币计量。

(一)会计主体

会计主体是指银行会计核算应当以银行发生的各项交易或事项为对象,记录和反映银行本身的各项生产经营活动。规定银行会计主体的意义在于:首先,明确这一基本前提,才能划定会计所要处理的各项交易或事项的范围。其次,明确这一基本前提,才能把握会计处理的立场。最后,明确这一基本前提,才能将会计主体的经济活动与会计主体所有者的经济活动区分开来。会计主体不同于法律主体。一般来说,法律主体必然是一个会计主体,但会计主体不一定是一个法律主体。商业银行作为一个独立核算的集团化金融企业,目前采取二三级会计主体制度。

(二)持续经营

持续经营是指银行会计核算应当以持续、正常的生产经营活动为前提。银行是否持续经营,在会计原则、会计方法的选择上有很大差别。一般情况下,应当假定银行将会按当前的规模和状态继续经营下去,不会停业,也不会大规模地削减业务。明确这个基本前提,银行会计人员就可以在此基础上选择会计原则和会计方法。需要注意的是,任何企业都存在破产、清算的风险,如果可以判断企业不会持续经营,就应当改变会计核算的原则和方法,并在银行财务会计报告中做相应的披露。

(三)会计分期

会计分期是指银行会计核算应当划分会计期间,分期结算账目和编制财务会计报告。

会计期间分为年度、半年度、季度和月度。年度、半年度、季度和月度均按公历起讫日期确定。半年度、季度和月度均称为会计中期。会计分期的目的,在于通过会计期间的划分,将持续经营的生产经营活动划分成连续、相等的期间,据以结算盈亏,按期编制财务会计报表,从而及时向各方面提供有关银行财务状况、经营成果和现金流量的信息。

(四)货币计量

货币计量是指银行的会计核算以人民币为记账本位币。在银行会计核算过程中之所以选择货币作为计量单位,是由货币本身的属性决定的。货币是商品的一般等价物,是衡量一般商品价值的共同尺度。其他计量单位(如重量、长度、容积等)只能从一个侧面反映企业的生产经营成果,无法在量上进行比较,不便于实物管理和会计计量。我国商业银行的会计核算以人民币为记账本位币。业务收支以人民币以外的货币为主的商业银行,可以选定其中一种货币作为记账本位币,但是编制的财务会计报表应当折算为人民币。在境外设立的中国商业银行向国内报送的财务会计报表,应当折算为人民币。

三、银行会计的原则

根据《金融企业会计制度》,银行会计核算原则共分为13项。这些会计核算原则是我国会计核算工作应遵循的、最基本的原则性规范,是对会计核算工作的基本要求,是做好会计工作的标准。

金融企业的会计核算,应当遵循以下基本原则:

(一)客观性原则

银行的会计核算应当以实际发生的交易或事项为依据,如实反映其财务状况、经营成果和现金流量。银行提供会计信息的目的是为了满足会计信息使用者的决策需要。因此,就应做到内容真实、数字准确、资料可靠,能反映银行的财务状况、经营成果和现金流量,保证会计信息的真实性；会计应当正确地运用会计原则和方法，准确地反映企业的实际情况；会计信息应当经过验证，以核实其是否真实。

（二）实质重于形式原则

银行应当按照交易或事项的实质和经济现实进行会计核算，不应当仅仅按照它们的法律形式作为核算的依据。在实际工作中，交易或事项的外在法律形式或人为形式并不总能完全、真实地反映其实质内容。所以，会计信息要想反映其所拟反映的交易或事项，就必须根据交易或事项的实质和经济现实，而不能仅仅根据它们的法律形式进行核算和反映。

（三）相关性原则

银行提供的会计信息应当能够反映其财务状况、经济成果和现金流量，以满足会计信息使用者的需要。会计信息的价值在于其与决策相关，有助于决策。在会计核算工作中坚持这一基本原则，就要求在收集、加工、处理和提供会计信息的过程中，充分考虑会计信息使用者的信息要求。

（四）一贯性原则

金融企业的会计核算方法前后各期应当保持一致，不得随意变更。如需变更，应当将变更的内容和理由、变更的累计影响数以及累计影响数不能合理确定的理由等在会计报表附注中予以说明。

（五）可比性原则

银行应该按照规定的会计处理方法进行会计核算，会计指标应该口径一致、相互可比。不同的会计主体可能处于不同地区，经济业务可能发生于不同时间，为了保证会计信息能够满足决策的需要，便于比较不同的会计主体的财务状况、经营成果和现金流量，只要是相同的交易或事项，就应当采用相同的会计处理方法。

（六）及时性原则

银行的会计核算应当及时进行，不得提前或延后。会计核算的意义在于及时为会计信息使用者提供可靠的决策信息。在会计核算过程中要坚持以下基本原则：一是及时收集会计信息，二是及时处理会计信息，三是及时传达会计信息。

（七）明晰性原则

银行的会计核算应当清晰明了，便于理解和利用。提供会计信息的目的在于使用，要使用会计信息，首先必须了解会计信息的内涵，弄懂会计信息的内容，这就要求会计信息的核算和财务会计报告必须清晰明了。在会计核算工作中坚持明晰性原则，就是要求会计记录应当准确、清晰，填制会计凭证、登记会计账簿必须做到依据合法、账户对应关系清楚、文章摘要完整；在编制会计报表时，项目的勾稽关系清楚、项目完整、数字准确。

（八）权责发生制

银行的会计核算应当以权责发生制为基础。凡是当期已经实现的收入和已经发生或应当负担的费用，不论款项是否收付，都应当作为当期的收入和费用；凡是不属于当期的收入和费用，即使款项已在当期收付，也不应当作为当期的收入和费用。有时，企业发生的货币收支业务与交易或事项本身并不完全一致。为了明确会计核算的确认基础，更真实地反映特定会计期间的财务状况和经营成果，就要求企业在会计核算过程中应当以权责发生制为基础。

（九）配比原则

银行在进行会计核算时，收入与其成本、费用应当相互配比，同一会计期间的各项收入和与其相关的成本、费用，应当在该会计期间内确认。在会计核算工作中坚持配比原则有两层含义:一是因果配比,将收入与其对应的成本相配比;二是时间配比,将一定时期的收入与同时期的费用相配比。

(十)实际成本原则

银行的各项财产在取得时应当按照实际成本计量。各项财产如果发生减值,应当按照本制度规定计提相应的减值准备。除法律、行政法规和国家统一的会计制度另有规定者外,金融企业一律不得自行调整其账面价值。历史成本的优点主要表现在以下三个方面:第一,历史成本是在交易发生当时取得的,会计数据真实、可靠;第二,历史成本具有可验证性,便于日后查核和验证;第三,历史成本的数据比较容易取得,便于核算。

(十一)谨慎性原则

银行的会计核算应当遵循谨慎性原则,不得多计资产或收益,也不得少计负债或费用。在会计核算工作中坚持谨慎性原则,要求银行在面临不确定因素的情况下做出职业判断时,应当保持必要的谨慎,既不高估资产或收益,也不低估负债或费用。

(十二)划分收益性支出与资本性支出的原则

金融企业的会计核算应当合理划分收益性支出与资本性支出。凡支出的效益与本会计年度相关的,应当作为收益性支出;凡支出的效益与几个会计年度相关的,应当作为资本性支出。在会计核算工作中划分资本性支出,要求企业确认支出时,必须区分两类不同性质的支出,将资本性支出计列于资产负债表中,作为资产反映,以真实地反映企业的财务状况;将收益性支出计列于利润表中,计入当期损益,以正确地计算企业当期的经营成果。这主要是因为资本性支出的效益可在几个连续的会计期间发挥作用,而收益性支出的效益只在当期发挥作用。

(十三)重要性原则

金融企业的会计核算应当遵循重要性原则,对资产、负债、损益等有较大影响,进而影响财务会计报告使用者据以做出合理判断的重要会计事项,必须按照规定的会计方法和程序进行处理,并在财务会计报告中予以充分的披露;对于次要的会计事项,在不影响会计信息真实性和不至于误导会计信息使用者做出正确判断的前提下,可适当简化处理。

四、银行会计的主要任务

银行会计为银行的经营管理者和外部信息使用者提供相关信息。其中,外部信息使用者主要包括股东、债权人、政府监管当局、银行业协会以及社会咨询服务机构等。所以,银行会计的主要任务,就是尽可能满足各方面使用者的要求。具体来说,主要包括以下三项任务:

(一)正确组织会计核算

核算工作是银行会计的一项根本任务,正确组织会计核算并反映实际情况是充分发挥银行会计作用的基本保证。因此,银行会计在核算过程中必须严格遵守国家的法律、法规、规章和制度,及时组织凭证传递,正确记载账务,按期编制和汇总会计报表。

(二)提高银行的经济效益

银行会计的一个重要使用者就是银行内部管理者,银行的管理人员通过银行会计提供的各项经济活动的相关信息进行成本管理,节约各项费用开支,提高经济效益。同时,银行的管理者也可以利用银行会计提供的各项信息对未来做出预测,以制订符合客观情况的工作计划。

(三)加强银行的内部控制和监督

银行会计对银行的内部控制表现在控制银行业务按照国家的金融方针政策及国家经济生产和再生产的要求进行操作,防止银行从事非法的业务活动。银行会计的监督作用表现在通过向外界提供财务报表，接受外界的监督，以有利于银行的公开、公正运行。

第三节 银行会计工作的组织

一、银行会计机构

银行系统的会计工作，是整个银行系统工作的重要组成部分，它既有会计的独立职能，又同其他各项业务工作有着十分密切的关系。为了使会计的职能得到更好的发挥，划清会计工作和其他各项业务工作的分工界限，加强对会计工作的领导，保证会计工作的正常进行，必须在银行系统内部设置健全的会计机构。就我国目前银行业务内部会计工作的情况来说，大体划分为两种类型：一种是不直接对外办理业务的银行内部会计工作的领导和管理机构，如总行会计司、分行会计处、地（市）支行会计科等部门；另一种是直接对外办理业务的基层行处，如县（市）支行股、城市办事处的会计科等会计机构。此外，支行和一般城市办事处以下的处所，一般不设置独立的会计机构，但必须配备专职会计人员和会计主管，负责处理会计管理工作。各级银行和会计工作要接受上级银行会计部门的指导、检查和监督。银行会计部门办理的财务收支和会计事务，应当依法接受审计机关的审计监督。

二、会计人员

银行系统的会计部门是由一批从事会计管理和实际操作的专业人员组成的。会计的工作任务必须通过会计人员来实现和完成。因此，配备适应会计工作各工种、各岗位具有一定的政策水平、必要的专业知识和业务水平、较高的职业道德和思想素质的会计人员，是做好会计工作、充分发挥会计职能的重要条件。

银行系统的会计人员，可根据岗位责任的不同，分别设置会计主管、记账、复核、稽查、检查、辅导及其他从事账务工作的人员。银行必须规定会计人员的职责和权限，明确会计人员的任免与奖惩，加强会计人员的培训，调动广大会计人员的积极性，以便更好地做好会计工作。

三、银行会计制度

银行会计制度是会计事项的原则、程序和方法的总称，是规范和约束银行会计工作的标准和措施。银行从业人员在办理银行业务和账务处理时，必须按照银行会计制度的规定规范运作，以保证银行业务的安全运行和会计信息的准确、可靠。

会计制度分为基本制度和专业处理程序的制度。其基本目标是及时、准确地提供管理所需要的资料和保证会计工作协调进行。基本制度包括会计科目的设置和作用、凭证的设置和处理、账簿设置、账务组织、记账方法、记账规则、成本计算、财产清查、会计分析以及会计人员职责、权限等。专业处理程序的制度有联行往来制度、结算核算手续等。

银行会计制度，实行“统一领导，分级管理”的原则。属于全国银行统一的会计基本制度和方法，由财政部统一制定。人民银行和商业银行系统内的制度和办法，可由各总行根据全国银行统一会计基本制度的精神自行制定，但要报经财政部核准备案；各商业银行分行对各自总行的制度和方法也可以有必要的补充规定，但在报送各总行核准备案时，需抄送当地中国人民银行。

四、银行会计的劳动组织方式

银行会计的劳动组织方式是指经办业务的基层行处会计部门人员的分工和组织形式。目前，银行的对外业务常采用以下三种形式：

(一)专柜制

在这种组织方式下，银行按照客户的经济性质、所属行业以及相关会计科目设置专柜。通常由3～5人分工合作，分别担当记账员和复核员。现金收付业务则由出纳部门统一办理。这种劳动组织形式主要适用于业务量大，而且实行手工操作的会计机构。

(二)柜员制

柜员制是指柜员在承接业务时兼办出纳、记账、复核等项工作的劳动组织形式。这种组织形式适用于电算化设备齐全的行。采用柜员制可以节约人力和费用。强化和明确临柜人员的责任意识，是银行提高经济效益的有效途径。但是，要求临柜人员有较高的素质。

(三)接柜员与操作员相结合

在这种组织方式下，银行设置专职人员接受和审核凭证，然后交计算机操作人员进行录入和数据处理，其实质是手工操作和计算机操作的有机结合。接柜员一般由思想素质高、工作经验丰富的职员担任，有利于防范金融风险，减少工作失误；操作员则一般要具备熟练的计算机操作水平，有利于提高工作效率。二者之间的凭证传递具有间接的制约作用，比较适合我国银行现阶段的实际情况和管理需要。

思考与练习

一、名词解释

1. 银行会计
2. 资产
3. 负债
4. 所有者权益
5. 收入
6. 费用

二、填空题

1. 银行会计的对象是银行会计(　　)和(　　)的内容，是能够用货币计量的(　　)。
2. 明确了会计主体，才能划定(　　)的范围，才能把握(　　)的立场，才能将(　　)分开。
3. 会计期间分为(　　)、(　　)、(　　)、(　　)。
4. 银行会计要素包括(　　)、(　　)、(　　)、(　　)、(　　)和(　　)六项。

三、单选题

1. (　　)是银行的负债。

A. 存款　　B. 贷款　　C. 借款　　D. 贴现

2. 银行会计是一种(　　)活动。

A. 经济　　B. 经济监督　　C. 经济管理　　D. 经济核算

3. 商业银行向其开户单位发放一笔贷款并转入该客户的存款账户内，表明商业银行(　　)；当客户以存款归还贷款时，表明商业银行(　　)。

A. 资产和负债同时增加　　B. 资产和负债同时减少

C. 资产增加，负债减少　　D. 负债增加，资产减少

4. 客户将现金存入商业银行，表明商业银行(　　)；客户从商业银行提取现金，表明商业银行(　　)。

A. 资产和负债同时增加　　B. 资产和负债同时减少

C. 资产增加，负债减少　　D. 负债增加，资产减少

5. 货币计量时会计核算中以货币作为计量单位，以计量反映经济活动情况，其假定(　　)。

A. 货币变动，会计账务随之调整　　B. 币值不变

C. 币种不变　　D. 按现值记账

四、多选题

1. 商业银行的资产包括(　　)。

A. 流动资产　　B. 中长期贷款　　C. 长期投资　　D. 实收资本

2. 商业银行的所有者权益包括(　　)。

A. 实收资本　　B. 资本公积　　C. 盈余公积　　D. 利润分配

3. 反映商业银行经营状况的要素有(　　)；反映商业银行经营成果的要素有(　　)。

A. 资产　　B. 负债　　C. 所有者权益　　D. 收入

E. 费用　　F. 利润

4. 下列属于商业银行流动资产的项目是(　　)。

A. 库存现金　　B. 存放中央银行款项　　C. 固定资产　　D. 无形资产

五、思考题

1. 什么是商业银行会计？它有什么作用？有哪些主要特点？

2. 商业银行会计要素有哪几项？其具体内容如何？

3. 会计核算的基本前提包括哪些内容？

4. 商业银行会计机构是如何设置的？各自的职能如何？

5. 商业银行的会计人员有哪些？

第二章 银行会计的基本核算方法

由于会计是记录、反映和监督企业的各项活动，因而必须采用一定的科学技术方法，才能保证会计任务的有效完成。这些为保证完成会计目标而在程序上规定的各项技术方法，就是会计方法。会计方法是随着经济发展水平的提高、管理理念的提升以及全社会业务活动的发展而逐渐发展和完善的。

银行会计的核算方法，是根据会计的基本原理，结合银行业务的具体特点，对会计对象进行连续、全面、系统、分类的反映、核算和监督过程中采用的专门方法。银行会计核算方法主要包括基本核算方法和各项业务的核算处理方法两大类。银行会计的基本核算方法是会计核算方法的基本原理在银行账务处理过程中的具体表现，是会计核算必须遵循的基本要求和规定。其内容主要包括会计科目的设置、记账方法的原理和应用、会计凭证的填制和审核、账务组织和会计报表的编制等。而各项业务的核算处理方法是基本核算方法在各项具体业务处理过程中的应用，其内容将在后面章节中详细介绍。

第一节 会计科目

一、会计科目的概念

会计科目是对会计对象的具体内容按其不同的性质和经济管理的要求进行分类核算的一种方法。银行会计科目是对银行会计对象的具体内容所做的分类，即对银行的各项业务活动和财务状况，按银行会计核算的要求划分为若干类别，规定一定的名称。

二、会计科目的作用

会计科目在金融业会计核算中发挥的作用，归纳起来主要有以下三个方面：

（一）会计科目是会计核算的基础和纽带

它是设置账户、填制凭证、登记账簿和编制会计报表等一系列核算方法的前提。银行经营过程中发生的不同类型的经济业务，必然涉及资产、负债、所有者权益、收入、费用和利润等会计要素项目的增减变动。因此，为了分类反映和监督银行的经济变动，就必须设置会计科目，设置账户，构建会计报表的框架结构。在运用记账原理填制记账凭证、设计和登记账簿、编制会计报表等一系列的核算工作中，都离不开会计科目。通过会计科目，能把各种核算方法连接起来，形成一个有机的核算体系，确保会计核算科学、有序地进行，所以会计科目在会计核算中也发挥着纽带的作用。

（二）会计科目是综合反映国民经济状况、提供会计核算资料的工具

银行每天要办理数量众多、种类繁杂的经济业务，以会计科目作为概括业务内容、资金性质的标志，起到组织和归类的作用，从而使全部核算资料条理化、系统化，并取得系统总括的核算资料和信息，为研究和分析银行的业务经营、财务管理和考核计划执行、经济效果提供依据；同时，资金在不同科目之间流动，将各种形式的经济活动用统一的货币符号表现出来，形成连续的经济信息，不仅为研究银行的业务经营、财务成果、计划执行情况提供依据，而且使得不同行处之间、银行与投资人之间、同业之间以及银行与其他相关主体之间的信息交换成为可能。

（三）会计科目是统一核算口径的基础

每一个会计科目都具体体现了特定的核算内容，规定了一定的科目名称和代号，互不混淆。各行级处在核算处理和报表上的反映都有统一的口径。即使各银行增设系统内使用的会计科目，也应与全国银行统一会计科目有归属合并的关系，以利于会计资料的审核汇总和分析利用。在全国范围内，各地区、各金融行业都按照各自上级主管部门规定的会计科目进行分类核算，按相同的口径进行汇总和分析利用，使得在不同时间、不同行处（营业地点）发生的同一种经济业务可以按照统一的会计科目和账户进行归集和反映，保证了全行、全国范围内核算口径一致，这样就为报表使用者提供连续的、可比的、全面的、综合的会计信息，为有关方面进行宏观经济决策、预测服务。

三、会计科目设置的原则和要求

银行会计科目是会计核算的基础，而我国银行是自主经营、自负盈亏、自担风险的经济实体，会计科目设置合理与否，直接关系到会计核算程序能否顺利进行，进而影响银行内部管理者和外部相关者获取信息的准确性，所以银行会计科目的设置必须坚持以下原则和要求：

（一）按照银行业的特点和经营管理的要求设置会计科目

在我国银行体系中，各家银行由于性质不同，其业务分工也存在一定的差别，就是同一家银行所办理的业务也是多种多样的。为了适应不同特点的业务的核算需要，必须按照不同的业务设置专门的会计科目。另外，银行作为一个经济实体，必须对其经营的安全性、流动性和营利性负责，向投资人、债权人报告其经营活动及经营业绩。因此，银行会计科目的设置必须首先考虑银行业务和经营管理的需要。

（二）按照国家宏观管理的需要和政策的要求设置会计科目

银行是全社会资金运营中心，它与国民经济各部门、各单位、各企业有着十分密切的经济联系。银行会计反映出来的信息关系从上到下、从行内到行外各级管理者的决策水准，因此，银行会计科目的设置应与国家的有关政策和国家宏观管理的需要相适应。

（三）按照组织会计核算的要求设置会计科目

会计科目是经济业务分类的标志，会计科目的设置要以保证会计核算工作的顺利进行为前提，会计科目名称要含义准确，每一个会计科目的核算范围要界限分明，整个会计科目体系能够全面地反映银行的业务活动。同时，要方便使用，详略得当，能够适应组织会计核算的需要。

（四）按照国际通则设置会计科目

为了适应我国加入 WTO 后的需要，设置会计科目应进一步与国际接轨，采用国际会计的通用标准，如按照权责发生制、稳健性要求设置应收利息、应付利息、呆账损失准备金等会计科目，以真实地反映债权债务情况以及在经营过程中可能发生的损失，降低投资风险。

四、会计科目的分类

会计科目依据资金性质、业务特点和核算管理的要求设置，并且将其按照所反映对象的属性进行科学的分类。根据不同的标准有不同的分类。一般来说，主要有两种：一种是按照会计科目与资产负债表的关系进行分类，分为表内科目和表外科目；另一种是按照会计科目所反映的经济内容进行分类，可以分为资产类科目、负债类科目、资产负债共同类科目、所有者权益类科目、损益类科目五种类型。

（一）会计科目按与资产负债表的关系进行分类

1．表内科目

表内科目是反映银行资金实际增减变化的会计科目，其余额反映在资产负债类等会计报表中。表内科目包括资产类、负债类、资产负债共同类、所有者权益类、损益类等会计科目。表内科目用于复式记账的会计核算过程。

2．表外科目

表外科目是指按核算业务确已发生而尚未涉及资金增减、需要记载实物库存数量变化和忘登记事项，其余额不反映在资产负债表等会计报表中。表外科目包括代保管的有价值品、空白重要凭证、银行承兑汇票等。表外科目用于单式记账的会计核算过程。

（二）会计科目按反映的经济内容进行分类

1．资产类科目

资产类科目是反映银行各项资产和债权增减变化情况的会计科目，如“现金”、“存放中央银行款项”、“中长期贷款”等。这类科目按照流动性又可以分为流动资产、固定资产、无形资产和其他资产。资产类科目的借方数额表示资产增加数，贷方数额表示资产减少数，余额一般在借方（备抵账户除外）。

2．负债类科目

负债类科目是反映银行各项负债之间变化情况的会计科目，如“活期存款”、“定期存款”、“向中央银行借款”、“应付利息”等。这类科目按其流动性又可分为流动负债、应付债券、长期负债等。负债类科目的借方数额表示负债的减少数，贷方数额表示负债的增加数，余额一般在贷方。

3．资产负债共同类科目

资产负债共同类科目是反映银行各项资产和负债双重性的科目，如“清算资金往来”、“待清算票据款项”等。资产负债共同类科目有时反映资产的增减变动，有时反映负债的增减变动。该类科目的余额在借方，表示债权；在贷方，表示债务。

4．所有者权益类科目

所有者权益类科目是反映银行所有者权益增减变化情况的科目，如“实收资本”、“资本公积”、“盈余公积”、“利润分配”等。所有者权益类科目的借方数额表示所有者权益的减少数，贷方数额表示所有者权益的增加数，余额一般在贷方。

5．损益类科目

损益类科目是反映一定时期内银行各项收入的取得、各项成本和费用开支的会计科目，如“利息收入”、“投资收益”、“利息支出”、“营业费用”、“营业外支出”等。损益类科目的借方数额表示增加数，贷方数额表示减少数或转销数。损益类科目期末一般没有余额。

银行会计科目的具体分类见表2－1。

表 2—1 银行会计科目

序号	编号	会计科目	序号	编号	会计科目
一、资产类			36	2004	向中央银行借款
1	1001	库存现金	37		应解汇款
2	1002	银行存款	38		汇出汇款
3	1003	存放中央银行款项	39		本票
4	1011	存放同业	40	2011	吸收存款
5	1101	交易性金融资产	41		单位活期存款
6	1111	买入返售金融资产	42		单位定期存款
7	1132	应收利息	43		活期储蓄存款
8	1221	其他应收款	44		定期储蓄存款
9	1231	坏账准备	45	2012	同业存放
10	1301	贴现资产	46	2021	贴现负债
11	1302	拆出资金	47	2211	应付职工薪酬
12	1303	贷款	48	2221	应交税费
13		短期贷款	49	2231	应付利息
14		中长期贷款	50	2232	应付股利
15		抵押贷款	51	2241	其他应付款
16		逾期贷款	52	2311	代理买卖证券款
17		进出口押汇	53	2312	代理承销证券款
18	1304	贷款损失准备	54	2313	代理兑付证券款
19	1311	代理兑付证券	55	2502	应付债券
20	1431	贵金属	56	2701	长期应付款
21	1511	长期股权投资	57	2702	未确认融资费用
22	1512	长期股权投资减值准备	58	2901	递延所得税负债
23	1601	固定资产	三、资产负债共同类		
24	1602	累计折旧	59	3001	清算资金往来
25	1603	固定资产减值准备	60		辖内往来
26	1604	在建工程	61		同城票据清算
27	1606	固定资产清理	62	3002	货币兑换(外汇买卖)
28	1701	无形资产	63	3101	衍生工具
29	1702	累计摊销	64	3201	套期工具
30	1703	无形资产减值准备	65	3202	被套期项目
31	1801	长期待摊费用	四、所有者权益类		
32	1811	递延所得税资产	66	4001	实收资本(股本)
33	1901	待处理财产损溢	67	4002	资本公积
二、负债类			68	4101	盈余公积
34	2002	存入保证金	69	4102	一般风险准备
35	2003	拆入资金	70	4103	本年利润

续表

序号	编号	会计科目	序号	编号	会计科目
71	4104	利润分配	80	6402	其他业务成本
72	4201	库存股	81	6403	营业税金及附加
五、损益类			82	6411	利息支出
73	5011	利息收入	83		金融企业往来支出
74	5012	金融企业往来收入	84	6421	手续费及佣金支出
75	6021	手续费及佣金收入	85	6602	业务及管理费
76	6051	其他业务收入	86	6701	资产减值损失
77	6061	汇兑损益	87	6711	营业外支出
78	6111	投资收益	88	6801	所得税费用
79	6301	营业外收入	89	6901	以前年度损益调整

五、科目代号与账号

(一)科目代号

科目代号是指在制订银行会计科目时,为了便于账务处理而设置的账号。会计科目应严格按照规定的代号和核算内容进行使用。总行专用科目,未经授权,分支行不得使用;已停用的会计科目,不得再有发生额;已撤销的会计科目,在下一个会计年度的开始时删除该科目。

会计科目分为一级科目和二级科目。其中一级科目代号一般由三位数字组成,但是有些银行,比如中国工商银行的最新会计科目体系中,一级科目代号由原来的三位升级为四位,为细化会计核算提供了足够的空间;二级科目代号一般由四位数字组成。科目代号的编排具有一定的规律。

一级科目编号的编排规则是:第一位数字代表科目的资金性质,即:1代表资产类科目;2代表负债类科目;3代表所有者权益类科目;4代表资产负债共同类科目;5代表损益类科目;6代表表外科目及补充资料。第二、三位数字表示该科目的顺序号。

二级科目代号的编排规则是:前三位数字表示其所属的一级科目,第四位数字表示其在该一级科目下的顺序号。

会计科目通过编号,便于识别和使用,它为编制会计分录、汇总凭证、登记账簿、编制报表、查阅会计资料等日常会计事项的处理及对电子计算机在会计柜台的应用提供了便利的条件。

(二)账户与账号

账户是根据会计科目设置的,用来对会计科目所包含的经济内容进行详细分类核算,反映会计要素的具体增减变化情况和结果的专门方法。银行的账户,按其开户的对象,可分为对内账户和对外账户两大类。对内账户,是根据银行本身业务经营管理需要而设置的银行内部专用账户,如在“固定资产”科目下,按固定资产的分类设立账户;对外账户,是银行在业务经营中对经营客户或往来行设立的账户。

银行开立的各种对外账户,均应由经办行为开户单位编列账号。账号一般是由行号、科目代号、顺序号、计算机识别号四部分组合而成。一般来说,行号由五位数字组成,科目代号由三位数字组成,顺序号至少由四位数字组成,计算机识别号由一位数字组成,所以银行账号一般由十位以上的数字组成。银行账号是开户单位和银行办理业务、签发凭证和记账的主要依据之一。在有关业务处理中，通过账号就可以初步判断该单位的经济性质和隶属关系，防止串户，方便工作，利于核算。

第二节　记账方法

一、记账方法的概念

记账方法是指在核算过程中按照一定的规则和原理，采用特定的记账符号，将各项经济业务进行分门别类地记录、登记账簿的一系列专门技术方法的总称。记账方法分为单式记账法和复式记账法两种。记账方法是银行会计进行正确记录的一项重要基础性工作，它关系到后续的整个银行会计的工作，所以在会计核算体系中占据重要地位。

二、单式记账法

单式记账法是指每一项经济业务的方式只在一个相关科目中进行登记的记账方法。因为该方法对发生的经济业务只在一个科目中进行登记，所以对经济业务来龙去脉的反映不完全，也对会计记录的正确性和完整性的审核造成影响。单式记账法的优点在于记账手续简单，不像复式记账法那样繁杂。在银行会计中，单式记账法主要应用于表外科目的核算。经济业务发生后，根据记账凭证，只在"收入"或"付出"栏作单方的记录反映。

三、复式记账法

复式记账法是指对银行发生的每一笔经济业务，都要以相等的金额同时在两个或两个以上相互对应的账户中进行登记的一种记账方法。这种记账方法的优点在于能够全面反映银行经济业务的来龙去脉和客观实际情况，便于检查账户记录的正确性和完整性，所以复式记账法是比较完善的记账方法。目前，我国银行对于表内科目统一采用借贷记账法。

四、我国银行记账方法的发展简介

1948 年 12 月，中国人民银行成立，我国银行的记账方法先后多次变更，主要是收付记账法与借贷记账法之间的变换。中国人民银行成立之初，采用复式收付记账法，主要是沿袭了根据地银行的收付习惯。1949 年 11 月，中国人民银行在北京召开第一次全国银行会计工作会议，制定了全国银行的统一会计制度，规定银行采用借贷记账法。1950 年，又改用以会计科目为主的收付记账法。1954 年，再次将收付记账法改为借贷记账法。1965 年，又改为现金收付记账法。1979 年，改为资金记账法。1981 年，中国银行率先使用借贷记账法。随着经济、金融体制改革的深化，银行会计制度发生了重大变化。1993 年起，全国银行系统恢复使用国际通用的借贷记账法。

五、借贷记账法的主要内容

借贷记账法，是根据复式记账原理，以"借"和"贷"作为记账符号，以"有借必有贷，借贷必相等"为记账规则，用以记录和反映经济业务发生而导致的会计要素增减变化过程的一种复式记账方法。

借贷记账法的主要内容包括记账主体、记账符号、记账规则和试算平衡四个方面。

(一)记账主体

借贷记账法是以会计科目为主，按照复式记账原理，将反映银行会计对象的会计科目分为资产类、负债类、资产负债共同类、所有者权益类和损益类。当经济业务发生后，根据其内在的经济联系，以会计科目的性质为依据，来确定其记账方向及其对应关系。

(二)记账符号："借"和"贷"

借贷记账法以"借"和"贷"作为记账符号，表明会计科目的记账方向，反映资金的增减变化情况。每一个账页，一般均分为借方、贷方和余额三个基本栏目，通常是借方在左，贷方在右。在具体应用时，其方法为：

(1)资产类账户：资产增加数记借方，资产减少数记贷方，余额在借方，表示期末资产的实际数额。

(2)负债类账户：负债减少数记借方，负债增加数记贷方，余额在贷方，表示期末负债的实际数额。

(3)资产负债共同类账户：资产增加数和负债减少数记借方，资产减少数和负债增加数记贷方，余额有时在借方，有时在贷方。

(4)所有者权益类账户：所有者权益减少数记借方，所有者权益增加数记贷方，期末余额在贷方，表示期末所有者权益的实际数额。

(5)损益类账户：其损失视同资产类账户处理，收益则视同负债类账户处理。所以损益类账户中，反映收入账户的记账方法是：收入减少数或结转数记借方，收入增加数记贷方，期末结转后无余额；损益类账户中费用支出类账户的记账方法是：费用支出的增加数记借方，费用支出的减少数和结转数记贷方，期末结转后无余额。

借贷记账法下各类账户的结构如表 2—2 所示。

表 2—2　借贷记账法下各类账户的结构

账户类别		借　方	贷　方
资产类		资产的增加，资产的余额	资产的减少
负债类		负债的减少	负债的增加，负债的余额
资产负债共同类		资产的增加，负债的减少，资产大于负债的余额	资产的减少，负债的增加，负债大于资产的余额
所有者权益类		所有者权益的减少	所有者权益的增加及余额
损益类	费用	费用支出的增加	费用支出的减少和结转
	收入	收入的减少和结转	收入的增加

(三)记账规则："有借必有贷，借贷必相等"

借贷记账法，是以"资产＝负债＋所有者权益"这一恒等式为理论基础来设计的复式记账法，它要求按每项经济业务涉及的资金增减变化的内在联系，确定其应记的科目和记账方向，即一笔经济业务的发生，必须以相等的金额记入一个账户的借方和另一个账户(或几个账户)的贷方，或记入一个账户的贷方和另一个账户(或几个账户)的借方。每笔业务的会计分录必须是借贷平衡，并且在任何情况下都不会破坏借贷相等的平衡关系。

银行发生的会计事项对资产、负债、所有者权益、收入、费用和利润要素的影响可以概括为以下几种类型：

(1)资产增加或减少,同时负债或所有者权益增加或减少;

(2)负债增加或减少,同时所有者权益减少或增加;

(3)收入增加或减少,同时资产增加或减少(负债减少或增加);

(4)费用增加或减少,同时资产减少或增加(资产增加或减少)。

(四)试算平衡

由于借贷记账法是以"资产=负债+所有者权益"的平衡原理设计,并以"有借必有贷,借贷必相等"为记账规则,从而保证了一定时期内,每项经济业务的借贷双方发生额和余额合计数必然相等。因此,可选用下列公式进行试算平衡,编制试算平衡表,用来检查账户的正确与否。

1. 发生额平衡公式

全部账户的借方发生额合计=全部账户的贷方发生额合计

2. 余额平衡公式

全部账户的借方余额合计数=全部账户的贷方余额合计数

经过试算平衡,借、贷方的发生额和余额之和相等,表明会计分录和账务记载是正确的;反之,则表明会计分录和账务记载有误。银行每天均须按总账各科目的借方、贷方的发生额和余额填制日结表,进行试算平衡。

六、借贷记账法应用举例

以下是某银行的部分经济业务:

【例 2-1】储户张玮从其活期储蓄存款账户中支取现金5 300元。

借:活期储蓄存款——储户张玮 5 300

　　贷:现金 5 300

【例 2-2】银行发放给开户单位福田贸易公司 3 个月的贷款200 000元。

借:短期贷款——福田贸易公司 200 000

　　贷:活期存款——福田贸易公司 200 000

【例 2-3】福田贸易公司开出现金支票支付货款40 000元,持票人来提现金。

借:活期存款——福田贸易公司 40 000

　　贷:现金 40 000

【例 2-4】银行签发现金支票一张,从中国人民银行存款支取现金60 000元。

借:现金 60 000

　　贷:存放中央银行款项 60 000

【例 2-5】客户李明持定期存单来销户,支付其定期存款本金1 500元,利息 50 元。

借:定期储蓄存款——李明 1 500

　　应付利息 50

　　贷:现金 1 550

七、表外科目的记账方法

除了银行表内科目记载所采用的借贷记账方法外,银行也有一些不必经过表内科目核算,但又必须记载反映的业务事项,则通过表外科目核算,如重要空白凭证、有关委托事项等。我国银行目前对表外科目记载采用的是单式收付记账法,即以收入和付出作为记账符号,业务事项发生时记收入，注销或冲减时记付出，余额表示尚未结算的业务事项。

第三节 会计凭证

一、会计凭证的概念和作用

(一)会计凭证的概念

会计凭证是各项业务和财务活动发生的原始记录，是办理货币资金收付和记账的依据，也是明确经济责任、核对账务和事后查考的重要依据。在银行内部，会计凭证也称为“传票”。

(二)会计凭证的作用

银行在处理每一笔业务事项的过程中都需要填制会计凭证。它是银行会计核算的起点，对于组织会计核算、保证会计核算质量和业务活动的正常进行具有重要作用。具体来说，包括以下三个方面：

(1)会计凭证的取得和使用，是银行办理有关资金收付业务、登记账簿的依据。银行处理的每一笔业务都必须有据可查、有录可记，所以作为书面证明的会计凭证，在办理每一项业务时，必须填制。从填制会计凭证起，就开始了会计核算的过程，然后会计凭证通过审核、组织传递，直至最后入账，保证了银行的会计核算工作有条不紊地进行，没有会计凭证就无法入账，所以会计凭证是会计核算的基础。

(2)会计凭证的填制和审查，是明确经济责任，发挥银行会计监督、控制职能的手段。会计凭证填制完成以后，一般都要求盖有单位和会计人员的印章，原始凭证盖有经办人员、审批人员的印章及单位公章，记账凭证盖有记账员、复核员、会计主管的印章，这样在出现账务不平，或者银行与单位之间账项不符合等情况时，通过核对会计凭证，便可以找出责任人，及时纠正。同时，银行会计事后的检查和监督，都需要根据会计凭证来进行。

(3)会计凭证是贯彻国家政策、保证国家财产安全的手段。由于会计凭证是银行经办的各项业务的真实凭证，通过对已填制的会计凭证的审核，可以反映银行和各部门、各单位、各企业的业务活动是否遵守党和国家的方针政策。同时，由于银行的业务活动，比如吸收存款、发放贷款、办理结算、经理国库、发行货币、外汇业务等，直接关系到国家的财产安全，所以通过编制和审核会计凭证，保证银行会计核算的准确无误，就能够保证国家财产安全，免受损失。

二、会计凭证的种类

(一)会计凭证按其填制的程序和用途分为原始凭证和记账凭证

1. 原始凭证

原始凭证是指在经济业务发生时直接取得或填制的凭证。它是用来证明经济业务实际发生或完成的情况，是明确经济责任、据以编制记账凭证的原始依据。

原始凭证所应具备的一般要素包括：(1)凭证的名称；(2)填制凭证单位的名称和接受凭证单位的名称及开户行的名称和行号；(3)填制凭证的日期；(4)经济业务的内容；(5)数量、单位和金额；(6)经办人员或单位的签名或盖章。

原始凭证按其来源不同，可分为外来原始凭证和自制原始凭证。外来原始凭证是在经济业务发生时从外部取得的凭证，如开户单位签发的各种结算凭证、从其他商业银行收到的划款通知等。自制原始凭证是在办理各种业务时，根据业务需要自行填制的凭证，如银行填制的特种转账借方、贷方凭证，利息计算清单等。

2. 记账凭证

记账凭证是由原始凭证经过业务处理后产生的，或根据原始凭证编制的凭证。它是登记账簿的直接依据。

记账凭证除具备原始凭证的有关要素内容外，还必须具备转账日期、会计分录、附件张数、银行记账复核人员的盖章等内容。

银行的记账凭证，按其生产方式可分为人工填制凭证和计算机打印凭证。其中，人工填制凭证又分为人工制单且不需要计算机认证的凭证和人工制单需要计算机认证的凭证两类；计算机打印的凭证分为由经办人员录入凭证要素经复核后由计算机自动输出的凭证和计算机批处理后自动打印的凭证两类。

银行的记账凭证，按其记账的对象不同，可分为明细账记账凭证和总账记账凭证。

(二)会计凭证按其形式的不同分为单式记账凭证和复式记账凭证

1. 单式记账凭证

单式记账凭证是指一张凭证只填记一个会计科目或账户。也就是说，当一笔经济业务发生时，由于其涉及两个或两个以上的会计科目，所以一般需要填制两张或两张以上的会计凭证。它的优点是：在繁杂的银行业务办理中，可以及时传递，便于记账、传递和分类汇总。不足之处在于，不能集中反映一项业务，给以后的查找带来麻烦。

2. 复式记账凭证

复式记账凭证是指一笔经济业务涉及的所有会计科目都填制在一张会计凭证上。其优点在于，每张凭证都单独反映了一笔经济业务，方便日后查找。不足之处在于，不便于分工记账和分类汇总。

(三)会计凭证按其使用范围分为基本凭证和特定凭证

1. 基本凭证

基本凭证是指银行根据有关原始凭证及业务事实自行编制并作为记账依据的凭证。按其反映的内容，基本凭证又可分为现金收入凭证(见表 2—3)、现金付出凭证、转账借方凭证(见表 2—4)、转账贷方凭证、特种转账借方凭证(见表 2—5)、特种转账贷方凭证、外汇买卖借方凭证(见表 2—6)、外汇买卖贷方凭证、表外科目收入凭证(见表 2—7)、表外科目付出凭证共 10 种。

表 2—3

中国××银行现金收入传票

年　　月　　日

总字第　号
字第　号

(贷)____________

(借)现金

户名或账号	摘　要	金　额 (位数)	
	票　样		附 件 张
合　计			

会计　　　　出纳　　　　复核　　　　记账　　　　制票

表 2—4

中国××银行转账借方传票

年　　月　　日

总字第　号	
字第　号	

科目(借)		对　方 科　目	(贷)
户名或账号	摘　要		金　额 (位　数)
合　　计			

附件　张

会计　　　　复核　　　　记账　　　　制票

表 2—5

中国××银行特种转账借方传票

年　　月　　日

总字第　号	
字第　号	

付款单位	全　称				收款单位	全　称			
	账号或 地　址					账号或 地　址			
	开户银行		行号			开户银行		行号	
金额	人民币 (大写)					金　额(位　数)			
原凭证金额			赔偿金		科目(借) 对方科目(贷)				
原凭证名称			号码						
转账原因	银行盖章								

附件　张

会计　　　　复核　　　　记账　　　　制票

表 2—6

中国××银行外汇买卖借方传票

总字第　号	
字第　号	

(借)外汇买卖　　　　年　月　日

外 币 金 额		牌　价	人 民 币 金 额
(百 亿 位)			(百 亿 位)
货币		摘要	

会计　　　　复核　　　　记账　　　　制票

表 2—7

总字第　号
字第　号

中国××银行表外科目收入传票

年　月　日

科目		
户名或账号	摘　要	金　额 （位　数）
	票　样	
合　计		

附件　张

会计　出纳　复核　记账　制票

2. 特定凭证

特定凭证是指银行根据特殊业务的需要而编制的、具有特定格式的专用凭证，如现金支票、转账支票、电汇凭证、信汇凭证等。这类凭证一般由银行统一印制，由客户填写或联行寄来，银行据以办理业务。

（四）会计凭证按其重要程度分为一般凭证和重要凭证

1. 一般凭证

一般凭证是指银行在日常经营活动中使用的基本凭证。

2. 重要凭证

重要凭证是指银行在经营活动中所使用的特定凭证，主要包括有价证券和一些重要的空白凭证。有价证券是指那些有价值的特殊单证，如国库券、定额储蓄存单等。它们一经银行签发，持票者就具有支取款项的权利。重要的空白凭证是指银行或单位填写加盖章后持票者就具有支取款项权利的未使用的空白凭证，如本票、支票、汇票等。

三、会计凭证的基本要素

会计凭证的基本要素是指作为银行记账依据的会计凭证上所载有的相关信息。各种会计凭证所包含的一些基本要素主要有以下八种：

（1）填制的日期，即年、月、日；

（2）收、付款单位的户名和账号；

（3）收、付款单位开户行的名称和行号；

（4）货币符号和大小写金额；

（5）款项来源、用途或摘要及附件的张数；

（6）会计分录和凭证号码；

（7）单位按照有关规定的印章；

（8）银行及有关人员的印章。

四、会计凭证的处理

1. 会计凭证的填制

银行发生的每一笔经济业务，都需要填制会计凭证，并且采取单式凭证，要求一个科目一张凭证，一个账户一张凭证。会计凭证的填制分为现金业务凭证的填制和转账业务凭证的填制两种。银行发生一笔现金业务，收入或支出时，要分别填制转账借方传票和转账贷方传票，至少填制两张传票，并且借贷双方数额相等。

2. 会计凭证的审核

银行在受理凭证时必须根据相关业务的具体要求认真审核，主要包括审核凭证是否是本行应当受理的；凭证内容、联数、附件是否齐全；密押、印鉴是否真实；大小写金额是否一致；款项来源和用途是否符合有关法规的规定；计息、收付、赔偿金的计算是否正确等。

3. 会计凭证的传递

会计凭证的传递是指从受理外来凭证或编制凭证起，经过审核、记账，直到进行整理装订保管的全过程。银行在凭证传递的过程中，必须做到准确、及时，手续严密，先外后内，先急后缓，既要方便客户，又要符合会计核算程序。

(1)凭证的内部传递，指从受理或自行编制凭证开始，经审核、记账、复核等业务处理，直至装订保管为止的整个过程。在传递中，必须按照综合核算程序和收、付款程序办理。

(2)凭证的外部传递，指通过业务处理后应由本行发给其他银行、单位的各种凭证的传递。

4. 会计凭证的整理、装订和保管

会计凭证应按日期装订，装订前应先检查科目日结单数、凭证及附件张数以及有关戳记是否完整、齐全，发现不符或不全的，必须由有关人员更正补齐。

装订的顺序先表内科目，后表外科目。按科目编码顺序，表内科目凭证先借方后贷方、先现金后转账，表外科目的凭证先收入后付出，原始凭证附于记账凭证后面，并加盖“附件”戳记。装订时要折叠整齐，加上凭证封面和封签，由装订人员在装订线封签处盖章，凭证过多可分册装订，凭证过少可以合订。

凭证装订后，记账凭证和附件均不得取出，如果有补充凭证附件，应粘贴在有关记账凭证后，在骑缝处加盖个人名章。

第四节　账　簿

会计账务处理程序是指交易发生后，根据合法的原始凭证编制记账凭证，然后根据记账凭证登记会计账簿，最后根据会计账簿编制会计报表的全部过程。当原始凭证格式和要素符合记账凭证要求时，可以代为记账凭证。

一、账簿的种类

账簿是系统记录业务活动的财务收支并进行汇总的工具，它是会计核算的中心环节。它把陆续发生的、分散的业务活动和财务收支，进行系统、全面的记录和反映，其记载、整理和分类归纳的信息可用作汇总编制各项会计和统计资料的依据。

银行会计账簿大致可分为序时账、分类账及备查登记簿三种。

(一)序时账

序时账是指按照会计事项发生的先后顺序登记的账簿，比如现金收入(付出)日记簿(见表2—8)、转账日记簿等。

表 2—8　　**中国××银行现金收入(付出)日记簿**

币种______柜组名称　　　　年　月　日　　　　第____页共____页

传票号数	科目代号	户名或账号	摘要	金额
			承前页	
			合计	

复核　　　　出纳

(二)分类账

分类账是指按照有关业务和往来客户以及会计科目分别记载的明细分类账(分户账)和总分类账(总账)。

1. 明细分类账

它是各科目的分户记录明细账,根据传票登记,为总分类账的辅助账簿,由总分类账统驭。银行根据业务和核算的需要,设置甲、乙、丙、丁四种格式,除了账号、户名、日期、摘要、对方科目等共同内容外,存在一定的差异,以适应不同的需要。

(1)甲种账(见表 2—9),设置借方、贷方和余额三栏,适用于不计息或用余额表计息以及银行内部资金科目的分户账。

表 2—9　　**甲种账**

中国××银行(　　)

账

本账总页数	
本户页数	

账号____领用凭

户名____证记录..........利率:

年		摘　要	凭证号码	对方科目代号	借方	贷方	借或贷	余额	复核签章
月	日				(位数)	(位数)		(位数)	

票　样

会计　　　　记账

(2)乙种账(见表 2—10),设置借方、贷方、余额和积数四栏,适用于在账页上计息的账户。

表 2—10

乙种账

中国××银行(　　)

______账

本账总页数	
本户页数	

账号______领用凭

户名______证记录..........利率：

年		摘要	凭证号码	对方科目代号	借方	贷方	借或贷	余额	日数	积数	复核签章
月	日				(位数)	(位数)		(位数)		(位数)	
				票				样			

会计　　　　　　　　　　　　　　　　　记账

(3)丙种账(见表 2—11),设置借方发生额、贷方发生额、借方余额和贷方余额四栏,适用于借贷双方反映余额的往来账户。

表 2—11

丙种账

中国××银行(　　)

______账

本账总页数	
本户页数	

贷款指标	拨款限额	期　　限
		年　月　日起止

账号______领用凭　　　　利率：　　　存

户名______证记录..........　　　　　　贷

年		摘要	凭证号码	对方科目代号	发生额		余　额		复核签章
月	日				借方	贷方	借方	贷方	
					(位数)	(位数)	(位数)	(位数)	
				票		样			

会计　　　　　　　　　　　　　　　　　记账

(4)丁种账(见表 2—12),设置借方、贷方、余额和销账四栏,适用于逐笔记账、逐笔销账,兼有分类核算的账户。

表 2－12 丁种账

中国××银行(　　)

______账

本账总页数	
本户页数	

户名：______

年		账号	户名	摘要	凭证号码	对方科目代号	借方	销账			贷方	借或贷	余额	复核签章
月	日						(位数)	年	月	日	(位数)		(位数)	
						票					样			

会计　　　　　　　　　　　　　　记账

(5)特种账，是根据各科目的特殊性质而规定格式的账簿，它有多种格式。

2. 总分类账

总分类账简称总账，它是各科目的总括记录，也是编制会计报表的主要依据。总账根据按科目汇总编制的科目日结单记账，而非由传票或明细分户账过入。总分类账的格式见表 2－13。

表 2－13

中国××银行(　　)

总　　账

科目代号______

科目名称______　　　　　　　　　　第　　号

年　　月	借　方 (位数)	贷　方 (位数)
上年底余额		
本年累计发生额		
上月底余额	票	样
上月底累计未计息积数		

日　期	发生额		余　额		核对盖章
	借　方 (位数)	贷　方 (位数)	借　方 (位数)	贷　方 (位数)	复核员
1 ⋮ 10 天小计 11 ⋮ 16 17 ⋮ 20 天小计 21 ⋮ 30 31		票		样	

续表

月　计					
自年初累计					
本期累计计息积数					
本月累计未计息积数					

会计　　　　　　　　复核　　　　　　　　记账

(三)备查登记簿

备查登记簿是指为查考会计事项需要而登记的账簿，具有登记备忘的性质，记录了总分类账及明细分类账未能记载的事项。银行应根据业务需要来设置该账簿，它与明细分户账的主要区别在于：不涉及资金来源与应用以及表内科目的增减变化，如发出托收登记簿、重要的空白凭证登记簿等。备查登记簿的格式见表2－14。

表2－14

中国××银行(　　)

登记簿(账)

本账总页数	
本户页数	

户名：　　　　　　单位：

年		摘　要	收　入		付　出		余　额		复核盖章
月	日		数量	余额(位数)	数量	余额(位数)	数量	余额(位数)	
				票		样			

二、账簿的形式

银行账簿的形式有订本式、活页式、卡片账和套写账页四种。

(一)订本式

订本式账簿应按顺序编列账页并装订成册，不能任意增减或移页，便于保管且不易散失。

(二)活页式

这是银行账簿的主要形式，它以若干张账页置于活页账夹内，可根据业务需要自由增减页数。银行的各种明细分类账，大多采用活页式。缺点是易散失，需要控制账页编号、新旧账页的添换和旧账页的整理保管。

(三)卡片账

银行的套写凭证中，往往有一联是“卡片账”，这种账是连续记载的，而且只有一笔金额，并按账号、号码排列，专夹保管，有利于抽对查阅但要用卡片夹(箱)控制保管，防止散失。

(四)套写账页

这是活页式分户账的另一种形式，它在活页式账页上加一联“对账单”，以便在账页记满后，将“对账单”撕下来，寄交有关开户单位，据以逐笔核对。这类账页适用于单位存款(活期存款)的分户账。

三、科目日结单及余额表

科目日结单及余额表是与总账、明细分户账紧密相连的核算环节。

(一)科目日结单

科目日结单将当日同科目传票汇集在一起,加计借、贷方金额和张数填制。它是总账的记账凭证同科目传票的汇总,所以又称为“总传票”。科目日结单的格式见表2—15。

表2—15

中国××银行

科目日结单

年 月 日

凭证种类	借方		贷方	
	传票张数	金额(位数)	传票张数	金额(位数)
现金				
转账	票		样	
合计				

附件 张

事后监督 复核 记账 制单

(二)余额表

它是明细核算的补充形式,按照科目设置,将明细账户的每日余额按各账户分别填入,并结计科目余额和积数,与总账相核对,保持相符一致。余额表既是存、贷款账户用来计息的依据,又是核对总账和分户账余额的重要工具。余额表分为计息余额表和一般余额表两种。

1. 计息余额表

计息余额表适用于计息科目。按科目分户设置,每日营业终了,根据各科目分户账的最后余额抄列,当日没有发生额的账户及法定假日,应根据上一日的余额填列。计息余额表的格式见表2—16。

表2—16

中国××银行( )余额表(甲)

共 页

科目名称 科目代号 年 月

第 页

利率 / 户名账号 / 余额 / 日期	%	%	%	%	复核盖章
户名账号					
余额	(位数)	(位数)	(位数)	(位数)	
上月底止累计应计息积数					
⋮ 10天小计 11 ⋮ 20天小计 21		票			

2. 一般余额表

一般余额表适用于不计息的各账户。按各账户当日的最后余额编制。一般余额表的格式见表2—17。

表 2—17　　中国××银行(　　)一般余额表

年　月　日　　　　第____页共____页

科目代号	户名	摘要	余额	科目代号	户名	摘要	余额

会计　　　　复核　　　　制表

四、账务处理

银行的账务处理，从办理业务而受理外来凭证或自制凭证开始，经过审查凭证，确定分录，记载序时账、明细分户账、总账和核对账务，直至轧平当日账务，这是会计核算的重要内容，也是账务处理的全过程。这里就账务组织、序时账的登记与处理、明细核算的处理、综合核算的处理、结账、账务核对以及账簿的结转进行分述。

(一)账务组织

账务组织是指包括账簿设置、记账程序、核对方法等在内的相互关联的结构体系。银行的账务组织(见图 2—1)包括明细核算和综合核算两个系统。明细核算和综合核算根据同一凭证分别进行，相互联系、相互制约，两者数字必须相符。

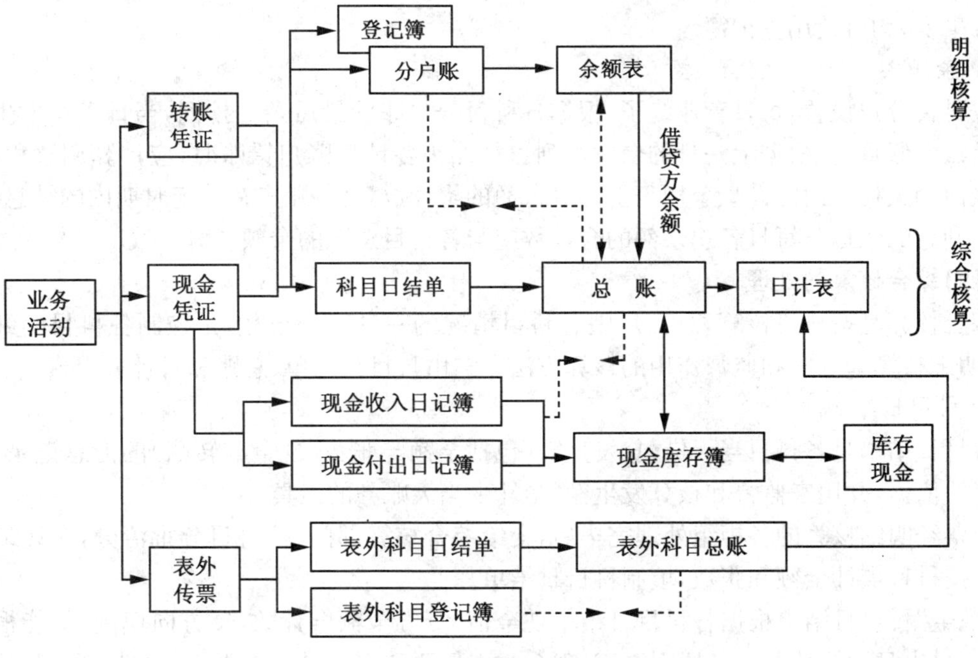

图 2—1　银行的账务组织

(二)序时账的登记与处理

(1)现金收入日记簿。收款员在收妥款项后，根据凭证按顺序登记，并据以轧账，与收入现金数相核对。现金收入传票在登记收入日记簿后，陆续传递给有关明细核算的柜组处理。

(2)现金付出日记簿。付款员在付讫款项后，根据凭证逐笔登记。付款员根据现金付出日记簿轧账，与付出现金数核对，付出传票传递给综合核算部门处理。

(三)明细核算的处理

明细核算是按账户进行核算,反映各科目详细情况的一种账务记载,它包括根据传票记载的明细分户账、登记簿,根据分户账填记的余额表,也是总账各科目的明细说明。

1. 分户账

分户账是明细核算的主要形式,按单位或资金性质立户,根据传票逐笔连续记载,并结计余额。它是各科目的详细记录,也是银行同开户单位对账的依据。

(1)填列账首有关事项,包括账号、户名、利率等。

(2)根据传票逐笔记账并逐次结出余额。

(3)必须填写记账日期、摘要、凭证号码和对方科目代号。

(4)换新账页时,必须把已记满账页的最后余额过入新账页的第一行余额栏内,并在"摘要"栏填明"承前页"字样。

(5)使用一种分户账的,应在当日记第一笔账时,在前一行日数、积数栏填记;日数按本日与上一记账日相差的实际天数填列,积数按上次最后一笔余额乘以天数的积填列。换页时应把上页末的合计数与积数过入新账页第一行有关栏。

(6)丁种账逐笔过入,转销时可以汇总或逐笔在借方或贷方栏记列,并在有关销账栏逐一填注日期。

2. 登记簿

登记簿是明细核算中的辅助账簿。分户账未能记载的事项或不必分户记载而又需要考察的业务事实,均可使用登记簿。

3. 余额表

按科目分户设置,每日营业终了,根据各科目分户账的最后余额抄列,当日没有发生额的账户及法定假日,应根据上一日的余额填列。当冲正各计息账户错账时,应计算调整积数,并填入表内相关栏目内。计息余额表上逐日余额的累计数,为各账户在一定时期内的计息积数,是计算利息的依据。每日各户余额的合计数应与各科目总账的余额核对一致。

(四)综合核算的处理

综合核算是按科目核算,总括反映各科目情况的一种账务记载,是控制各科目明细分户账,对明细核算起统驭和监督作用的核算方法。它由科目日结单、总账和日计表组成。

1. 科目日结单

科目日结单是各科目当天借、贷发生额(包括金额与张数、现金与转账)的汇总记录,是登记总账的依据,并用来监督和核算发生额,是轧平当天账务的工具。

传票经明细核算的各柜组处理完毕后,交给综合核算部门,按科目分批清分,对凭证逐一复审并按科目加计金额和张数,填制科目日结单。

"现金"科目日结单根据各科目日结单现金借、贷方金额合计数,反方向填制,不能根据现金收入、付出日记簿填制。其原因在于,现金收入传票和现金付出传票归集在与现金科目相对应科目的科目日结单中。

2. 总账

总账是核对综合核算和明细核算,并统驭明细核算的主要账簿,也是编制不同时期资产负债表的依据。

总账按科目立户设置,采用活页卡式账,又称综合卡账。总账的记载方法是:逐日根据各科目日结单借、贷发生额填记,并结出借(贷)方余额。对计息科目的账户,当日未变动的,应将上日余额填入当日余额栏内，以便于余额表核对积数。对于借贷双方反映余额的科目，其本日余额应根据余额表或分户账各户的借、贷方余额加总填记。这类科目总账登记后，应作如下演算：

上日借方余额差额＋本日借方发生额－本日贷方发生额＝本日借、贷方余额差额

上日贷方余额差额－(本日借方发生额－本日贷方发生额)＝本日贷、借方余额差额

总账账页每月更换一次，每到月底，应结计当月借、贷方发生额合计及全年截至本月底的自年初累计发生额合计，以及累计计息积数和累计未计息积数，填记在有关栏内，并在下月总账的账首予以登记。

表外科目总账，根据表外科目日结单结记收入方、付出方发生额，并结记余额。每月更换账页时，应结计当月收入、付出发生额合计及自年初累计发生额合计，填入账页末端有关栏内，并过入下月账首。

3. 日计表

见本章第五节。

(五)结账

结账是核算工作终了的一个重要环节，账务记载在每天终了和一定时期以后必须进行结账。结账分日结、月结和年度决算三种，日结是结账的基础。

每日结账是银行会计的一个重要特征。这是因为：首先，银行会计核算的业务量大，必须每日做到正确相符，通过结账可以发现问题和差错，以便及时纠正；其次，银行的存、贷款账户，涉及与客户的权责关系，是资金收付的依据，每日结账有助于保证正确无误，避免误收、误付资金；再次，银行要及时反映资金(头寸)的变化，既需要逐日了解情况，又要及时调度资金，研究对策。

每日结账不仅要保证各科目总分余额正确相符，而且要对当日借、贷发生额控制核对，以轧平当日账务。按照双线核算的原则进行账务核对，是结账的重要环节。

(1)根据各科目日结单借、贷方发生额，结记总账各科目当日借、贷方发生额并结出余额(借贷双方同时反映：对于该科目，应根据余额表或分户账各户的借、贷方余额分别加总填记，不能轧差记载)。

(2)根据分户账当日的最后余额，逐户填列余额表；各科目余额表或分户账合计余额，应与总账同科目余额核对相符。

(3)本日各科目日结单发生额汇总加计，借、贷方金额相等；总账各科目余额汇总加计，借、贷方余额相等；根据上日总账各科目汇总借、贷方余额，加减本日汇总借、贷方发生额与本日总账汇总的借、贷方余额核对相符。

(4)现金收入、付出日记账合计数，必须与“现金”科目总账借、贷发生额核对相符；现金库存簿的库存数，必须与“现金”科目总账的余额和实际库存现金核对相符。

(5)表外科目收入、付出传票，也要比照上述表内科目记载分户账、登记簿；根据传票编制表外科目日结单并登记表外科目总账，进行双线核对。

(六)账务核对

除了上述每日账务核对外，还应定期进行账账、账款、账实、内外账务的核对，主要是：

(1)按月核对卡片账、登记簿余额，做到经常保持账账相符；

(2)账据相互核对，如贷款借据按月与分户账逐笔勾对相符；

(3)核对余额表上的计息积数，与同科目总账上的同期余额累计积数核对相符，应加、应减积数无误，应收、未收利息账证核对相符；

(4)检查账实是否相符,各种机器设备及固定资产、实物与账面数是否相符,折旧的计提是否正确;

(5)检查库存款项与账面相符,如检查库存现金、金银、有价证券等是否账款账实相符;

(6)重要空白凭证与登记簿结余相互核对,是否账证相符;

(7)检查核对联行账务,包括全国联行往来、省辖往来和县区辖内往来,账账相符;

(8)内外账务核对,存、贷款账户按月填发"余额对账单",与单位对账,并收回对账回单,逐笔核对未达账项。

(七)账簿的结转

1. 月度结转

总账每月更换账页一次,在月末应将"上年底余额"、"自年初累计发生额"和"月终余额"分别过入新账的"上年底余额"、"本年累计发生额"和"上月底余额"。分户账复写账页记满后应更换新账,将旧账页最后余额过入新账页,新账页摘要栏加盖"承前页"戳记。

2. 年度结转

年度终了,各科目分户账除农贷、储蓄账和未销账的卡片账可继续使用外,其余均应更换新账页。在旧账页的最后一行余额下加盖"结转下年",将最后余额过入新账页。丁种账账页应在旧账页未销账各笔的销账日期栏加盖"结转下年"戳记,将未销账各笔账过入新账页,并结出余额,在摘要栏加盖"上年结转"戳记,同时填列旧账页的发生日期及摘要,以备查考。

五、记账规则和错账冲正

(一)记账规则

记账是会计核算的主要内容,为了做到正确、完整、及时,必须遵循记账规则。

(1)各种账簿在启用时,应填写"账首",包括会计科目、账号和户名全称等。

(2)账簿各项内容必须根据传票的有关事项记载,做到合法合规、内容完整、数字准确、摘要简明、字迹清晰。

(3)记账应用蓝黑墨水笔书写,复写账页可用蓝色圆珠笔、双面复写纸书写。红墨水只用于划线和冲账,以及按规定用红字批注的有关文字说明。

(4)账簿上所写文字及金额,一般占全格的1/2,摘要一格写不完,可在次格写,金额应记载在最后一个金额栏。

(5)账簿上的一切记载,不得涂改、刮擦、挖补、用橡皮擦和用药水销蚀。

(6)因漏记使账页发生空格时,应在空格的摘要栏内用红字注明"空格"字样,并由记账人员签章。

(7)账簿记录和凭证填写使用代用符号:

①人民币符号为"￥",外币记账单位和外币符号按国际惯例。

②年、月、日的简写顺序是"年/月/日"。

③利率符号简写为:年利率"年%",月利率"月‰",日利率"日‱"。

④人民币金额大写为:壹、贰、叁、肆、伍、陆、柒、捌、玖、拾、佰、仟、万和亿。

(二)错账冲正

账簿记录发生错误时,应根据错误的性质和具体情况,按照下列更正错误方法进行更正:

(1)当日发生的错账,采取划线更正法。

账簿上的日期和金额写错,用红线把全行数字划销,将正确数字写在划线数字上面,并由记账员在红线左边盖章证明；文字写错，用一道红线划销，将正确文字写在划销文字上面。

传票填错科目或账户，应先改正传票并按上述划红线办法更正账簿。

(2)隔日或以后(但在本年度内)发现的错账，采用红、蓝字冲正法。

对于记账串户，应填制同方向红、蓝字冲正传票办理冲正，分别在红、蓝字传票摘要上注明"冲销×月×日错账"和"补记冲正×月×日账"字样，并据以记入有关账户内。

如果是传票金额、科目或账户错填，账簿随之记错，应填制借、贷方红字传票将错账全数冲销，再按正确金额、科目、账户，重新填制借、贷方蓝字传票补记入账，并在摘要栏内注明情况，同时在原错误传票上批注"已于×年×月×日冲正"字样。

(3)本年度发现上年度错账，应采用蓝字反方向冲正法。因上年报表已报，所以不能用红、蓝字冲账法，不得更改决算报表。

(4)冲正传票，必须经会计主管人员审查盖章并登记，以备考核；若因冲正错账影响利润计算，则将应加、应减积数在余额表上填记。

六、计算机操作的记账、对账和错账处理

(一)账务处理

(1)各科目日结单：由电子计算机每日打印输出。

(2)增设日记账(以日志文件代替)：可每日打印，或存储于软盘、磁带，以备检查。

(3)明细账：满页打印。客户明细账满页打印时，应多打一份给客户核对账目，收付较少记不满页的账户，应按对账期打印一份给客户核对。

(4)总账：逐日在机内储存，月末按日打印输出。

(5)各种登记簿：按会计制度规定，区分登记簿种类，月末按日打印输出。

(二)记账输入

账务数据必须根据合法、有效的会计凭证记载。发现凭证内容不全或有错误时，应交由制票人更正、补充或更换，并加盖印章后，再行记账。

(1)操作员输入的账务数据，必须换人复核。重大会计事项应经有权人员审批后办理，必须由指定的终端操作员办理，对操作员要分别编列代号和启动机器密码。非指定人员不得启动机器，输入数据。凭证必须合法有效，每笔输入均要记录操作员代号，操作员不得自制凭证或将未经审核的凭证上机处理。凡上机的凭证，必须编列顺序号，控制核对张数，防止凭证的遗漏丢失。

(2)打印输出的账务信息，应符合规定的格式，不得进行手工修改，应注明操作员代号、打印份数、打印日期、时间。打印输出的报表和单证，均应加盖操作员名章。打印的凭证、账表等，应及时登记，送交有关人员。交接时要有签收手续。

(3)账簿记载错误，应及时按规定方法更正。

(4)对红字凭证，记账时按同方向负数处理，即用"一"号表示。

(5)计算机自动生成的凭证，其转账金额必须经有关人员复核无误后记账。

(三)对账

在计算机操作下，科目日结单无需通过换人再输入原始凭证信息而产生，而是根据明细核算时录入的初始数据，自动汇总生成。

在此情况下，初始数据就显得至关重要，不论初始数据是否与凭证相符，明细核算与综合核算的数字总是相等的，分户账合计恒等于其总账。因此，计算机内部已无法通过平行记账双线核算来检验其账务的正确性，现在很多银行名为总分核对，实为"人机核对"，用手工方式再

做一次综合核算，因此，双线核算已失去了手工条件下的本来意义和效用。

计算机打印的科目日结单与人工制作的科目日结单的各项内容逐项勾对；计算机打印输出的日记账凭证总张数应与当天实际凭证总张数核对；计算机输出的现金科目余额应与出纳现金库存核对。

(四)错账处理

当日发现的错账(包括即时、复核和轧账时发现的错账)，可以消除错账，重新输入。隔日发现的错账，应按会计制度规定的方法处理，不得将上一日的账目消除更正，以免造成账务混乱。

除当日更正输入的错账外，其他要求通过输入计算机冲正错账的情况，必须经会计负责人出具书面通知并填制冲正凭证。

第五节 会计报表

银行的会计报表是根据会计原始资料，经过核算、加工整理、归纳汇总的书面报告，是会计工作的数字总结和会计信息的定期系统反映，同时也是综合反映银行各项业务活动和财务收支状况、考核计划执行的重要依据。它分为日计表、月报、半年报、年报及不定期报表。本节重点讨论日计表，年报在第十四章介绍。

一、日计表

(一)日计表的意义

日计表是基层行处根据各科目总账按日编制的会计报表。其作用主要有以下两点：

1. 具有试算平衡的作用

日计表是根据借贷平衡原理编制而成的，本日金额栏借贷平衡，也就表示交易记录没有错误的一种日报表，因此具有演算作用。

2. 具有财务报告的作用

日计表可以反映出每天的存款、放款及汇兑等业务变动情况以及资金来源和运用，可供本单位领导和有关业务部门了解、分析和使用，可起到正确组织资金和管理营运资金的作用。

(二)日计表的格式与编制

1. 格式

日计表的票样如表2—18所示。

表2—18

中国××银行(　　)

日　计　表

年　　月　　日填制　　　　共　页第　页

科目代号	科目名称	本日发生额		余　额		科目代号
		借方 (位数)	贷方 (位数)	借方 (位数)	贷方 (位数)	
			票样			

行长(主任)　　　　会计　　　　复核　　　　制表

会计科目按其代号顺序排列，设有借方发生额、贷方发生额、借方余额和贷方余额四栏。

2. 编制

(1)日计表应每日编制；

(2)根据各科目总账的本日借、贷方发生额和余额分别填列；

(3)当日无发生额的科目，应根据该科目的最后余额或前日日计表上该科目的余额直接填列；

(4)所有科目全部填入本表后，将各栏合计数结出，其本日发生额栏的借方总数与贷方总数，以及余额栏的借方总数与贷方总数均须相等；

(5)日计表编制后，送各有关人员复核盖章。

二、年报

财务报表是企业对外提供的、反映企业某一特定日期财务状况和某一期间经营成果及现金流量的文件。按照《企业会计准则》的规定，商业银行必须定期编制财务报表。一套完整的财务报表至少应当包括"四表一注"，即资产负债表、利润表、所有者权益(或股东权益，下同)变动表、现金流量表以及附注，具体编制方法将在第十四章详细介绍。

思考与练习

一、名词解释

1. 基本核算方法
2. 会计科目
3. 表内科目
4. 表外科目
5. 借贷记账法
6. 会计凭证
7. 明细核算系统
8. 综合核算系统
9. 日计表
10. 科目日结单

二、填空题

1. 商业银行的会计核算方法是根据会计的(　　)，结合商业银行的业务特点和经营管理要求而制定的一套科学方法，主要包括(　　)和(　　)两大部分。

2. 基本核算方法主要包括(　　)、(　　)、(　　)、(　　)和(　　)等。

3. 会计科目按与资产负债表的关系，可分为(　　)科目和(　　)科目。

4. 资产负债共同类科目的性质视期末余额而定，余额在借方表示为(　　)，余额在贷方表示为(　　)。

5. 银行会计中，对涉及表内科目变化的经济业务采用(　　)记账法；未引起表内科目变化，只涉及表外科目的，用(　　)记账法。

6. 借贷记账法以"(　　)，(　　)"作为记账原则。

7. 借贷记账法的账务平衡公式是：发生额的平衡公式为(　　)，余额的平衡公式为(　　)。

8. 银行的记账凭证，按其记账的对象不同，可分为(　　)凭证和(　　)凭证两类。

9. (　　)是银行对象按照经济内容进行分类核算的项目，是银行综合核算的工具。

10. (　　)是在会计科目下按照单位类别或资金性质划分的户头，是明细核算的主要工具。

三、单选题

1. 商业银行表内会计科目，按(　　)分为资产类、负债类、所有者权益类、资产负债共同类和损益类。

A. 要素的流动性　B. 经济业务内容　C. 科目的性质　D. 业务需要

2. 借贷记账法中，哪方登记增加数或减少数，取决于(　　)。

A. 账户的性质　B. 记账方法　C. 记账规律　D. 账户性质和记账方法

3. (　　)是记录经济业务、明确经济责任、登记账簿的依据。

A. 会计科目　B. 跨级账户　C. 会计凭证　D. 会计报表

4. (　　)等式是复式记账的平衡公式。

A. 资产－成本＝收入　B. 收入－成本＝利润

C. 资产＝负债＋所有者权益　D. 资产－负债＝利润

5. 负债账户的借方、贷方、余额分别表示为资金的(　　)。

A. 减少 增加 借方　B. 减少 增加 贷方

C. 增加 减少 借方　D. 增加 减少 贷方

6. 总账的登记依据是(　　)。

A. 科目日结单　B. 各科目传票　C. 各科目分户账　D. 各登记簿

7. 明细核算账务系统的构成是(　　)。

A. 分户账、登记簿、总账、科目日结单

B. 余额表、日计表、现金收付日记簿、登记簿

C. 分户账、总账、登记簿、科目日结单

D. 分户账、登记簿、余额表、现金收付日记簿

四、多选题

1. (　　)是综合核算系统的内容。

A. 余额表　B. 总账　C. 日计表　D. 科目日结单

2. 银行的会计账簿按其提供资料的内容详细程度可分为(　　)。

A. 总分类账　B. 订本式活页账　C. 明细分类账　D. 卡片式账簿

3. 按照会计科目与资产负债表的关系，科目可分为(　　)。

A. 表内科目　B. 表外科目　C. 统一科目　D. 专用科目

4. 会计凭证按填制的程序和用途可分为(　　)。

A. 原始凭证　B. 记账凭证　C. 专用凭证　D. 一般凭证

5. 会计凭证按其适用范围分为(　　)。

A. 基本凭证　B. 特定凭证　C. 一般凭证　D. 重要凭证

6. 下列属于商业银行资产类会计科目的是(　　)。

A. 存放中央银行款项　B. 同业存放　C. 贴现资产　D. 应收利息

7. 下列属于商业银行负债类会计科目的是(　　)。

A. 活期储蓄存款　B. 存放同业　C. 同业存放　D. 拆入资金

五、实务题

资料：商业银行某支行当日发生下列业务：

(1)开户单位华联商厦交存现金200 000元；

(2)向开户单位宏远公司发放 6 个月的贷款500 000元，转入其存款账户；

(3)本行向中国人民银行送交现金300 000元；

(4)某储户来行支取活期储蓄存款5 000元；

(5)宏远公司向华联商厦支付货款80 000元。

编制上述会计分录。

第三章　存款业务的核算

存款是银行通过信用方式吸收社会的闲散资金，是银行的主要负债，也是银行吸收信贷资金的主要渠道。银行作为信用中介，负债是其最基本、最主要的业务，存款在负债中占有很大比重，是商业银行的主要负债和经常性资金来源。在我国，存款始终处于高速稳定增长状态，因此有关的存款业务核算，是银行其他业务会计核算的基础。

第一节　概　述

一、存款业务的意义

银行的经营活动中所需要的资金大部分是通过吸收存款而取得的，因此从资金来源这个角度说，存款的规模制约着信贷的规模；在成本水平一定的条件下，存款的规模也决定着银行利润水平的高低，关系到银行自身的生存和发展。另外，从宏观的角度来说，银行通过吸收存款，把财政渠道集中不起来的、大量的、分散的闲置资金和城乡居民生活结余待用款等聚集起来成为一个巨大的资金力量。这对于扩大信贷资金来源、活跃金融市场、调节社会经济活动等，发挥着重要的经济杠杆调节作用。

二、存款的种类

银行存款按不同的分类标准可分为不同的类别。

(一)按资金来源性质分类

按资金来源性质分类，可以分为个人存款、单位存款、财政性存款等。个人存款是银行吸收城乡居民的闲置资金形成的存款。单位存款是银行吸收国有、集体、合资企业、个体经营、股份企业、机关团体等单位的存款及财政预算外的存款。财政性存款主要是各银行经办的财政预算内资金存款及集中待交存款。

(二)按存款期限分类

按存款期限分类，可以分为活期存款、定期存款、定活两便存款(含通知存款)。活期存款是指没有预定时间的存款。它没有确切的期限规定，银行也无权要求存款人存款时做事先的书面通知，如企事业单位的活期存款、活期储蓄存款、财政性存款等。定期存款是指存款人预先约定存款，如整存整取、零存整取、整存零取、存本取息等。我国商业银行提供的定期存款服务，期限一般为 3 个月、6 个月、1 年、2 年、3 年和 5 年等。定活两便存款是指存款存入时不规定存期，存款人可以随时支取，支取时按同档次定期存款利率的比率确定存款利息的一种存款，如通知存款等。

(三)按计息是否分类

按计息是否分类，可以分为计息存款和不计息存款。计息存款是指银行吸收的、按规定支付利息给存款人的存款，也称为一般性存款。不计息存款是指银行吸收的、按规定不计付利息的存款，主要指财政性存款和一些临时性结算存款。

(四)按存款方式分类

按存款方式分类，可以分为存折存款、存单存款、转账存款。存折存款是指存款人凭存折通过填写存取款凭条交银行办理款项以及计息的存款，如活期储蓄存款、零存整取存款等。存单存款是指以存单作为存、取款工具的存款，如整取整存存款、定活两便存款、通知存款等。转账存款是指以支票、银行汇票等结算凭证为工具进行转账存取的存款，也称为支票户存款，如企事业单位的活期存款。

(五)按存款货币的记账单位分类

按存款货币的记账单位分类，可以分为本币存款和外币存款。我国商业银行目前开设了美元、港元、欧元、加拿大元、澳大利亚元等外币存款业务。

三、存款的开户与账户管理

(一)存款业务核算的基本要求

1. 认真贯彻国家的金融政策，维护存款户的利益

存款是存款人资金使用权的暂时过渡，而它的所有权仍属于存款人。从银行角度来看，存款属于银行的一种信用行为，关系到整个社会的信用，所以银行在办理存款业务时，必须认真按照国家有关的法律规定和金融政策进行业务操作。银行维护存款户的利益，必须坚持“谁的钱，进谁的账，由谁支配”的结算原则，同时坚持“存款自愿，取款自由，存款有息，为储户保密”的储蓄政策，切实保护账户的合法权益。除国家有关法律、行政法规规定，可由银行执行查询、扣划和冻结外，银行不得任意代扣款项，并拒绝任何单位和个人查询、冻结和扣划，切实做到最大限度地保护储户的合法权益。

2. 准确、及时地进行存款业务核算

银行作为国民经济生产过程中货币信用的中介，每天要处理大量的存款业务，而这些业务与有关的开户单位和个人的资金运转密切相关。为了加速客户的资金周转，银行必须及时地将各项存款业务纳入核算程序进行处理，以免耽误客户的资金周转，影响客户的经营活动状况。基于银行经营对象的特殊性和在国民经济中的重要作用，商业银行要加强账面监管，准确、及时地办理各项存款业务，及时进行账务管理，做到数字准确，记录及时，账目规范、清晰，真实地反映资金的增减变化情况。

3. 正确使用会计科目和账户

银行的会计科目和账户是办理明细核算的工具。为了正确地反映各部门、各类资金的运动情况，银行应正确使用会计科目和账户，进行业务的记录和核算，以正确、及时地反映存款的增减变化情况及其结果。这不但关系到客户的利益，也关系到银行的利益。

(二)存款账户的分类

账户是在会计科目下按单位或存款种类进行具体分类的名称，是银行办理信贷、结算、现金出纳、储蓄业务，反映各单位、各部门经济活动的工具。银行的存款账户分为基本存款账户、一般存款账户、专用存款账户和临时存款账户。

1. 基本存款账户

基本存款账户是存款人因办理日常转账结算和现金收付需要而在银行开立的结算账户。该账户的资金主要来源于单位间的流动资金存款和机关团体单位的经费存款；开户对象主要

是实行独立经济核算或独立预算的会计单位，比如企业法人，非法人企业，机关、事业单位，团级以上军队、武警部队及分散执勤的支队，社会团体，民办非企业组织，异地常设机构，外国驻华机构，个体工商户，居民委员会、村民委员会、社区委员会，单位设立的独立核算的附属机构，其他组织。其用途也只能用于单位的生产周转经费开支，不能用于基本建设和购买物资。存款人可以自由选择银行开户，但一个存款人只能在一个银行开立一个基本账户。

2. 一般存款账户

一般存款账户是存款人因借款、现金缴存或其他结算需要，在基本存款账户以外的其他银行开立的银行结算账户。一般存款账户是与基本存款账户不在同一地点的附属非独立核算单位开立的账户。该账户只能办理转账结算和现金缴存，不能办理现金支取。

3. 专用存款账户

专用存款账户是存款人按照法律、行政法规和规章，因特定资金需要或特定的资金来源控制而开立的银行结算账户。该账户具有专款专用、专项管理的特点，其适用范围主要包括基本建设资金，更新改造资金，财政预算外资金，粮、棉、油收购资金，证券交易结算资金，期货交易保证金，信托基金，金融机构存放同业资金，政策性房地产开发资金，单位银行卡备用金，住房基金，社会保障基金，收入汇缴资金和业务支出资金，党、团、工会设在单位的组织机构经费，其他需要专项管理和使用的资金。存款人可以通过本账户办理专项资金的转账结算和根据国家现金管理的规定办理现金支付。该账户对于资金的合理使用具有较好的监督作用。

4. 临时存款账户

临时存款账户是存款人因临时经营活动需要而开立的银行结算账户。有下列情况的，存款人可以申请开立临时存款账户：设立临时机构；异地临时经营活动；注册验资。存款人可以通过该账户办理转账结算和根据国家现金管理的规定办理现金支付，临时活动结束时注销该账户。

(三)开户手续

存款人申请开立账户时，应填制开户申请书，并提供规定的证明文件。

(1)存款人申请开立基本存款账户，需向开户行出具下列证明文件之一：当地工商行政管理部门核发的企业法人执照或营业执照正本；中央或地方编制委员会以及人事、民政等部门的批文；军队军级以上，武警总队财务部门的开户证明等。银行会计部门接到开户许可证申请书和有关证件，要求单位提供印鉴卡，并审批同意后，登记开销户登记簿，编列账号，设立分户账，发售有关结算凭证等。

(2)存款人申请开立一般存款账户，应向银行除了出具其开立基本存款账户规定的证明文件和基本存款账户开户登记证外还有下列证明文件：存款人因向银行借款需要，应出具借款合同；存款人因其他结算需要，应出具有关证明。

(3)存款人申请开立专用存款账户，应向银行出具其开立基本存款账户规定的证明文件、基本存款账户开户登记证和下列证明文件：基本建设资金、更新改造资金、政策性房地产开发资金、住房基金、社会保障基金，应出具主管部门批文；财政预算外资金，应开具财政部门的证明；粮、棉、油收购资金，应出具主管部门批文；单位银行卡备用金，应按照中国人民银行批准的银行卡章程的规定出具有关证明和资料；证券交易结算资金，应出具证券公司或证券管理部门的证明；期货交易保证金，应出具期货公司或期货管理部门的证明；金融机构存放同业资金，应出具其证明；收入汇缴资金和业务支出资金，应出具基本存款账户存款人有关的证明；党、团、工会设在单位的组织机构经费，应出具该单位或有关部门的批文或证明；其他按规定需要专项管理和使用的资金，应出具有关法规、规章或政府部门的有关文件。

(4)存款人申请开立临时存款账户，应向银行出具下列证明文件：临时机构，应出具其驻在地主管部门同意设立临时机构的批文；异地建筑施工及安装单位，应出具其营业执照正本或其隶属单位的营业执照正本，以及施工及安装地建设主管部门核发的许可证或建筑施工及安装合同；异地从事临时经营活动的单位，应出具其营业执照正本以及临时经营地工商行政管理部门的批文；注册验资资金，应出具工商行政管理部门核发的企业名称预先核准通知书或有关部门的批文。

(四)存款账户的管理

存款账户一经开立，银行就必须加强对账户的管理，监督开户单位正确使用账户。

各单位通过银行账户办理资金收付，必须遵守银行的有关规定：

(1) 一个单位只能选择一家银行的一个营业机构开立一个基本存款账户，不允许在多家银行开立基本存款账户。

(2)开户实行双向选择。存款人可以自主选择银行，银行也可以自愿选择存款人开立账户。

(3)各单位的账户只供本单位业务经营范围内的资金收付使用，账户不准出租、出借、转让。

(4)各单位在银行的账户必须保证有足够的资金，不准利用账户套取银行信用和从事非法活动；同时银行还应经常检查账户的使用情况，及时与存款人进行对账，在“先存后用，存大于支”的原则下为客户提供安全、快捷的金融服务。

四、会计科目的设置及基本运用

(一)会计科目

银行为了核算吸收的各种存款，一般设置以下会计科目：

(1)活期存款。用于核算各类经济组织、单位、企业在银行的活期存款。

(2)定期存款。用于核算各类经济组织、单位、企业在银行的定期存款。

(3)活期储蓄存款。用于核算居民个人在银行存入的活期储蓄存款。

(4)定期储蓄存款。用于核算居民个人在银行存入的定期储蓄存款。

(5)银行卡存款。用于核算银行办理银行卡业务时持卡人存入银行的备用金存款。

(6)基金存款。用于核算银行作为基金托管人托管的基金存款。

(7)财政性存款。用于核算吸收的各种财政性存款。

(二)存款类科目的基本运用

银行存款类科目属于负债类科目，其规则是：业务发生时均按实际发生额入账，客户存入款项时记入相关科目的贷方，客户支取款项时记入借方，余额在贷方，表示存款结存的数额，按存款单位和个人名称设置明细账户。在实际中，银行根据业务需要增设二级会计科目，如工业企业存款、商业企业存款等，在二级科目下按存款单位和个人名称设置明细账户。

第二节　本币存款业务的核算

一、单位存款业务的核算

对于单位存款业务的核算，我们分成单位活期存款和单位定期存款两类进行阐述。

(一)单位活期存款业务的核算

单位活期存款存取主要分为现金存取和转账存取两种形式。转账存取方式，主要是通过结算方式和信用支付工具来实现的，它的核算方法将在后面结算业务章节中予以详细介绍。

本节主要介绍现金存取业务的核算手续。现金存取业务在办理过程中应该遵循“现金收入业务,先收款后记账;现金付出业务,先记账后付款”的原则。现金存取活期存款又可以分为支票户和存折户两种方式。

1. 支票户存取款业务的核算

支票户是单位在银行开立的、凭支票等结算凭证办理存取款项的存款账户,它适用于经营业绩良好、结算频繁、信用良好、严格执行结算纪律的单位和个体经营户。开立支票户时必须在银行预留印鉴,凭印鉴支取款项。

(1)存入现金的核算。

存款人向开户行存入现金时,应填制一式两联的现金进账单(见图 3－1),连同现金一并交送开户行出纳部门。

中国银行**进账单**(收账通知)

填制日期 2009年12月6日 1 第 号

付款人	全称	衡阳宏利有限公司	收款人	全称	衡阳滨海股份有限公司
	账号	78923826340089		账号	84970126548911
	开户银行	工商银行白沙路支行		开户银行	中国银行商阳支行胜南分理处
人民币(大写)	伍拾万元整		千 百 十 万 千 百 十 元 角 分		
			¥ 5 0 0 0 0 0 0 0		
票据种类	支票		中国银行 雁南分理处 2009.12.16 受理银行盖章		
票据张数	1张				
单位主管 会计 复核 记账					

图 3－1

出纳部门经审查凭证点收现金,登记现金收入日记簿,并复核签章后,将第一联盖“现金收讫”章后作为回单退交存款人,以第二联作借方传票登记现金收入日记簿后送交会计部门登记单位存款账户。会计分录如下:

借:库存现金

贷:活期存款——××单位存款户

(2)支取现金的核算。

支票户向银行支取现金时,应签发现金支票,并在支票上加盖预留银行印鉴,由存款人背书后送交银行会计部门。会计部门收到现金支票后,应重点审查支票是否过期、是否背书、是否挂失,印鉴是否与预留印鉴相符,大小写金额是否一致,存款人账户是否有足够的余额等。经审核无误后,将出纳对号单交给取款人,同时会计部门以现金支票代现金付出传票,登记存款分户账,会计分录如下:

借:活期存款——××单位存款户

贷:库存现金

然后将支票交出纳部门,由出纳部门叫号付款,并登记现金付出日记簿,将现金支票送回会计部门。

2. 存折户存取现金款项的核算

存折户是存款人在银行开立的、使用存折办理存取款项的账户,适用于经营规模较小、结算业务少、存取金额小的单位及临时性采购资金户。

(1)存入现金的核算。

存款户在第一次存入现金开立账户时,应填写存款凭条连同现金一并交给银行出纳部门,出纳部门审核凭证上的各项内容无误,然后收妥现金后,凭存款凭条登记现金收入日记簿以后送会计部门,会计部门对存款凭条审查无误后,以存款凭条代现金收入传票开立存折,编列账号,填入存款金额,并加盖银行业务章,经复核后将存折交给收款单位,其会计分录如下:

借:库存现金

贷:活期存款——××单位存款户

续存时,必须带存折来行办理存款,其余手续与初存时相同。

(2)支取现金的核算。

存款户凭存折支取现金时,应填写取款凭条,并加盖预留银行印鉴后,连同存折一并交会计部门。会计部门审查凭证、存折无误后,发给客户对号单或铜牌,以取款凭条作现金付出传票,登记单位存款账和存折,其会计分录如下:

借:活期存款——××单位存款户

贷:库存现金

会计部门将取款凭条连同存折送出纳部门,并登记现金付出日记簿,然后出纳员叫号,将存折和现金一并交付取款单位。

(二)单位定期存款业务的核算

单位定期存款是指单位将其活期存款账户中暂时闲置的资金一次转出,按约定期转为定期存款,由银行发给定期存单,到期凭存单一次支取本息的存款。各单位按照有关规定提留的各项短期资金和地方财政结余款项,均可以根据银行规定办理整存整取定期存款。定期存款的期限可以分为3个月、6个月、1年、2年、3年、5年等多种,同时规定单位定期存款最低存入金额为1万元,多存不限。

1. 存入定期存款的核算

单位向银行办理定期存款时,应按存款金额签发转账支票,交银行会计部门。会计部门接到支票按照相关规定审核无误后,以转账支票代转账借方传票登记单位存款分账,填写一式两联的单位定期存款开户证实书。第一联加盖银行专用章后交存款人,第二联为银行定期存款卡片,用专夹保管。其会计分录如下:

借:活期存款——××单位存款户

贷:定期存款——××单位存款户

2. 到期支取定期存款的核算

定期存款到期,单位到银行支取款项时,应在证实书上加盖预留印鉴,填写“进账单”一式两联一并送交银行。银行收到证实书后,应抽出该户卡片账,审核是否与原留存的卡片账的户名、金额、印鉴等相符,审核无误后,按相关规定计算存款利息,编制计息清单,一式三联。证实书及一联利息清单分别作借方凭证,进账单及另一联利息清单作贷方凭证,然后办理转账,并登记开销户登记簿。其会计分录如下:

借:定期存款——××单位存款户

应付利息或利息支出——××单位定期利息支出户

贷:活期存款——××单位存款户

转账后,在定期存款证实书上加盖“结清”戳记,一联利息清单及进账单交存款单位。

3. 提前支取定期存款的核算

单位定期存款可以全部或部分提前支取，但只能提前支取一次。全部提前支取的，按支取日银行挂牌公告的活期存款利率计息。部分提前支取的，提前支取的部分按支取日银行挂牌公告的活期存款利率计息。其余部分如不低于起存金额，由金融机构根据原存期开具新的“单位定期存款开户证实书”，按原存款开户日银行挂牌公告的同档次定期存款利率计息；不足起存金额的，则予以清户。

如果是全部提前支取，会计处理方法参照到期支取的处理。

如果是部分提前支取，未支取的部分大于起存的金额，则按原账号、原利率、原定到期日、原定期限重新签发“单位定期存款开户证实书”一式两联，注明原“证实书”编号，原底卡联加盖“附件”戳记作新底卡联的附件。

(三)单位存款通知业务结算

单位存款通知业务结算是指存款人不约定日期，支取提前通知银行，约定支取存款日期的方式。

1. 通知存款的规定

(1)通知存款不论实际存期多长，按存款人提前通知的期限长短划分为一天通知存款和七天通知存款两个品种。一天通知存款必须提前一天通知约定支取存款，七天通知存款必须提前七天通知约定支取存款。

(2)通知存款一般有最低存入和支取限额，它的最低起存金额是这样规定的：单位为50万元，个人为5万元；它的最低支取金额是这样规定的：单位为10万元，个人为5万元。存款人需一次性存入，可以一次或分次支取。

(3)通知存款为记名式存款，单位通知存款采用记名存款凭证形式；个人通知存款采用记名存单形式。存单或存款凭证须注明“通知存款”字样。

2. 单位通知存款的核算

(1)存入通知存款的会计核算。单位存入通知存款的方式包括现金存入和转账存入两种，其会计处理程序和单位定期存款处理程序是一样的。在“单位定期存款”科目下设立“通知存款”一天或七天通知分户。银行为单位通知存款开立“单位定期存款开户证实书”，并且注明“通知存款”字样和通知存款的种类，但不注明存期和利率。该证实书只能作为存款证明，不得作为质押的权利凭证。其会计分录为：

借：活期存款——××单位存款户

　　贷：定期存款——通知存款户

(2)提前通知。单位通知存款的存款人提前通知银行按照约定支取通知存款时，应向银行提交“单位通知存款通知书”，经银行会计人员审核无误后，登记“单位通知存款支取提交通知登记簿”，详细登记存款人的账号、证实书编号、实际金额、通知支取金额、通知支取日期等。若单位因故取消通知，则由存款人向银行提交“单位通知存款取消通知书”，经会计人员审核无误后，对存款人的通知取消。

(3)支取通知存款的会计核算。单位通知存款可一次或多次进行支取，但是规定最低支取金额为10万元。通知存款的存款人按照约定期限支取款项时，应该按照单位通知存款证实书，填写一式三联的单位通知存款支取凭证，连同通知存款证实书一并交给银行。银行会计人员收到凭证审核无误后，即可办理支付手续。存款人支取存款时，本金和利息只能转入存款单位的其他存款户，不得支取现金。其会计分录为：

借：定期存款——通知存款户

利息支出

贷:活期存款——××单位存款户

二、个人存款业务的结算

居民储蓄有广义和狭义之分。广义的居民储蓄是指在居民可支配收入中未被消费的剩余部分,是居民持有的各项金融资产之和。狭义的居民储蓄是指居民在银行中的储蓄存款。个人存款又称居民储蓄存款,是指城乡居民个人存入中国境内商业银行的人民币存款和外币存款,是相对于狭义居民储蓄而言的。随着我国居民储蓄存款的持续增长,对银行的储蓄业务也提出了很多新的要求,同时储蓄存款是我国商业银行重要的资金来源,所以只有认真地做好储蓄存款的会计核算工作,不断地完善银行的储蓄业务工作,保持合理的储蓄结构,才能够充分地发挥储蓄存款在银行盈利方面的重要作用。商业银行为居民办理个人储蓄存款业务,要坚持贯彻国家关于居民个人储蓄的政策,维护储户的利益,应当遵循"存款自愿,取款自由,存款有息,为存款人保密"的原则。对个人储蓄存款,商业银行有权拒绝任何单位或者个人查询、冻结、扣划,但法律另有规定的除外。同时规定银行办理储蓄存款实行实名制,即以本人有效身份证件的姓名办理存入手续,银行自 1999 年 11 月 1 日起代扣个人存款利息所得税,自 2008 年 10 月 9 日起,暂停征收个人利息所得税。

(一)储蓄存款的种类

1. 活期储蓄存款

活期储蓄存款是指不规定存期、储户随存随取的储蓄。活期储蓄起存金额为 1 元,多存不限。活期储蓄存款具有存取方便、灵活、办理快捷的特点。

2.定期储蓄存款

定期储蓄存款是指在存款时约定存期,一次或多次存入,到期一次或分次取出本金和利息的一种储蓄存款。定期储蓄存款根据存取的次数可以分为整存整取、零存整取、存本取息和整存零取四种类型。

(1)整存整取定期储蓄存款。

整存整取定期储蓄存款是储户本金一次存入、到期一次支取本息的一种定期储蓄。50 元起存,多存不限,存期分为 3 个月、半年、1 年、2 年、3 年和 5 年 6 个档次。开户时由银行发给存单,到期凭存单支取本息。这种储蓄具有期限长、利率高的特点,适合较长时期不用的节余款项的存储。该种储蓄可部分或全部提前支取。

(2)零存整取定期储蓄存款。

该种储蓄约定存期,本金分次存入,到期一次支取本息。存期分 1 年、3 年、5 年 3 个档次。其特点是逐月存储,适合那些有固定收入但节余不多的储户。这种储蓄分为两种:

①每月固定金额。5 元起存,多存不限,存款金额由储户自定。每月存入一次,中途如有漏存,应在次月补齐,未补存者,到期支取时,按实存金额和实际存期计算利息。该种储蓄不能部分提前支取(除集体户外)。本储蓄又分为个人和集体户两种。集体户是由单位财务人员或代办员每月从应发工资中代储,集中向存款行办理存取款而开立的一种账户,存期为 1 年。

②积零成整定期储蓄。由储户事先确定存期及预期支取本息之和的整数金额(如 500 元、1 000元、5 000元等),再由银行算出该储户每月应存金额,以后储户逐月存入,到期一次支取本息。储户如在途中月份有漏存,一般应在次月补存,未补存者,到期时按实存金额和存期计息。

(3)存本取息定期储蓄存款。

存本取息定期储蓄存款是一种一次存入一定数额的本金，在存期内分次等额支取利息、到期支取本金的定期储蓄存款种类。这种储蓄存期分为1年、3年、5年3个档次，起存金额一般为5 000元。开户时储户将本金一次存入，支取利息的期次可与银行商定，一个月或几个月一次由储户选择。银行按本金和约定存期计算好分次应付利息，储户凭存单分期取息，到期全部支取本金。如到取息日未取息，以后可随时支取，但不计复利。存本取息储蓄存款在约定存期内如需提前支取，则要按定期存款提前支取的规定计算存期内的利息，已支取的利息要一次性从本息中扣回。它适合有大笔款项的储户存储。

(4)整存零取定期储蓄存款。

整存零取定期储蓄存款是一种本金一次存入、分期支取固定本金、到期一次性支取利息的定期储蓄存款种类。这种储蓄存期分为1年、3年、5年3个档次，起存金额一般为1 000元。

开户储户可与银行约定存期和分期支取本金的期次，支取期次分为1个月、3个月或半年存款到期时结清利息。它适合于储户有较大款项需要分期使用的情况。

3. 定活两便储蓄存款

定活两便储蓄存款是一种不确定存款期限，利率随存期长短而变动的储蓄存款种类。开户起存金额一般为50元，存单分记名和不记名两种，记名的，可挂失；不记名的，不可挂失。它既具有活期储蓄随时可以提取的灵活性，又能享受到接近于定期存款利率的优惠。目前银行开办的定活两便储蓄有两种：

第一种是定活两便定额储蓄。这种储蓄面额固定，通常存单面额为50元、100元、500元、1 000元等，存单不记名、不挂失、不办理异地托收，但通常规定可在同城或某区域内通兑。

第二种是定活两便不定额储蓄。由储户自己确定存入金额，存单可记名、可挂失。

除了以上种类之外，还有通知储蓄存款，即由储户一次存入本金，银行发给存折，储户凭存折可不限次数支取款项，取款时需在取款日前以书面通知银行的储蓄种类。个人支票储蓄存款，即以个人信誉为保证，使用支票作为支付结算凭证的活期储蓄等。

(二)活期储蓄存款业务的核算

1. 开户存入与续存的会计核算

储户第一次到银行办理存款称为开户。当申请开户时，储户应填写“活期储蓄存款凭条”，连同现金一并交给银行柜员，银行柜员经审核无误并收妥款项后，登记在现金收入日记簿和开销户登记簿上，登记开销户登记簿及活期储蓄存款账，编列账号，开立活期储蓄分户账，登记活期储蓄存折，并根据存款余额算出应计利息积数，记入存款账及存款凭条利息积数栏内，以存款凭条代现金收入传票，其会计分录如下：

借:库存现金

　　贷:活期储蓄存款——××存款人户

然后银行开出存折交给储户。

如果是储户要求凭印鉴支取或凭密码支取存款的，还应在账页上加添密码或在印鉴签章处加盖预留印鉴备验。在存折和账页上加盖“凭印支取”戳记，经银行业务人员复核凭条、存折和存款账的各项记载内容无误，复点现金账款相符以后，在存款凭条上加盖现金收讫章及个人名章后留存，在存款账加盖复核名章后专夹保管，在存折上加盖个人名章交储户收执。以后当储户持活期储蓄存折来银行办理续存时，先由储户填好“活期储蓄存款凭条”，连同存折和现金一并交银行柜员。银行柜员经审核无误并点收现金后，先抽出存款账进行记账，然后交会计人员凭存款凭条登记分户账及存折，将存折退交储户，其会计处理手续与开户时相同。

2. 支取与销户的会计核算

储户支取存款时，应填写“活期储蓄取款凭条”，连同存折一并交给银行柜员。凭印鉴支取时，还应在凭条上加盖预留的印鉴，连同存折一并交给银行柜员。银行柜员根据凭条核对账、折和印鉴，经办员经核对无误后，根据存款凭条，先登记现金付出日记簿、存折和分户账，并根据存款余额查出应减积数，结出积数余额记入分户账积数余额栏。银行以取款凭条代现金付出传票办理转账时，其会计分录如下：

借：活期储蓄存款——××存款人户

贷：库存现金

然后在存折、取款凭条上加盖个人名章，在取款凭条上加盖“现金付讫”戳，存折和现金交储户收存。当储户要求取走全部款项时，就称为销户。储户销户时，应根据存款账最后填写。活期储蓄取款凭条，连同存折一起交给银行柜员，它的办理手续除了按一般付款手续办理外，还要计算出应付利息，并且填制两联利息清单，一联连同本息交给储户，另外一联由储户签名后，作为汇总编制利息支出科目的传票。同时银行在账、折及取款凭条上加盖结清戳记，注销开销户登记簿，存折作为取款凭条附件账页另行保管。其会计分录如下：

借：活期储蓄存款——××存款人户

利息支出——活期储蓄存款利息支出户

贷：库存现金

前面这些程序是以活期储蓄存折户为代表进行阐述的。活期储蓄存款除了活期储蓄存折户以外，还有活期储蓄支票户，它是指以储蓄支票作为取款凭条的活期储蓄存款，但是这种活期储蓄方式只在达到一定资信的储户范围内开办。活期储蓄支票的开户和续存也是凭存款凭条来办理的，取款时应该凭借储户在其存款额度内签发的储蓄支票办理，其余手续及会计分录与活期储蓄存折户大同小异。

（三）定期储蓄存款业务的核算

1. 开户存入的核算

定期储蓄存款包括储户姓名、存款金额和存期等项目，然后连同现金一起交给银行柜员。银行柜员收妥现金，审核开户申请书无误后，填制一式三联的“整存整取定期储蓄存单”。存单签妥后各联应加盖名章，第一联代现金收入凭证办理收款，并加盖“现金收讫”戳记，第二联为存单，加盖业务公章后交给储户保管，第三联为卡片账，按顺序专夹保管。其会计分录为：

借：库存现金

贷：定期储蓄存款——整存整取××户

同时登记开销户登记簿。

如果储户要求凭印鉴支取存款，则应在各联上加盖“凭印支取”戳记，并在第一、三联存单上预留储户印鉴，其余手续相同。

(2)到期支取的核算。

存款到期，储户持到期的整存整取存单来行支取存款，银行记账员抽出卡片账同存单核对，凭印鉴支取的，还要核对印鉴。经核对相符后，按照规定计算应付利息，填制两联利息清单，并将付出利息和支取日期分别填在存单和卡片账上，登记开销户登记簿，以存单代现金付出凭证，连同一联利息清单以支付存款本息，另一联利息清单连同现金交储户，其会计分录为：

借：定期储蓄存款——整存整取××户

应付利息——××定期存款利息户

贷:库存现金

在当日营业终了,根据当日的利息清单汇总填制利息支出借方传票,结清的卡片账另行保管,并定期装订。

(3)提前支取和过期支取。

当储户要求全部提前支取时,应交验本人身份证件,经银行柜员验核存单及身份证件后,并将身份证件的名称、号码、发证机关等内容摘录在存单上。如果是凭印鉴支取,则应在存单上同时加盖预留印鉴,然后在存单和卡片账上加盖"提前支取"戳记。其他程序与到期支取的程序相同。当储户要求部分提前支取时,银行先按原存单将本金全部付出,并按规定计付提前支取部分的利息,然后将剩余部分的本金,按照原存入日期、期限、利率和到期日另开新单,重新编列账号,并且将"由××号存单部分转存"的字样,在开销户登记簿上作相应的记载。其余处理手续与到期支取相同。同时规定部分提前支取,每张存单仅以一次为限。当储户持过期存单到银行取款时,除按规定付给过期利息外,其余处理手续与到期支取的手续相同。

2. 零存整取定期储蓄存款的会计核算

(1)开户存入和续存的会计核算。

零存整取定期储蓄存款的存取手续和活期储蓄存款基本相同。开户时,由储户填写"零存整取定期储蓄存款凭条",连同现金一并交给银行柜员,经银行柜员审查凭证无误后,点收现金,登记分户账及开销户登记簿,编列账号,开立账户和存折,然后开出存折交给储户。其会计分录如下:

借:库存现金

贷:定期储蓄存款——零存整取××户

储户按约定日期到银行进行续存时,银行柜员收款并对账、折核对无误后,登记账、折,其余处理手续与开户时大同小异。

(2)到期支取本息的会计核算。

储户到期支取本息时,将存折交给银行柜员,银行柜员对账、折审核无误后,按规定计算应付利息,并填制利息清单,分别在存折和账页上填写本金、利息和本息总和数额,加盖支付日期和"结清"戳记及名章,以存折代现金付出传票。其会计分录如下:

借:定期储蓄存款——零存整取××户

应付利息或利息支出——××定期存款利息户

贷:库存现金

对利息和账、折进一步核对无误后,将本息交给储户,其余处理手续与整存整取定期储蓄存款相同。

(3)提前支取与过期的会计处理。

储户要求提前支取时,将个人身份证件交银行查验,查验以后,银行按照支取日挂牌公告的活期储蓄存款利率计付利息,其余手续与到期支取的手续相同。储户过期支取时,过期部分应计过期利息,其余手续与到期支取的手续相同。

3. 存本取息定期储蓄存款的核算

存取手续与整存整取相同,可办理提前支取,但不办理部分提前支取。办理提前支取时,对于储户多支取的利息应在本金中扣除。

(1)开户的会计核算。

开户时,由储户填妥存本取息存款凭条,包括姓名、存期和每次取息日期等内容,然后连同现金一起交给银行柜员。银行柜员审查凭条内容无误后，填制一式三联“定期存本取息储蓄存单”，计算出每次应付利息金额，填入存单和卡片账的“取息金额”栏内。凭印鉴支取的，在卡片账印鉴栏内加盖储户印章，登记开销户登记簿。在存款凭条上加“现金收讫”章，存单扉页处加盖业务公章，开销户登记簿上加盖私章后，将存单交给储户。其会计分录如下：

借:库存现金

　　贷:定期储蓄存款——存本取息××户

(2)取息的会计核算。

储户按约定的日期到银行支取利息时，应持存单并填写存本取息定期储蓄取息凭条，银行审核无误后，凭以登记存单、卡片账并支付利息，以取息凭条代现金付出传票。其会计分录如下：

借:利息支出——××定期存款利息户

　　贷:库存现金

未到取息日，储户不得提前到银行支取利息；若过期后，储户可随时到银行支取利息，但不计复利。

(3)到期支取本金的会计核算。

存款到期时，储户到银行支取本金，以存单代现金付出传票并付款。其会计分录如下：

借:库存现金

　　贷:定期储蓄存款——存本取息××户

如果储户要求提前支取本金，可凭存单和身份证件到银行办理。银行按照规定的利率计算提前支取所得利息，并以红字冲回已支付的利息，如冲回的利息大于储户应得的利息，则应从本金中扣除。

4. 整存零取定期储蓄存款的核算

(1)开户存入的会计核算。

开户时银行根据储户姓名、存入金额、期限以及支取的次数和时间，填写一式三联“整存零取定期储蓄存单”，第一联代收入传票，第二联为存单，第三联为卡片账，在卡片账上注明每次支取的时间和金额。会计分录为：

借:库存现金

　　贷:定期储蓄存款——整存零取××户

如凭印鉴支取的，在第一、三联上加盖预留银行印鉴，并在各联上加盖“凭印支取”戳记。

(2)分期支取的核算。

储户按约定时间来行取款时，应填写定期整存零取储蓄取款凭条，连同存单一并交给银行，抽出卡片账核对无误后，在存单和卡片账上填写支取记录，以取款凭条代现金付出传票。会计分录为：

借:定期储蓄存款——整存零取××户

　　贷:库存现金

在最后一次支取时，银行还同时将利息付给储户，其手续与上述基本相同。

(3)提前支取与过期支取。

银行可办理提前支取，但不办理部分提前支取，提前支取的手续与到期支取的手续基本相同。如过期支取，应在存单和卡片账上注明过期支付的日期，并按规定利率计付过期利息。

(四)定活两便储蓄存款业务的核算

开户时,储户应填写定活两便存单,上面不必注明存期、利率,可以随时根据需要支取。支取时除计息方法不同外,其余处理程序与整存整取储蓄存款的程序大同小异。

计算利息时,应该根据不同存期进行计算。具体来说,存期不足3个月的,按支取日挂牌公告的活期利率计算;存期超过3个月(含3个月)而不满半年的,按照支取日整存整取定期储蓄存款三个月同档利率6折计息;存期半年以上(含半年)不满一年的,按支取日整存整取定期储蓄半年期同档利率6折计息;存期超过1年的(含1年),无论存期多少均按照支取日整存整取定期储蓄存款1年期同档利率6折计息。如果出现打折后的利率低于活期储蓄存款利率时,则应该按照活期储蓄存款利率计息。存期内不分段计息。

三、财政性存款的核算

财政性存款包括两类:一是代理财政部门征收税款,开户单位上缴财政利润以及提供财政信息等;二是银行代理财政部门分配资金。

(一)代理财政部门集中存款业务的核算

银行经办代理财政集中存款业务时,应根据开户单位填制的有关缴纳款项的支款凭证,经审核无误后办理转账。会计分录为:

借:活期存款——××单位存款户

　　贷:财政性存款——集中××存款户

按规定将款项划缴中国人民银行或上级管辖行时,填制有关划款凭证,办理转账,会计分录为:

借:财政性存款——集中××存款户

　　贷:存放中央银行款项——存款户

(二)代理财政部门进行资金分配业务的核算

1. 财政预算内分配转入款项的核算

财政部门对行政、事业单位、部队、社会团体拨付预算款项,应签开有关预算凭证,通知同级人民银行转国库办理款项拨付。用款单位开户行接到当地人民银行转来的收账通知时,进行转账。会计分录为:

借:存放中央银行款项

　　贷:财政性存款——××单位存款户

2. 用款单位支用款项的核算

用款单位支用财政部门拨给的款项时,应签开有关结算凭证,银行收到后认真审核,监督用款单位按规定要求使用,审核无误后,按不同支付结算方式办理转账。会计分录为:

借:财政性存款——××单位存款户

　　贷:存放中央银行款项

第三节　存款利息的计算与会计核算

银行对单位及个人的存款计付利息,是国民收入再分配的一种形式,也是银行核算成本的重要内容。能否正确计算利息,不仅影响到银行的经济核算,还会影响到各单位及人民群众的经济利益,所以应按规定的计息范围、方法和利率正确计息。

一、计息的基本规定

(一)计息范围

存款计息范围是由国家统一规定的,体现国家一定的方针和政策。其范围如下:

(1)独立核算的企业单位的流动资金存款以及个人存款应计付利息;

(2)行政机关、部队、社会团体、学校等单位的经费存款,其款项来源为国家预算拨款,1998年后列为一般性存款计付利息;

(3)各单位的党费、团费、工会经费按现行企业存款利率计付利息;

(4)中国人民银行与商业银行之间以及商业银行之间往来存款计付利息;

(5)银行经办的财政预算内资金存款及集中待交财政的各种款项形成的存款不计付利息。

(二)活期存款计息的基本规定

单位、个人活期存款在存入期间遇有利息调整,按结息日挂牌公告的利率计算。结息后的利息并入本金计息,元以下尾数不计息。未到结息日清户时,按清算日挂牌公告的利率计息到清户前一日止。

(三)定期存款计息的基本规定

定期存款不论利率是否调整,均按存单开户日挂牌公告的利率计息。未到期的定期储蓄存款,全部提前支取的,按支取日挂牌公告的活期存款利率计息;部分提前支取的,提前支取的部分按支取日挂牌公告的活期存款利率计息,其余部分到期时按存单开户日挂牌公告的定期存款利率计息。定期存款逾期不办理转存手续,其超过原定存期的部分,按支取日挂牌公告的活期存款利率计息。

二、主要计息周期与结息日

计息周期是指每次结计利息的时间间隔。结息日是利息的结算日。

(一)人民银行对金融机构的存款计、结息规定

(1)金融机构的法定准备金存款和超额准备金存款按日计息,按季结息,计息期间遇利率调整,分段计息,每季度末月的20日为结息日。

(2)邮政汇兑资金在中国人民银行贷方余额执行超额准备金利率,按日计息,按季结息,计息期间遇利率调整,分段计息,每季度末月的20日为结息日。

(二)金融机构存款的计、结息规定

(1)单位活期存款按日计息,按季结息,计息期间遇利率调整,分段计息,每季度末月的20日为结息日。

个人活期存款按季结息,按结息日挂牌的活期利率计息,每季末月的20日为结息日。未到结息清户时,按清户日挂牌公告的活期利率计息到清户前一日止。单位和个人的定期存款利息在存款到期日利随本清。

结计利息时,结息日当天应计算在本周期内,次日办理转账。

(2)以现行的居民储蓄整存整取定期存款的期限档次和利率水平为标准,统一个人存款、单位存款的定期存款期限档次。

(3)除活期存款和定期整存整取存款外,通知存款、协定存款、定活两便、存本取息、零存整取和整存零取等其他存款种类的计、结息规则,由开办业务的金融机构法人(农村信用社以县联社为单位),以不超过中国人民银行同期限档次存款利率上限为原则自行制定并提前告知客户。

三、计息方法

(一)计息的基本方法

1. 利率及其换算公式

利率有年利率、月利率、日利率三种。实际中，存期一般以天计算，而银行公布的利率一般是年利率或月利率，三种利率之间的转换关系为：

日利率＝年利率(%)÷360

日利率＝月利率(‰)÷30

月利率＝年利率(%)÷12

2. 存期的计算

存期的计算原则是“记首不记尾”。从利率换算的规则上讲，无论大月、小月、平年、闰年，全年平均按 12 个月、360 天计算。

3. 计息的基本公式

计息的基本公式为：

应计利息＝存款额×存期×利率

而在这个基本公式的基础上，演变出许多计息的具体方法。

(二)积数计息法

积数计息法一般用于存款额或存期经常发生变动的存款业务，如活期存款、有漏存的零存整取定期存款等。由于存款额、存期是经常变动的，而利率相对稳定，因此可将存款额与存期的乘积作为积数，则：

应计利息＝存款额×存期×利率＝积数×利率

根据存期的不同，积数可分为日积数、月积数。积数计息法的具体运用有多种形式：

1. 余额表计息法

采用该方法计息，是指每日营业终了，将各计息分户账的最后余额按户抄列在“计息余额表”(见表 3－1)内(当日余额未变动的，照抄上日余额)。如遇到错账冲正或补记账款使记账日期与起息日期不一致时，应在余额表的“应加积数”或“应减积数”栏内调整计息积数。结息日，逐户将全季的累计积数乘以日利率，即得出各户的应计利息数。

表 3－1　　**××银行计息余额表**　　单位：元

利率 / 户名账号 / 日期 余额	2.625‰	2.625‰	‰	‰	复核盖章
	××化工厂	××电器厂			
	(位数)	(位数)			
上月底止累计应计息积数	165 211.00	214 500.00			
10 天小计	28 450.00	46 784.00			
20 天小计	59 376.00	88 753.00			
本月合计(本月计息积数)					
应加积数					
应减积数					
本月累计应计息积数					

2. 账页计息法

采用该方法计息的存款户使用乙种账页，即在单位存款账户发生资金借贷后，按上次最后余额乘以该余额的实际天数，即为积数，并分别把日数与积数记入账页上的"日数"和"积数"栏内。如果更换账页，应将累计积数过入新账页第一行内，待结息日营业终了，再计算出全季的应计天数和积数合计，以积数乘以日利率，即可得出应付利息数。

(三)公式计息法

1. 整存整取的计息公式

整存整取的计息公式为：

$$应计利息=存款额\times存期\times利率$$

整存整取定期存款如果推迟支取，应分段计息，存期内按原定利率计息，过期部分按活期利率计算，公式为：

$$应计利息=存款额\times(存期\times原利率+过期时间\times活期利率)$$

2. 零存整取定期存款的计息公式

在无漏存的情况下，根据积数法可推导出零存整取定期存款到期支取的计息公式为：

$$应计利息=到期存款余额\times\frac{存入期数+1}{2}\times\begin{matrix}每次支取的\\间隔月数\end{matrix}\times月利率$$

3. 整存零取定期存款的计息公式

根据积数法可推导出整存零取定期存款到期支取的计息公式为：

$$应计利息=\frac{全部本金+每次支取额}{2}\times支取次数\times\begin{matrix}每次支取的\\间隔月数\end{matrix}\times月利率$$

4. 存本取息定期存款的计算公式

$$每次支取利息金额=\frac{本金\times存期\times利率}{支取次数}$$

(四)预提定期存款利息

定期存款一般采用利随本清的付息方法，在存款到期时支付利息。根据权责发生制原则预提时，应按定期存款利率分档次分别计算。若利率调整，凡规定应分段计息的，从利率调整当季开始按新利率预提。预提定期存款利息的计算公式为：

$$预提定期存款利息=定期存款季平均余额\times月平均利率\times3$$

其中：

$$定期存款季平均余额=\frac{季度内3个月月初定期存款余额之和}{3}$$

$$月平均利率=\frac{各档次定期存款利率之和}{预提次数}$$

预提利息时，根据预提金额，分别填制借、贷方记账凭证办理转账，会计分录为：

借：利息支出——××存款利息支出户

　　贷：应付利息——××存款利息户

四、存款利息的核算

(一)科目的设置

(1)"应付利息"科目，用于核算银行吸收的款项以及各项借款当期应付未付的利息。计算出应付利息时，记入该科目的贷方；实际支出利息时，记入该科目的借方。该科目为负债类科目，余额在贷方。

(2)“利息支出”科目，用于核算存款业务中发生的利息支出。预提应付利息时记入该科目的借方；实付利息大于预提应付利息时，实付利息直接记入该科目的借方。期末该科目余额结转利润时，借记“本年利润”科目，贷记“利息支出”科目。

(二)活期存款利息的核算

活期存款在结息日结息时，应逐户填制计息清单一式三联，审核无误后，一联盖业务公章交存款单位，其余两联分别代替借、贷方记账凭证留待次日办理转账。结息后，于次日将本次计算出的利息直接记入存款户，增加其余额，会计分录为：

借：利息支出——××存款利息支出户
　　贷：活期存款——××单位存款户
　　　　（或：活期储蓄存款——储户）

(三)定期存款利息的核算

1年以内定期存款利息在支取日直接计算并支付，其核算方法与活期存款利息的核算方法相同。1年以上定期存款利息按季预提，到期日支取定期存款本息时，填制一式三联“计算利息清单”，清单上的“天数”改为“年数”，“积数”改为“本金”，一联加盖业务公章后交存款户，其余两联代替借、贷方记账凭证记账。支取本息的会计分录为：

借：定期存款——××存款户
　　（或：定期储蓄存款）
　　应付利息——××存款利息户
　　贷：活期存款——××单位存款户
　　　　（或：库存现金——××储户）

实付利息时，如实付利息超过“应付利息”科目相应账户的余额，差额部分则另填借、贷方记账凭证，直接列利息支出，其会计分录为：

借：利息支出——××存款利息支出户
　　贷：活期存款——××单位存款户
　　　　（或：库存现金——××储户）

思考与练习

一、名词解释

1. 基本存款账户
2. 一般存款账户
3. 临时存款账户
4. 专用存款账户
5. 单位定期存款
6. 单位通知存款
7. 活期储蓄存款
8. 定期储蓄存款
9. 定活两便储蓄存款

二、填空题

1. 商业银行吸收的存款按存取款方式分为(　　)和(　　)。
2. 定期储蓄存款包括(　　)、(　　)、(　　)、(　　)。
3. 按照权责发生制原则预提的,应付给储户的利息应借记"利息支出"科目,贷记(　　)科目。
4. 商业银行根据个人储蓄存款业务制定(　　)、(　　)、(　　)、(　　)的原则。
5. 一个单位只能选择(　　)银行的(　　)开立(　　)基本存款账户,不允许在(　　)开立基本存款账户。

三、单选题

1. 存款人能够办理日常转账结算和现金收付的账户是(　　)。

A. 基本存款账户　B. 一般存款账户　C. 临时存款账户　D. 专用存款账户

2. 活期储蓄存款的金额起点是(　　)。

A. 100 元　B. 10 元　C. 1 元　D. 不限

3. 整存整取储蓄的存储起点为(　　)元,零存整取储蓄的存储起点为(　　)元,存本取息储蓄的存储起点为(　　)元,整存零取储蓄的存储起点为(　　)元。

A. 5　B. 50　C. 5 000　D. 1 000

4. 活期存款的结息日为(　　)。

A. 每月 30 日　B. 每季度末月的 20 日　C. 6 月 30 日　D. 12 月 20 日

5. 活期储蓄存款的结息日为(　　)。

A. 每月 30 日　B. 每季度末月的 20 日　C. 6 月 30 日　D. 12 月 20 日

6. 定期储蓄存款按(　　)计息;提前支取的部分,按(　　)计息。

A. 开户日利率　B. 到期日利率　C. 活期存款利率　D. 原利率

7. 单位开立定期存款账户,一般向客户签发(　　)。

A. 定期存单　B. 存款开户证实书

C. 定期存款申请书　D. 单位定期存单确认书

8. 本金一次存入,约定存期,分期支取利息,到期支取本金的储蓄存款是(　　)。

A. 整存整取　B. 零存整取　C. 存本取息　D. 整存零取

四、多选题

1. 定期储蓄存款,根据存取本息形式不同,可分为(　　)。

A. 整存整取　B. 零存整取　C. 存本取息　D. 整存零取

2. 储蓄存款的原则是(　　)。

A. 存款自愿　B. 取款自由　C. 存款有息　D. 为储户保密

3. 存款利息的计算公式为:利息=(　　)。

A. 本金×存期×利率　B. 积数×利率

C. 天数×利率　D. 存款金额×利率

4. 银行的存款账户包括(　　)。

A. 基本存款账户　B. 一般存款账户　C. 临时存款账户　D. 专用存款账户

5. 单位存入现金,银行记账为(　　)。

A. 借:库存现金　B. 贷:库存现金　C. 借:活期存款　D. 贷:活期存款

五、思考题

1. 存款业务的意义及存款的种类有哪些?
2. 存款账户如何划分?其相应的开户条件如何?存款账户如何管理?
3. 存款业务日常核算有哪些基本要求?
4. 我国的储蓄政策和原则是什么?
5. 个人储蓄存款的主要种类有哪些?核算手续如何?
6. 如何计算各类存款的利息?利息的结计有哪些基本规定?各项存款利息的核算手续如何?

第四章　贷款业务的核算

贷款是银行的主要业务之一，也是银行的主要资产业务。目前在我国，贷款业务是商业银行实现利润最大化目标的主要手段，带来的收益占银行总收入的比重往往超过50%；同时由于贷款是一种风险较大的资产，所以一直是商业银行经营管理的重点，其会计核算在银行整个核算体系中的重要作用也就显而易见了。

第一节　概　述

一、贷款的意义

银行贷款，也称银行放款，是指商业银行按照一定的贷款原则和政策对借款人提供的、按约定的利率和期限还本付息的货币资金的信用活动。

办理贷款业务，是商业银行的重要职责，是根据国家信贷政策和产业政策，按照贷款原则，对国民经济各部门进行的资金再分配。通过发放贷款，可以支持生产发展和商品流通；通过调整贷款的流向和支持的重点，可以调节产业结构和产品结构；通过信贷监督，又可以促进企业改善经营管理，节约资金使用，同时也可以加速资金周转，减少贷款损失，从而增加银行的营业收入，提高银行的经济效益。

二、贷款的种类

根据《金融企业会计制度》的规定，商业银行贷款可以从不同角度来划分。

(一)按贷款期限划分

按贷款期限划分，银行贷款可以分为短期贷款、中期贷款和长期贷款三类。

短期贷款指贷款期限在1年以内(含1年)的贷款，多数用于流动资金贷款，其利率较其他贷款高。

中期贷款是指贷款期限在1年以上(不含1年)5年以下(含5年)的贷款，多数用于固定资产投资和重大设备改造，其利率比短期贷款低。

长期贷款是指贷款期限在5年以上(不含5年)的贷款，主要用于大型工程、重点工程、对外援助等项目的投资，其利率在三种期限的贷款中最低。

(二)按贷款发放时的风险程度划分

按贷款发放时的风险程度划分，银行贷款可以分为信用贷款、担保贷款和票据贴现贷款。

(1)信用贷款是指依据借款人的信誉，而不需要提供抵押物或第三者保证而发放的贷款。这类贷款从理论上来说风险较大，因而银行要收取较高的利息，并且一般只向银行熟悉的较大的公司借款人提供，对借款人的条件要求较高。

(2)担保贷款是指借款人提供保证、抵押或质押担保的贷款，其中保证贷款是指依据《中华人民共和国担保法》(以下简称《担保法》)规定的保证方式,以第三人承诺当借款人不能偿还贷款时,按约定承担一般的保证责任或连带责任而发放的贷款;抵押贷款是指依据《担保法》规定的抵押方式,以借款人或第三人的财产作为抵押物而发放的贷款;质押贷款是指按《担保法》规定的质押方式,以借款人或第三人的动产或权利作为质押物担保发放的贷款。担保贷款由于有财产或第三者承诺作为还款的保证,所以贷款风险相对较小,但是贷款手续复杂,且需要花费抵押物的评估、保管以及核保等费用,贷款成本比较大。

(3)票据贴现是贷款的一种特殊方式。它是指贷款人接受借款人的票据贴现中除该票据自贴现之日至期满之日的利息差后,将票据记载的金额作为余额交付申请人的一种特殊的信贷活动。如果该票据在期满时不能兑现,贴现人(贷款方)依照我国《票据法》的规定,享有对贴现人和票据上已记载的任何其他人进行追索的权利。

(三)按贷款的用途划分

银行贷款的用途非常复杂,它涉及再生产的各个环节、各种产业、各个部门、各个企业,与多种生产要素相关,贷款用途本身也可以按照不同的标准进行划分。但是按照我国习惯的做法,通常有两种分类方法:一是按照贷款对象的部门划分,分为工业贷款、商业贷款、农业贷款、科技贷款和消费贷款;二是按照贷款的具体用途划分,一般分为流动资金贷款和固定资金贷款。

(四)按银行发放贷款的自主程度划分

按银行发放贷款的自主程度划分,银行贷款可以分为自营贷款、委托贷款和特定贷款三种。

(1)自营贷款是指贷款人以合法方式筹集到的资金并自主发放的贷款,因此发生的贷款风险由贷款人自行承担,贷款期满后由贷款人收回本金和利息。

(2)委托贷款是指由政府部门、企业、事业单位和公民个人等委托人提供资金,由贷款人(即接受委托的金融机构)根据委托人确定的贷款对象、用途、金额、期限、利率等条件,代为发放贷款,并监督该款项的使用,在贷款期满时协助委托人收回贷款的本金和利息。

(3)特定贷款是指经国务院批准并对贷款可能造成的损失采取相应补救措施后,国有独资商业银行向特定的公司或工程项目发放的贷款,这种贷款属于政策性的成分比较多,一般用于国有企业的重大设备改造项目、国家重点工程建设项目、国家重点扶贫项目、成套设备出口项目(卖方信贷)、国家重点科研项目等投资。

(五)按贷款核算方法来划分

按贷款核算方法来划分,银行贷款分为应计贷款和非应计贷款两类。

应计贷款是指非应计贷款之外的贷款,应在表内核算。当应计贷款转为非应计贷款时,应将已入账但尚未收回的利息收入和挂账的应计利息予以冲销。

非应计贷款是指贷款本金或利息逾期 90 天没有收回的贷款,一般列入表外科目核算,用来反映银行的贷款资产,但是未核销的非应计贷款仍在表内核算。非应计贷款收回时首先冲减本金,待本金全部收回后,再将收到的款项确认为当期利息收入。在资产负债表中,应计贷款和非应计贷款应分别列示。

(六)按贷款的质量和风险程度划分

按贷款的质量和风险程度来划分,银行贷款分为正常贷款、关注贷款、次级贷款、可疑贷款和损失贷款五类。

(1)正常贷款是指借款人能够履行借款合同,有充分把握按时足额偿还本息的贷款。这类贷款的借款人的财务状况无懈可击，没有任何理由怀疑贷款的本息偿还会出现问题。

(2)关注贷款是指尽管借款人目前有能力偿还贷款本息，但是存在一些可能对偿还产生不利影响因素的贷款。如果这些因素继续存在下去，则有可能影响贷款的偿还，因此，需要对其进行关注，或对其进行监控。

(3)次级贷款是指借款人依靠其正常经营收入已无法保证足额偿还本息，而不得不通过重新融资或拆东墙补西墙的办法来归还贷款，表明借款人的还款能力出现了明显的问题。

(4)可疑贷款是指借款人无法足额偿还本息，即使执行抵押或担保，也肯定要造成一部分损失的贷款。这类贷款具备了次级贷款的所有特征，但是程度更加严重。

(5)损失贷款是指在采取了所有可能的措施和一切必要的法律程序以后，本息仍然无法收回或只能收回极少一部分的贷款。这类贷款将其继续保留在资产账面上已经没有意义，应当在履行必要的内部程序之后立即冲销。

三、贷款业务的核算要求

(一)根据不同类别的贷款，制定相应的贷款核算方式

虽然银行贷款根据不同的标准，具有不同的分类，但是关于贷款业务的会计核算必须从简化手续和便于管理的要求出发，制定相应的贷款核算方法。也就是说，根据不同类别的贷款，设立不同种类的贷款账户，制定贷款发放和收回的具体核算手续，对贷款业务进行及时的处理，对不同部门的资金需求进行监督并予以反映。

(二)认真履行贷款核算手续

会计人员对贷款业务必须按照会计核算的要求，做好会计核算工作。银行贷款的会计核算手续简单来说主要有：发放贷款、计算利息、按照权责发生制原则将本期应收利息列入当期损益、收回贷款本金和利息、按规定计算和收取逾期贷款的罚息、呆账贷款和坏账的核销等手续。

(三)发挥会计监督职能，确保资金的合理使用

会计监督是银行会计的一项重要职能，银行会计部门应该通过科学、合理地设置贷款业务核算的科目，及时、准确地进行贷款业务的核算和衔接一致的表内、表外登记，积极有效地行使会计监督职能，确保信贷资金的合理使用及本息的安全回收。

四、各种贷款业务的相关规定

(一)信用贷款的规定

1. 贷款的申请

借款人申请信用贷款时，应向开户银行提交《借款申请书》，申请书上必须填写借款金额、借款用途、偿还能力和还款方式等内容，并向银行提供以下资料：借款人的基本情况；财政部门或会计(审计)事务所核准的上年度财务报告，以及申请借款前一期的财务会计报告；原有不合理占用的贷款的纠正情况。如申请中长期贷款，则还必须提供项目可行性报告、项目开工前期准备工作完成情况的报告、在开户银行存入了规定比例资金的证明、经有关单位批准下达的项目投资计划或开工通知书、按规定项目竣工投产所需的自筹流动资金落实情况及证明材料。

2. 贷款的审批及借款合同的签订

银行信贷部门应按照审贷分离、分级审批的贷款管理制度进行贷款的审批。经审批同意贷款后，银行(贷款人)应与借款人签订借款合同，合同上应注明贷款种类、贷款用途、金额、利

率、还款期限、还款方式、违约责任和双方认为需要约定的其他事项。

(二)保证贷款的规定

借款人申请保证贷款除按一般程序向银行提交《借款申请书》及其他材料外，还应提供保证人的基本情况及保证人拟同意保证的有关证明文件。经信贷部门审查认可并同意贷款后，银行与保证人签订保证合同。保证合同应明确借款人、保证人和银行三方之间的权利和义务关系。在审查保证合同的有效性时应注意以下几个方面：

1. 保证人是否具有保证资格

《担保法》规定：保证人必须是具有代为清偿债务能力的法人、其他经济组织或公民。

2. 保证人的资金实力及保证意愿

银行在签订保证合同时，应了解保证人的保证意愿和保证人过去的履行保证协议的记录。如有不良记录，则应对保证的有效性持审慎态度。此外，银行还应审查保证人的资金实力，包括保证人的财务状况、现金流量、或有负债、信用评级以及目前所保证的数量和金额。只有既具备资金实力又有保证意愿的保证人才能承担保证责任。

3. 保证人与借款人之间的关系

保证人一般是借款企业的股东、合伙人、母公司及有业务往来的公司等。保证人与借款人之间往往有着不同程度的经济联系，为此，应特别注意完全依赖保证担保的贷款，防止欺诈行为。

4. 保证的法律责任

银行与保证人签订保证合同时，应注明为连带责任保证。保证的范围应包括主债权及利息、违约金、损害赔偿金和实现债权的费用。此外，还应明确保证期限。

(三)抵押贷款的规定

1.贷款的申请

借款人申请该类贷款时，应填写质押或抵押贷款申请书，注明抵押物的名称、数量、价格、质量等，同时向银行提供抵押物清单及有处分权人的同意质押、抵押的证明。其余提供的资料与信用贷款基本相同。可以用于抵押的财产包括以下五类：抵押人所有的房屋和其他地上定着物；抵押人所有的机器、交通运输工具和其他财产；抵押人依法有权处分的国有土地使用权、房屋和其他地上定着物；抵押人依法承包并经发包方同意抵押的荒山、荒沟、荒丘、荒滩等荒地的土地使用权；抵押人依法有权处分的国有机器、交通运输工具和其他财产。

2. 抵押贷款管理的规定

(1)严格选择抵押物。银行发放贷款，对抵押物的选择应遵守以下原则：价格变动较小；易于出售变现；易于保管，不易变质损坏；容易识别鉴定和估价；抵押物中的房屋和其他地上定着物、机器设备、交通工具以及其他财产应当参加财产保险。

(2)认真验证产权证明。对用于抵押的财产应认真查验有关产权的证明文件，确保产权证明的真实性、有效性，防止欺诈行为，确保贷款的安全性。

(3)准确评估抵押物价值。抵押物价值可以由借贷双方协商确定。必要时，委托有评估资格的资产评估机构评估，对国有资产还需由国有资产管理局对评估结果予以确认。

(4)合理确定抵押率。抵押率是将抵押物在抵押期间自然或经济的贬值因素、法定和约定的处理费用扣除后的估算值与现值的比率。抵押率可以协商确定，也可以遵从有关规定。

(5)完整填列"抵押物清单"。"抵押物清单"一式三份，每份抵押贷款合同后附一份。

(6)做好抵押物的登记与保管工作。《担保法》要求登记的抵押物必须登记。抵押物由债务人保管的，债权人应经常检查抵押物的维护和保管情况，确保完好无损。

(四) 质押贷款的规定

可以用于质押的动产或权利,包括以下四类:

(1)货物,如企业或个体户经营的商品;

(2)汇票、支票、本票、债券、存款单、仓单、提单等权利凭证;

(3)依法可以转让的股份、股票;

(4)依法可以转让的商标专用权、专利权、著作权中的财产权。

(五)抵(质)押贷款审批及借款合同的签订

五、会计科目及基本运用方法

银行除按信用贷款审批手续进行审核外,还应审核抵押、质押物。审批同意后,应由抵押人(或出质人)与银行签订抵押合同(或质押合同),并依法办理登记。银行为了正确反映贷款资金发放与收回的过程,设置了以下贷款科目:

(1)"短期贷款"、"中期贷款"、"长期贷款"科目分别核算短期、中期、长期信用款和经济担保贷款。

(2)"逾期贷款"科目用于核算由于借款人的原因引起到期(含展期后)仍不能偿还的贷款、信用卡透支款项或已贴现但承兑人不能按期支付的汇票款。

(3)"抵押贷款"科目用于核算借款人用自己的财产或担保人的财产作为抵押而取得的贷款。

(4)"贴现"科目用于核算办理贴现业务时垫付的款项,业务发生时按票据的票面价值入账。

(5)"进出口押汇"科目用于核算本行接受国外开来的信用证项下的出口跟单汇票,经本行议付买单的款项或本行开出信用证后接到国外议付行的议付通知,由本行偿付所垫付的款项。

(6)"催收贷款"科目用于核算贷款逾期超过 90 天、按现行会计制度规定应列为非应计贷款核算的贷款。

(7)"呆滞(账)贷款"科目用于核算贷款逾期时间较长,借款人还款可能性较小,需要作为催收管理的贷款。该类贷款也属于非应计贷款。

以上科目属于资产类科目。当银行发放贷款时,以实际发生额记入相应科目的借方;当银行收回贷款时,记入相应科目的贷方;当银行发放的贷款不能按时收回时,应转为逾期贷款,借记"逾期贷款"、"催收贷款"、"呆滞(账)贷款"等科目,贷记"短期贷款"等科目,余额在借方,反映贷出去尚未收回的款项。

第二节　信用贷款的核算

一、贷款发放的核算

信用贷款是指依据借款人的信誉,而不需要提供抵押物或第三者保证而发放的贷款。由于信用贷款没有实物或有价证券作抵押,也没有第三人作担保,所以银行信用贷款属于银行的高风险资产,它的会计核算应该体现出会计的谨慎性原则。

借款人向银行申请贷款时,应该填写并提交借款申请书和借款凭证(见表 4—1)一式五联。借款申请书的内容主要包括借款用途、偿还能力、还款方式等。经过调查评估和可行性论证后,银行信贷部门按照审贷分离、分级审批的要求进行贷款的审批,最后双方签订借款合同。借款合同中应该包含贷款用途、贷款金额、贷款利率、还款期限、还款方式和违约责任等事项。

在借款凭证的第一联上加盖借款单位公章、法定代表公章及预留银行印鉴，然后送交会计部门凭以办理贷款的发放手续。

表 4—1　　　　（　　　贷款）借款凭证（申请书代借据）　　①

单位编号：　　　　日期：　　　年　　月　　日　　　　银行编号：

<table>
<tr><td rowspan="3">借款人</td><td>名　称</td><td colspan="3">同　右</td><td rowspan="3">收款人</td><td>名　称</td><td colspan="2"></td></tr>
<tr><td>放款户账号</td><td colspan="3"></td><td>往来账户</td><td colspan="2"></td></tr>
<tr><td>开户银行</td><td colspan="3"></td><td>开户银行</td><td colspan="2"></td></tr>
<tr><td colspan="2">借款期限
（最后还款日）</td><td colspan="3"></td><td colspan="2">借款计划指标</td><td colspan="2"></td></tr>
<tr><td colspan="2">借款申请金额</td><td colspan="5">人民币
（大写）</td><td colspan="2">千 百 十 万 千 百 十 元 角 分</td></tr>
<tr><td colspan="2">借款原因及用途</td><td colspan="3"></td><td colspan="2">银行核定金额</td><td colspan="2">千 百 十 万 千 百 十 元 角 分</td></tr>
<tr><td>期限</td><td>计划还款日期</td><td>√</td><td colspan="2">计划还款金额</td><td rowspan="5">银行审批</td><td colspan="3" rowspan="5">

负责人　信贷部门主管　信贷员</td></tr>
<tr><td>1</td><td></td><td></td><td colspan="2"></td></tr>
<tr><td>2</td><td></td><td></td><td colspan="2"></td></tr>
<tr><td>3</td><td></td><td></td><td colspan="2"></td></tr>
<tr><td>4</td><td></td><td></td><td colspan="2"></td></tr>
<tr><td colspan="5">兹根据你行贷款办法规定，申请办理上述借款，请核定贷给

此致
中国××银行
（借款单位预留往来户印鉴）</td><td colspan="4">会计分录：
（借）　　　　　　户
对方科目：（贷）

会计　　复核　　记账</td></tr>
</table>

此联由银行代放款账户借方凭证

会计部门收到申请书和一式五联的借款凭证以后，需要认真审查以下相关内容：借款凭证各栏填写是否正确、完整；大小写金额是否一致；印章是否齐全、预留银行印鉴是否相符；印鉴与借款单位名称是否一致；有无信贷部和有权审批人员的签章、借款的用途、利率、金额和归还日期等，以便监督贷款的合理使用和按期归还。经审核无误后，以借款凭证第一联代借方传票，第二联代贷方传票，将贷款转入借款单位存款账户。其会计分录为：

借：短期贷款——××单位贷款户

（或：中长期贷款——××单位贷款户）

贷：活期存款——××单位存款户

转账后，将借款凭证第三联盖章后作为回单退给借款单位，第四联由信贷部门留存备查，第五联借款凭证代检查卡，按到期日顺序排列专夹保管。

二、贷款收回的核算

贷款到期时，借款人应当按照借款合同的规定，按时足额归还贷款本息。银行到期收回贷款，有时是由借款人主动归还，有时是由银行主动扣收，会计人员要根据具体情况来办理。

（一）借款人主动归还贷款的会计核算

借款单位按期主动归还贷款时，应填制转账支票或一式四联的还款凭证（见表 4—2）交会计部门。会计部门收到凭证后，应同贷款卡片账进行核对，并验对支票印鉴，查看单位存款户是否有足够的余额，经审核无误后，以还款凭证第一、二联分别代借方、贷方传票办理转账。其会计分录为：

　　借：活期存款——××单位存款户

　　　　贷：短期贷款——××单位贷款户

　　　　　（或：中长期贷款——××单位贷款户）

　　　　　利息收入

表 4—2　　　　**银行(　　　　贷款)还款凭证(申请书付出凭证)**　　①

年　月　日　　原借款凭证银行编号：

<table>
<tr><td rowspan="7">此联由银行代存款账户付出凭证</td><td rowspan="3">借款单位</td><td>名　称</td><td colspan="2"></td><td rowspan="3">付款单位</td><td>名　称</td><td colspan="10">同　左</td></tr>
<tr><td>往来户账号</td><td colspan="2"></td><td>放款户账户</td><td colspan="10"></td></tr>
<tr><td>开户银行</td><td colspan="2"></td><td>开户银行</td><td colspan="10"></td></tr>
<tr><td colspan="2">计划还款日期</td><td colspan="2">年　月　日</td><td colspan="2">还款次序</td><td colspan="10">第　　次还款</td></tr>
<tr><td colspan="2" rowspan="2">偿还金额</td><td colspan="4" rowspan="2">人民币
(大写)</td><td>千</td><td>百</td><td>十</td><td>万</td><td>千</td><td>百</td><td>十</td><td>元</td><td>角</td><td>分</td></tr>
<tr><td></td><td></td><td></td><td></td><td></td><td></td><td></td><td></td><td></td><td></td></tr>
<tr><td colspan="2">还 款 内 容</td><td colspan="14"></td></tr>
<tr><td colspan="4">由借款单位存款户内转还上述借款
(盖借款单位预留存款户印章)
(银行主动转还时免盖)</td><td colspan="13">会计分录：(借)
对方科目：(贷)
会计　　复核　　记账</td></tr>
</table>

转账后，还款凭证第三联送交信贷部门，第四联作为回单退给借款人，原保管的第五联借款凭证加盖“注销”戳记交还款单位。如属分次归还贷款，则应分别在借款凭证上登记分次归还日期、金额及结欠余额，待最后一次还清时，再将借款凭证注销交信贷部门和还款人。

(二)银行主动扣收的会计核算

贷款到期，借款人没有能够主动归还贷款，而其存款账户的余额又足够还款时，会计部门征得信贷部门的同意，并由信贷部门出具“贷款收回通知单”，会计部门即可凭此填制一式四联的“还款凭证”扣还贷款。还款凭证各联的用途及相应的会计分录与借款人主动归还贷款的会计核算分录相同。

三、贷款展期的会计处理

在贷款即将到期，借款人预计到由于客观原因不能按期归还贷款时，可以在贷款到期前向银行申请贷款展期归还，即延长还款期限。展期的期限规定如下：短期贷款应在到期前十天申请，展期期限不得超过原贷款期限；中期贷款应在到期前一个月申请，展期期限不得超过原贷款期限的一半；长期贷款也应在到期前一个月申请，展期期限不得超过3年。不论短期贷款，还是中、长期贷款，展期均只限一次，国家另有规定的除外。

借款人申请贷款展期时，应根据展期理由向银行信贷部门填制“贷款展期申请书”一式三联。经审查批准后，将其中一联附在原借款凭证后面一并保存，并在原借款凭证上注明展期日期，另外两联转交会计部门。会计部门审核无误后，在原借款凭证上注明展期日期，并将一联附于原借款凭证后面按规定保管，在另一联上加盖业务公章退给借款人收执，不再进行账务处理。

四、贷款逾期的会计核算

当贷款到期(含展期后到期)时，借款人无力偿还贷款或者存款账户资金不足，只能偿还部分贷款，其余部分未能按时归还，则尚未归还的贷款部分称为逾期贷款。对于逾期贷款，银行应该将其转入借款人的逾期贷款账户加强管理。转账时，银行会计部门根据逾期贷款金额填制一红两蓝特种转账借方传票，按同方向办理转账。其会计分录如下：

借：逾期贷款——××单位贷款户

　　贷：短期贷款——××单位贷款户

　　（或：中长期贷款——××单位贷款户）

五、非应计贷款的会计核算

（一）应计贷款转为非应计贷款

按照相关规定，贷款本金或利息逾期超过90天尚未归还的贷款，作为呆滞（账）贷款处理，转入非应计贷款核算，会计部门应根据经审核批准的不良贷款认定表，填制特种转账借方、贷方凭证各两联，摘要栏注明"贷款转入"字样，一联特种转账借方凭证和一联特种转账贷方凭证分别作借方、贷方记账凭证，不良贷款认定表作借方记账凭证附件，办理转账，另两联加盖"业务专用章"退交业务部门。其会计分录如下：

借：非应计贷款——××单位贷款户

　　贷：逾期贷款——××单位贷款户

其间发生的应收利息不计入当期损益，应通过表外科目"待转利息收入"核算。同时，填制转账借方凭证、贷方凭证、表外科目收入凭证各一联，其会计分录为：

借：利息收入——××利息收入户

　　贷：应收利息——××利息收入户

收入：待转利息收入——××利息收入户

（二）非应计贷款转为应计贷款

通过银行的加强催收管理和借款人的经营改善，经认定非应计贷款转为应计贷款时，会计部门应根据业务部门的有关通知办理转账。其会计分录为：

借：××贷款——××借款人户

　　贷：呆滞（账）贷款——××借款人户

　　（或：催收贷款——××借款人户）

六、贷款损失准备金的会计核算

（一）贷款损失准备金的概念

贷款损失准备金是按一定比例提取、用于补偿贷款损失的准备金。贷款损失准备金制度的确定是为了增强商业银行的风险意识，提高抵御风险的能力，从而确保信贷资金的完整性。

（二）贷款损失准备金的计提范围

1998年，根据财政部《关于修改金融机构应收利息核算年限及呆账准备金提取法的通知》的规定，从1998年1月1日起，贷款呆账准备金由按年初贷款余额1%的差额提取改按本年末贷款余额（不含委托贷款和同业拆借资金，包括抵押贷款等）1%的差额提取，并从成本中列支，当年核销的贷款呆账准备金在下年予以补提；对金融企业实际呆账比例超过1%的部分，当年可全额补提贷款呆账准备金。

2001年5月，财政部颁布了《金融企业呆账准备金与呆账核销管理办法》。这一办法在以下几个方面较好地体现了谨慎性的会计原则：其一，扩大了计提范围。商业银行建立统一的呆账准备制度，提取呆账准备的资产几乎包含可能承担风险和损失的各项资产，包括贷款、透支、贴现、垫款、同业拆借等项目。商业银行不再提取坏账准备和投资风险准备，不再单独申报核销坏账损失和投资损失。其二，提高了计提比例。商业银行可以根据提取呆账准备的资产的风险大小确定呆账准备的计提比例。呆账准备期末余额最高为提取呆账准备资产期末余额的100%，最低为提取呆账准备资产期末余额的1%。1%～100%之间究竟计提多大的比例，由各商业银行自行决定。同时规定，呆账准备必须根据资产的风险程度足额计提，呆账准备计提不足的，不得进行税后利润分配。其三，按原币计提准备，即人民币资产以人民币计提，外币资产以外币计提。人民币和外币呆账分别核算和反映，这有利于较好地规避汇率风险。

根据2002年1月1日开始实施的《金融企业会计制度》的规定，计提贷款损失准备的资产，是指商业银行承担风险和损失的贷款(含抵押、质押、保证、无担保贷款)、银行卡透支、贴现、信用垫款(如银行承兑汇票垫款、担保垫款、信用证垫款等)、进出口押汇、拆出资金等。对由银行转贷并承担对外还款责任的国外贷款，如国际金融组织贷款、外国买方信贷、外国政策贷款等也要计提损失准备。银行不承担风险和还款责任的委托贷款等，不计提贷款损失准备。

(三)贷款准备的种类及其计提比例

1. 一般准备金

一般准备金是按照贷款组合余额的一定比例提取的贷款损失准备金，我国自1988年建立一般准备金以来几经调整，自1997年起按照年初贷款余额的1%计提。

2. 专项准备金

专项准备金是根据贷款分类的结果，对各类别的贷款，根据其内在损失程度按照不同比例计提的准备金。2002年1月1日实施的《贷款损失准备金计提指引》，制定了专项准备金提取的参照比率：关注类贷款为2%，次级类贷款为20%，可疑类贷款为50%，损失类贷款为100%，同时规定对次级类贷款和可疑类贷款损失准备金的提取比率可根据贷款损失的程度上下浮动20%。

3.特种准备金

特种准备金是根据贷款的国别、行业、特别风险等提取的准备金。具体比例由金融企业根据贷款资产的风险程度和回收的可能性合理确定。

(四)贷款损失准备金的计提方法

1. 一般准备金的计提

【例4－1】某商业银行2008年末计提一般准备金，贷款余额为55亿元，按贷款余额的1%提取，一般准备金账面余额为5 000万元。

年末应提取一般准备金＝5 500 000 000×1%＝55 000 000(元)

调整提取一般准备金＝55 000 000－50 000 000＝5 000 000(元)(调整增加)

2. 专项准备金的计提

【例4－2】某商业银行2008年3月31日贷款余额为100亿元，按五级分类的情况如下：正常类贷款为70亿元，关注类贷款为24亿元，次级类贷款为3亿元，可疑类贷款为2亿元，损失类贷款为1亿元。2008年6月30日，贷款余额为120亿元，按五级分类的情况如下：正常类贷款为80亿元，关注类贷款为30亿元，次级类贷款为6亿元，可疑类贷款为3亿元，损失类贷款为1亿元。

2008年3月31日该行应计提的专项准备金为：

24×2%＋3×25%＋2×50%＋1×100%＝3. 23(亿元)

2008年6月30日该行应计提的专项准备金为：

30×2%+6×25%+3×50% +1×100%=4.6(亿元)

调整提取专项准备金=4. 6-3. 23=1. 37(亿元)(调整增加)

(五)提取贷款损失准备金的会计核算

为了核算和监督贷款损失准备金的提取和使用情况,加强呆账贷款核销的管理,应设置"贷款损失准备"科目。该科目借方反映呆账贷款的核销数,贷方反映贷款损失准备的提取数,余额在贷方,为已提取的贷款损失准备。

贷款损失准备从性质上说是贷款减值准备,是贷款账面价值与实际价值的差额。一般准备是从净利润中提取,作为利润分配。计提一般准备金,会计分录为:

借:利润分配——未分配利润

　　贷:一般准备金

专项准备和特种准备作为当期成本支出。计提专项准备金和特种准备金,会计分录为:

借:营业费用——支出户

　　贷:贷款损失准备——准备金户

(六)贷款损失准备的核销与收回的会计核算

1. 贷款损失准备核销的有关规定

商业银行在实际发生呆账损失时,按规定的呆账损失核销范围、审批权限和审批程序报批后,从贷款损失准备中予以核销。根据金融保险企业财务制度规定,下列未收回的贷款可以列为呆账:(1)借款人和担保人已经依法宣告破产,经法定清偿后仍然未能归还的贷款;(2)借款人死亡,以其遗产未能还清的贷款;(3)借款人遭受重大自然灾害或意外事故,损失巨大且未获保险补偿,确实无力偿还的部分,或获保险补偿后未能还清的贷款;(4)经国务院专案批准核销的逾期贷款。

2. 呆账贷款核销的会计核算

发生呆账贷款,根据上级行批复文件所列贷款本金、应收利息、催收利息余额,分别填制借方、贷方记账凭证和表外科目收入凭证,并注明批复文件号、上级行批复文件作"贷款损失准备"科目记账凭证附件,办理转账,会计分录为:

借:贷款损失准备——××准备金户

　　贷:呆滞(账)贷款——××借款人户

　　　(或:催收贷款——××借款人户)

收入:已核销贷款——××借款人户

已申报核销的贷款在申报期间仍应结计利息,结计的利息在"待转利息收入"表外科目核算。

3. 呆账贷款收回的核算

如果已经确认核销的呆账贷款以后年度重新收回,应调增贷款损失准备,收回的应收利息计入当期利息收入。会计分录为:

借:××存款——××存款人户

　　贷:贷款损失准备——××准备金户

　　　　利息收入——××利息收入户

付出:已核销贷款——××借款人户

　　待转利息收入——××利息收入户

第三节　担保贷款的核算

担保贷款是指银行为保证贷款的安全收回，而要求借款人按照《担保法》的规定，提供保证、抵押或质押担保作为前提而发放的贷款。它包括保证贷款、抵押贷款、质押贷款三种类型。担保贷款由于有财产或第三人承诺作为还款的保证，所以贷款风险相对较小，但是贷款手续复杂，且需要花费抵押物的评估、保管以及核保等费用，贷款成本比较高。

一、保证贷款的核算

保证贷款是指依据我国《担保法》规定的保证方式，以第三人承诺当借款人不能偿还贷款时，按约定承担一般的保证责任或连带责任而发放的贷款。

(一)保证和保证人

保证，是指保证人和债权人约定，当债务人不履行债务时，保证人按照约定履行债务或者承担责任的行为。具有代为清偿债务能力的法人、其他组织或者公民，可以作为保证人。企业法人的分支机构有法人书面授权的，可以在授权范围内提供保证。

《担保法》规定下列群体不可以作为保证人：国家机关不得为保证人，但经国务院批准为使用外国政府或者国际经济组织贷款进行转贷的除外；学校、幼儿园、医院等以公益为目的的事业单位、社会团体不得为保证人；企业法人的分支机构、职能部门不得为保证人；任何单位和个人不得强令银行等金融机构或者企业为他人提供保证；银行等金融机构或者企业对强令其为他人提供保证的行为，有权拒绝。

同一债务有两个以上保证人的，保证人应当按照保证合同约定的保证份额，承担保证责任，没有约定保证份额的，保证人承担连带责任，债权人可以要求任何一个保证人承担全部保证责任，保证人都负有担保全部债权实现的义务。已经承担保证责任的保证人，有权向债务人追偿，或者要求承担连带责任的其他保证人清偿其应当承担的份额。

(二)保证合同和保证方式

保证人与债权人应当以书面形式订立保证合同。保证人与债权人可以就单个主合同分别订立保证合同，也可以协议在最高债权额限度内就一定期间连续发生的借款合同或者某项商品交易合同订立一份保证合同。

保证合同应当包括以下内容：被保证的主债权种类、数额；债务人履行债务的期限；保证的方式；保证担保的范围；保证的期间；双方认为需要约定的其他事项。保证合同不完全具备前款规定内容的，可以补正。

当事人在保证合同中约定，债务人不能履行债务时，由保证人承担保证责任的，为一般保证。一般保证的保证人在主合同纠纷未经审判或者仲裁，并就债务人财产依法强制执行仍不能履行债务前，对债权人可以拒绝承担保证责任。

(三)保证责任

保证担保的范围包括主债权及利息、违约金、损害赔偿金和实现债权的费用。保证合同另有约定的，按照约定。

当事人对保证担保的范围没有约定或者约定不明确的，保证人应当对全部债务承担责任。

保证期间，债权人依法将主债权转让给第三人的，保证人在原保证担保的范围内继续承担保证责任。保证合同另有约定的，按照约定。

保证期间，债权人许可债务人转让债务的，应当取得保证人的书面同意，保证人对未经其同意转让的债务，不再承担保证责任。

债权人与债务人协议变更主合同的，应当取得保证人书面同意，未经保证人书面同意的，保证人不再承担保证责任；保证合同另有约定的，按照约定。

（四）保证贷款发放的会计核算

借款人向银行申请保证贷款时，提交保证贷款申请书，经银行信贷部门审查保证人的法人资格、营业执照、近几年的年终报表后，经法律公正，然后与借款人签订保证合同，填制借款凭证，并交给银行会计部门保管，会计部门凭以记账。其会计分录为：

借：保证贷款——××单位贷款户

　　贷：活期存款——××单位存款户

（五）保证贷款收回的会计核算

当保证贷款到期时，银行收回保证贷款，与信用贷款类似，也是通过由借款人主动归还，或者由银行主动扣收的方式，来收回贷款。收回贷款时的转账会计分录如下：

借：活期存款——××单位存款户

　　贷：保证贷款——××单位贷款户

其余处理手续与信用贷款到期收回时的处理手续相同。

保证贷款到期，借款人由于客观原因无法按时偿还贷款时，也可以向银行申请办理展期，但是保证人需要向银行出示续保证明，经银行信贷部门审批。其余处理手续与信用贷款到期收回时的处理手续相同。如果借款人无力偿还，又没有办理展期或者展期申请未被银行批准，银行则向保证人收回贷款，保证人承担保证责任的期间为借款合同履行期届满但借款本息尚未清偿之时起两年的时间。其会计分录如下：

借：活期存款——××保证人存款户

　　贷：保证贷款——××单位贷款户

二、抵押贷款的核算

抵押贷款是指依据《担保法》规定的抵押方式，以借款人或第三人的财产作为抵押物而发放的贷款。

（一）抵押和抵押物

抵押，是指债务人或者第三人不转移对财产的占有，将该财产作为债权的担保。债务人不履行债务时，债权人有权依照本法规定以该财产折价或者以拍卖、变卖该财产的价款优先受偿。规定的债务人或者第三人为抵押人，债权人为抵押权人，提供担保的财产为抵押物。《担保法》规定下列财产可以作为抵押物：抵押人所有的房屋和其他地上定着物；抵押人所有的机器、交通运输工具和其他财产；抵押人依法有权处分的国有的土地使用权、房屋和其他地上定着物；抵押人依法有权处分的国有机器、交通运输工具和其他财产；抵押人依法承包并经发包方同意抵押的荒山、荒沟、荒丘、荒滩等的土地使用权；依法可以抵押的其他财产。

同时规定下列财产不得作为抵押物：土地所有权；耕地、宅基地、自留地、自留山等集体所有的土地使用权，《担保法》另有规定的除外；学校、幼儿园、医院等以公益为目的的事业单位、社会团体的教育设施、医疗卫生设施和其他社会公益设施；所有权、使用权不明或者有争议的财产；依法被查封、扣押、监管的财产；依法不得抵押的其他财产。

(二)抵押贷款额度的确定

《担保法》规定:抵押人所担保的债权不得超出其抵押物的价值。财产被抵押后,该财产的价值大于所担保债权的余额部分,可以再次抵押,但不得超出其余额部分。

抵押贷款额度的确定,以抵押物的现值为基数,按照双方抵押贷款合同中约定的抵押率计算,即:

抵押贷款额度=抵押物的现值×合同中约定的抵押率

(三)抵押贷款发放的会计核算

借款人向银行申请抵押贷款时,应向银行提交抵押贷款申请书,注明抵押品的名称、数量、价格和保管方式等内容。由信贷部门审批,银行审查的主要内容包括抵押品是否符合规定的范围;抵押品是否确属抵押人所有或有权依法处分;抵押品是否经有关部门登记等。审查无误后,双方签抵押贷款协议书。借款人根据协议书中确定的贷款额度,填写一式四联借款凭证,由信贷部门交给会计部门办理作记账凭证。各联借据的处理程序与信用贷款基本相同。银行会计部门对该类贷款的核算手续可参照信用贷款发放手续办理,其会计分录为:

借:抵押贷款——××单位抵押贷款户

贷:活期存款——××单位存款户

同时,会计部门对抵押物要进行表外登记,并通过表外科目予以记载,其会计分录为:

收入:待处理抵押品——××单位户

对委托其他单位代保管的抵押物应经常实地检查,对银行出纳部门代保管的有价单证等权利凭证,要经常进行账实核对,以防发生损失。

(四)抵押贷款收回的会计核算

当贷款到期收回时,借款人应主动向银行提交贷款偿还凭证,银行根据贷款偿还凭证收回本息。账务处理可参照信用贷款到期收回的手续办理。其会计分录为:

借:活期存款——××单位存款户

贷:抵押贷款——××单位抵押贷款户

同时销记表外科目和抵押品登记簿,表外科目的会计分录为:

付出:待处理抵押品——××单位户

借款人由于意外原因无法偿还时,也可以对抵押贷款办理展期,与保证贷款逾期办理展期的程序类似。当逾期超过一个月仍不能偿还本息时,银行可与借款人协议以抵押品折价或拍卖、变卖等方式进行处理,以所得价款偿还贷款本息。抵押品处理后扣除有关费用所得的净收入,如果低于贷款本息,低于的部分继续由借款人负责偿还;如果高于贷款本息,多余的部分归借款人所有。其会计分录如下:

以抵押品折价时,

借:××(资产科目)

贷:逾期贷款——××单位贷款逾期户

利息收入——××单位利息收入户

付出:待处理抵押品

以抵押品进行拍卖、变卖所得款项扣除有关费用后,超过贷款本金和利息的会计分录为:

借:存放中央银行款项等科目

贷:逾期贷款——××单位抵押贷款逾期户

应收利息

活期存款——××抵押人存款户

抵押品拍卖、变卖所得扣除有关费用后，低于贷款本金的部分，应由借款人偿还。

借：存放中央银行款项等科目

活期存款——××抵押人存款户

贷：逾期贷款——××单位抵押贷款逾期户

三、质押贷款的核算

质押贷款是指按《担保法》规定的质押方式，以借款人或第三人的动产或权利作为质物担保发放的贷款。

(一)动产质押

动产质押，是指债务人或者第三人将其动产移交债权人占有，将该动产作为债权的担保。债务人不履行债务时，债权人有权依照本法规定以该动产折价或者以拍卖、变卖该动产的价款优先受偿。债务人或者第三人为出质人，债权人为质权人，移交的动产为质物。

出质人和质权人应当以书面形式订立质押合同。质押合同应当包括以下内容：被担保的主债权种类、数额；债务人履行债务的期限；质物的名称、数量、质量、状况；质押担保的范围；质物移交的时间；当事人认为需要约定的其他事项。质押合同不完全具备前款规定内容的，可以补正。

质押合同自质物移交于质权人占有时生效。出质人和质权人在合同中不得约定在债务履行期届满质权人未受清偿时，质物的所有权转移为质权人所有。

质押担保的范围包括主债权及利息、违约金、损害赔偿金、质物保管费用和实现质权的费用。质押合同另有约定的，按照约定。质权人有权收取质物所生的孳息。质押合同另有约定的，按照约定。前款孳息应当先充抵收取孳息的费用。

质权人负有妥善保管质物的义务。因保管不善致使质物灭失或者毁损的，质权人应当承担民事责任。质权人不能妥善保管质物可能致使其灭失或者毁损的，出质人可以要求质权人将质物提存，或者要求提前清偿债权而返还质物。

债务履行期届满质权人未受清偿的，可以与出质人协议以质物折价，也可以依法拍卖、变卖质物。质物折价或者拍卖、变卖后，其价款超过债权数额的部分归出质人所有，不足部分由债务人清偿。

(二)权利质押

可以作为质押的权利主要包括：汇票、支票、本票、债券、存款单、仓单、提单；依法可以转让的股份、股票；依法可以转让的商标专用权，专利权、著作权中的财产权，依法可以质押的其他权利。

(三)质押贷款发放与收回的会计核算

质押贷款发放与收回的会计核算与抵押贷款大同小异。当贷款到期，借款人由于意外原因无法归还时，向银行提出展期，其处理程序与保证贷款基本相同；经过展期以后，借款人仍然无法归还贷款本息的，银行可以与借款人协议，以所得质押物的价款归还本息，其会计核算程序与抵押贷款基本相同。

第四节 票据贴现贷款的核算

一、票据承兑与贴现的概述

票据是在商业活动中由当事人签发并经付款人承诺在未来一定期限内或指定日期付款的

信用支付工具。根据自1996年1月1日起施行的《中华人民共和国票据法》的规定，票据可以分为汇票、本票和支票。本节中所讲的承兑与贴现的票据概念是指商业汇票。

商业汇票是指由出票人签发的委托付款人在指定日期无条件支付确定的金额给收款人或者持票人的票据。商业汇票按承兑人的不同，可以分为商业承兑汇票和银行承兑汇票两类。商业承兑汇票是由收款人签发，经付款人承兑，或由付款人签发并承兑的票据。银行承兑汇票是由收款人或承兑申请人签发，并由承兑申请人向开户银行申请，经银行审查同意承兑的票据。

票据承兑是指汇票付款人承诺在汇票到期日支付汇票金额的票据行为。银行承兑汇票的三个基本当事人是出票人(购货单位)、付款人(承兑银行)和收款人(销货单位)。见票后定期付款的汇票，持票人应当自出票日起1个月内向付款人提示承兑。提示承兑是指持票人向付款人出示汇票，并要求付款人承诺付款的行为。汇票未按照规定期限提示承兑的，持票人丧失对其前手的追索权。见票即付的汇票无需提示承兑。付款人对向其提示承兑的汇票，应当自收到提示承兑的汇票之日起3日内承兑或者拒绝承兑。付款人收到持票人提示承兑的汇票时，应当向持票人签发收到汇票的回单。回单上应当注明汇票提示承兑日期并签章。

票据贴现是指票据的持票人拿未到期的票据向银行贴付一定利息所作的票据转让，是银行的一种放款形式。它包括银行承兑汇票贴现和商业承兑汇票贴现两种。银行承兑汇票贴现是指银行以购买借款人未到期银行承兑汇票的方式发放的贷款。商业承兑汇票贴现是指银行以购买借款人未到期的商业承兑汇票的方式发放的贷款。汇票贴现是一种票据贴现行为，同时也属于银行的融资业务，它与一般贷款的区别主要表现为：

1. 还款人不同

贷款的借款人是还款人；而票据贴现由于是以商业票据为基础，因此还款人是票据的承兑人。

2. 体现的信用关系不同

贷款是以信用或抵押品为基础的借贷行为，体现了银行与借款人、担保人之间的信用关系；而贴现则是票据的转让行为，体现了银行、持票人、出票人、承兑人及背书人之间的信用关系。

3. 安全性不同

由于票据上的关系人对票据负连带责任，因而贴现款的收回相对于贷款的收回更有保证。

4. 资金贷放和融通的期限不同

一般贷款可以是任意期限，且多为中长期贷款；而贴现为短期贷款，最多不超过6个月，并且贴现可以通过转贴现和再贴现提前收回资金。

5. 收息方式不同

贷款是到期或定期收取利息，而贴现是在放款时预扣利息。

二、票据贴现办理的核算

当收款人或背书人(持票人)需要资金时，可以在商业汇票到期之前，持未到期的商业汇票到银行申请贴现。申请贴现时，应填制一式五联的贴现凭证(见表4—3)。第一联作贴现放款(借方)凭证，第二联作持票人账户收款(贷方)凭证，第三联作贴现利息收入(贷方)凭证，第四联给持票人作收账通知，第五联由银行会计部门按到期日排列保管，到期日作贴现贷方凭证。第一联按规定盖章后，连同汇票一并交银行，信贷部门审查以下内容：申请人是否是在银行开立存款账户的企业法人以及其他组织；与出票人或者直接前手之间是否具有真实的商品交易关系；申请人是否提供与其直接前手之间的增值税发票和商品发运单据复印件。审核无误后，认为可以贴现的，在凭证的“银行审批”栏签注“同意”字样并加盖有关人员名章后交会计部门。

表 4－3　　　　　　　　　　贴现凭证（代申请书）　　①

填写日期　　年　　月　　日　　　　　　　　第　　号

此联由银行代存款账户付出凭证

<table>
<tr><td rowspan="3">贴现汇票</td><td>种　类</td><td></td><td>号码</td><td></td><td rowspan="3">申请人</td><td>全　称</td><td colspan="2"></td></tr>
<tr><td>发票日</td><td colspan="3">年　月　日</td><td>账　户</td><td colspan="2"></td></tr>
<tr><td>到期日</td><td colspan="3">年　月　日</td><td>开户银行</td><td colspan="2"></td></tr>
<tr><td colspan="2">汇票汇兑人（或银行）名称</td><td colspan="3"></td><td>账号</td><td></td><td>开户银行</td><td></td></tr>
<tr><td colspan="2">汇票金额（即贴现金额）</td><td colspan="5">人民币（大写）</td><td colspan="2">千 百 十 万 千 百 十 元 角 分</td></tr>
<tr><td colspan="2">贴现率 每　月</td><td>‰</td><td>贴现利息</td><td colspan="3">十 万 千 百 十 元 角 分</td><td>实付贴现金额</td><td>千 百 十 万 千 百 十 元 角 分</td></tr>
<tr><td colspan="3">兹根据“银行结算办法”的规定，附送承兑汇票申请贴现，请审批。
此致
（贴现银行）
申请人盖章</td><td>银行审批</td><td colspan="3">负责人　　信贷员</td><td colspan="2">会计分录：
（借）
对方科目：（贷）
复核　　记账</td></tr>
</table>

会计部门接到汇票和贴现凭证后，按规定要求审查汇票并认真审核贴现凭证的填写是否与汇票内容相符，然后按照规定的贴现率计算贴现利息和实付贴现金额。计算公式为：

贴现利息＝汇票金额×贴现天数×（月贴现率÷30 天）

实付贴现金额＝汇票金额－贴现利息

其中，贴现天数自贴现之日起至票据到期日前一天止，实付贴现金额按票面金额扣除贴现日至汇票到期前一日的利息计算。承兑人在异地的，贴现的期限以及贴现利息的计算应另加 3 天的划款日期。

【例 4－3】异地企业于 5 月 11 日以其持有的未到期的银行承兑汇票向银行申请贴现。该汇票 3 月 5 日签发并承兑。6 月 5 日到期，汇票面额100 000元，月贴现率为 9％。则

贴现利息＝100 000×（25＋3）×（9％÷30）＝8 400（元）

实付贴现金额＝100 000－8 400＝91 600（元）

计算好后，在贴现凭证有关栏目上填写贴现率、贴现利息和实付贴现金额，以贴现凭证第一联作“贴现”科目的借方凭证，第二、三联分别作有关科目和利息收入科目的贷方凭证，办理转账。会计分录为：

借：贴现——商业承兑汇票户

　贷：××存款——贴现申请人户

　　利息收入——贴现利息收入户

转账后，第四联贴现凭证加盖转讫章作收账通知交持票人，第五联和汇票按到期顺序排列专夹保管。

三、票据贴现到期收回贴现款的核算

商业汇票贴现款的收回是通过委托收款方式进行的。贴现银行作为收款人在汇票背面背书栏加盖结算专用章并由授权的经办人员签名或盖章，注明“委托收款”字样。办理贴现的银行应经常查看贴现票据到期的情况，提前填制委托收款凭证，在“委托收款凭据名称”栏注明“商业承兑汇票”或“银行承兑汇票”字样及其汇票号码，连同汇票向收款人收取票款。

对于商业承兑汇票和银行承兑汇票，有不同的处理方式。

1. 贴现汇票为银行承兑汇票时的处理

承兑银行收到贴现银行寄来的委托收款凭证及汇票后，于汇票到期日将票款从“应解汇款”科目中付出，划转贴现银行。会计分录为：

借：应解汇款——承兑申请人户

　　贷：清算资金往来——××清算中心户

贴现银行收到款项划回时，即转销“贴现”科目，会计分录为：

借：清算资金往来——××清算中心户

　　贷：贴现——银行承兑汇票户

2. 贴现汇票为商业承兑汇票时的处理

承兑人开户银行收到贴现银行寄来的委托收款凭证及汇票后，于汇票到期日检查承兑人的存款账户。承兑人足额支付票款时，将票款从承兑人账户中划出，划转贴现银行。会计分录为：

借：活期存款——承兑户

　　贷：清算资金往来——××清算中心户

如果因承兑人账户不足支付而退回委托收款凭证和汇票时，贴现银行对应收的汇票款项，则从贴现申请人的账户扣收。填制两联特种转账传票：一联代转账借方传票，另一联代支款通知随同汇票交给贴现申请人。第五联贴现凭证作贷方传票。会计分录为：

借：××存款——贴现申请人户

　　贷：贴现——商业承兑汇票户

如贴现申请人账户也不足支付票款，则转入逾期贷款。会计分录为：

借：××存款——贴现申请人户

　　逾期贷款——贴现申请人贷款户

　　贷：贴现——商业承兑汇票户

承兑人开户银行对承兑人处以汇票金额的5%但不低于1 000元的罚款，列作银行收益。

当贴现银行收到付款人开户行将票款划回后，即以专夹保管的第二联委托收款凭证代传票有关凭证作附件办理转账，转销“贴现”科目，会计分录为：

借：清算资金往来——××清算中心户

　　贷：贴现——商业承兑汇票户

第五节　贷款利息的计算和核算

一、贷款利息的计算

（一）短期贷款利息的计算

短期贷款（期限在1年以下，含1年）按贷款合同签订日相应档次的法定贷款利率计息。贷款合同期内遇利率调整，不分段计息。短期贷款按季结息的，每季度末月的20日为结息日；按月结息的，每月的20日为结息日。具体结息方式由借贷双方协商确定。对贷款期内不能按期支付的利息根据贷款合同利率按季或按月计收复利，贷款逾期后改按罚息利率计收复利。最后一笔贷款清偿时，利随本清。

(二)中长期贷款利息的计算

中长期贷款(期限在1年以上)利率实行一年一定。贷款(包括贷款合同生效日起1年内应分笔拨付的所有资金)根据贷款合同确定的期限,按贷款合同生效日相应档次的法定贷款利率计息,每满1年后(分笔拨付的以第一笔贷款的发放日为准)再按当时相应档次的法定贷款利率确定下一年度利率。

中长期贷款按季结息,每季度末月20日为结息日。对贷款期内不能按期支付的利息根据合同规定利率按季计收复利,贷款逾期后改按罚息利率计收复利。

(三)贴现利率的计算

贴现利率按贴现日确定的贴现利率一次性收取利息。

(四)贷款展期的利息计算

贷款展期,期限累计计算,累计期限达到新的利率期限档次时,自展期之日起,按展期日挂牌的同档次利率计息;达不到新的期限档次时,按展期日的原档次利率计息。

(五)逾期贷款或挤占挪用贷款的罚息计算

逾期贷款或挤占挪用贷款,从逾期或挤占挪用之日起,按罚息利率计收罚息,直到清偿本息为止,遇罚息利率调整,分段计息。对贷款逾期或挪用期间不能按期支付的利息,根据罚息利率按季(短期贷款也可按月)计收复利。如同一笔贷款既逾期又挤占挪用,应择其重,不能并处。

(六)提前归还借款的利息计算

借款人在借款合同到期日之前归还借款时,贷款人有权按原贷款合同向借款人收取利息。

(七)定期结息的计息方法

定期结息是指银行在每月或每季度末月20日营业终了时,根据贷款科目余额表计算累计贷款积数(贷款积数计算方法与存款积数计息方法相同),登记贷款计息科目积数表,按规定的利率计算利息。定期结息的计息天数按日历天数,有一天算一天,全年按365天或366天计算。算头不算尾,即从贷出的那一天算起,至还款的那一天止。在结息日计算时应包括结息日。其计算公式为:

贷款利息=累计贷款计息积数×日利率

【例4—4】某行于5月2日发放一笔短期贷款,金额为20万元,假定月利率为4‰,期限4个月,则:

①6月20日银行按季结息时,该笔贷款应计利息为:

200 000×50×4‰÷30=1 333.33(元)

②6月21日至9月2日还款时,该笔贷款应计利息为:

200 000×73×4‰÷30=1 946.67(元)

③若6月20日银行未能收到1 333.33元利息,则到期日还款时,该笔贷款应计利息为:

1 333.33+(200 000+1 333.33)×73×4‰÷30=3 292.97(元)

(八)利随本清的计息方法

它是指银行应在借款单位还款时,按放款之日起至还款之日前一天止的贷款天数,计算贷款利息。

贷款满年的按年计算,满月的按月计算,整年(月)又有零头数可全部化成天数计算。整年按360天计算,整月按30天计算,零头有一天算一天。其计算公式为:

贷款利息=贷款金额×贷款天数×日利率

二、贷款利息的账务处理

银行会计部门计算出应计利息后，应编制传票，全部转入“应收利息”科目。其会计分录为：

借：应收利息——××单位户

　　贷：利息收入——××贷款利息收入

然后根据计算的利息按借款人编制填制一式三联“贷款利息通知单”。如借款单位存款账户有足够的余额来支付贷款利息，则“贷款利息通知单”一联作为支款通知，另两联分别代替借方和贷方传票办理转账。会计分录为：

借：活期存款——××单位存款户

　　贷：应收利息——××单位户

如借款单位存款账户无款支付，在合同期内，银行会计部门应根据有关规定计收复利，待该借款单位存款账户上有足够的余额来支付贷款利息时，银行一并扣收。其会计分录为：

借：活期存款——××单位存款户

　　贷：应收利息——××单位户

对到期不能归还的贷款，银行应按规定加收罚息。

【例 4－5】某行于 6 月 28 日发放短期贷款一笔，金额为 20 万元，期限 3 个月，月利率为 6‰，若该笔贷款于 10 月 11 日才归还本息，则银行到期贷款应计利息为：

200 000×92×6‰÷30＝3 680(元)

假定贷款逾期罚息率为每天 4‱，则逾期罚息为：

(200 000＋3 680)×13×6‰÷30＋(200 000＋3 680)×13×4‱＝1 588.70(元)

思考与练习

一、名词解释

1. 贷款
2. 信用贷款
3. 担保贷款
4. 贴现贷款
5. 非应计贷款
6. 自营贷款
7. 委托贷款
8. 贷款损失准备
9. 抵押贷款
10. 质押贷款

二、填空题

1. 按贷款期限划分，银行贷款可以分为(　　)、(　　)、(　　)三类，其贷款期限分别为(　　)、(　　)、(　　)。

2. 按贷款发放时的风险程度划分，银行贷款可以分为(　　)、(　　)和(　　)，其中(　　)又可分为保证贷款、抵押贷款、质押贷款。

3. 按贷款发放的自主程度划分，银行贷款可以分为(　　)、(　　)、(　　)三种。

4. 贴现与贷款都属于融资业务，但二者却是有区别的，区别表现在(　　)不同、(　　)不同、(　　)不同、(　　)不同、(　　)不同。

5. 贴现期限从(　　)至(　　)。
6. 贷款损失准备包括(　　)、(　　)、(　　)三种。
7. 非应计贷款是指贷款本金或利息逾期(　　)天的贷款。
8. (　　)是指银行为了防范和减少金融风险,按规定提取,用来弥补可能发生的贷款损失准备金。

三、单选题

1. (　　)贷款风险最大。

A. 抵押贷款　　B. 质押贷款　　C. 信用贷款　　D. 贴现

2. 1年期贷款属于(　　),3年期贷款属于(　　),6年期贷款属于(　　)。

A. 短期贷款　　B. 中期贷款　　C. 长期贷款　　D. 活期贷款

3. 一般贷款损失准备年末余额不低于年末贷款余额的(　　)。

A. 1%　　B. 2%　　C. 5%　　D. 10%

4. (　　)的损失准备计提比例为100%。

A. 关注类贷款　　B. 次级类贷款　　C. 可疑类贷款　　D. 损失类贷款

5. 抵押贷款逾期(　　),银行可将待处理抵押物转为抵押资产。

A. 1个月　　B. 3个月　　C. 6个月　　D. 1年

6. 正常贷款转逾期贷款的会计分录为(　　)。

A. 借:逾期贷款
　　贷:××贷款

B. 借:××贷款
　　贷:逾期贷款

C. 借:××贷款——××借款人贷款逾期户
　　贷:××贷款——××借款人户

D. 借:××贷款——××借款人户
　　贷:××贷款——××借款人贷款逾期户

四、多选题

1. 按照贷款的风险程度可分为(　　)。

A. 正常类贷款　　B. 关注类贷款　　C. 次级类贷款　　D. 信用类贷款

2. 在下列贷款中,属于不良贷款核算范围的贷款有(　　)。

A. 关注类贷款　　B. 次级类贷款　　C. 可疑类贷款　　D. 损失类贷款

3. 贷款损失准备包括(　　)。

A. 一般准备　　B. 专项准备　　C. 特种准备　　D. 委托贷款准备

4. 贴现利息与(　　)有关。

A. 持有人　　B. 贴现天数　　C. 贴现率　　D. 汇票金额

5. 贴现与一般贷款的共同点为(　　)。

A. 都是资产业务　　B. 融资依据相同　　C. 都要计息　　D. 贷款期限相同

五、思考题

1. 贷款业务的意义有哪些?
2. 贷款如何进行分类?
3. 单位贷款发放、归还的核算如何进行?贷款利息的处理如何?
4. 贷款损失准备的计提范围和比例有何规定?
5. 呆账贷款核销如何进行?

第五章　支付结算业务的核算

随着经济的发展，社会经济生活中的经济往来即商品交易、劳动供应和资金调拨等，呈现出更加广泛、多样、复杂的特征，在各种经济往来关系中，必然伴随着货币的给付与清偿，这就是货币结算。货币结算可以收付现金，也可以通过银行转账或票据让渡实现，而转账结算与票据让渡构成了支付结算。支付结算是银行的重要业务，是银行日常核算的重要内容，也是实现商品交易和资金转移的重要手段。

第一节　支付结算业务的概述

一、支付结算的概念

根据中国人民银行 1997 年 9 月 19 日发布的《支付结算办法》，支付结算是指单位、个人在社会经济活动中使用票据、信用卡和汇兑、托收承付、委托收款等结算方式进行货币给付及其资金清算的行为。支付结算是银行代客户清偿债权债务收付款项的一种传统业务，对商业银行来说，支付结算业务具有量大、风险度小、收益稳定的特点，是一项典型的中间业务。目前，我国商业银行的支付结算业务正努力与国际惯例接轨。

由以上定义我们不难理解支付结算的如下几个特征：

(1)支付结算必须通过中国人民银行批准的金融机构进行。这与一般的货币给付及资金清算行为明显不同。

(2)支付结算是一种要式行为。所谓要式行为，就是指依照法律规定，必须采取一定形式或履行一定程序才能成立的行为。

(3)支付结算的发生取决于委托人的意志。

(4)支付结算实行统一和分级管理相结合的管理体制，中国人民银行总行负责拟定统一的支付结算制度，组织、协调、管理和监督全国的支付结算工作。

(5)支付结算必须依法进行。

支付结算是在银行存款业务基础上产生的中间业务，也是当前我国商业银行业务量最大的一项中间业务。商业银行通过支付结算业务成为全社会的转账结算中心和货币出纳中心。支付结算不仅为银行带来安全、稳定的收益，同时也聚集了社会上的闲散资金，扩大了银行信贷资金的来源。规范和发展商业银行的支付结算业务，对市场经济的健康、稳定发展具有不可估量的重大社会意义，主要表现在以下方面：

(1)加强资金管理，提高票据意识，增强信用观念，巩固经济合同制和经济核算制。

(2)节约现金，调节货币流通，节约社会流通费用。

(3)加速资金周转，促进商品流通，提高资金运转效率。

(4)综合反映结算信息，监督国民经济活动，维护社会金融秩序的稳定。

二、支付结算的原则

支付结算工作的任务，是根据经济往来组织支付结算，准确、及时、安全地办理支付结算，按照有关法律、行政法规和《支付结算办法》的规定管理支付结算，保障支付结算活动的正常进行。

为了规范支付结算工作，我国制定了一系列支付结算方面的法律、法规和制度，主要包括《中华人民共和国票据法》(以下简称《票据法》)、《票据管理实施办法》、《支付结算办法》、《人民币银行结算账户管理办法》、《国内信用证结算办法》、《银行卡业务管理办法》、《关于审理票据纠纷案件若干问题的规定》等。根据规定，单位、个人和银行办理支付结算必须遵守下列原则：恪守信用，履约付款；谁的钱进谁的账，由谁支配；银行不垫款。

(一)恪守信用，履约付款

恪守信用，履约付款，即各单位之间、单位与个人之间发生交易往来，通过银行办理结算，根据各自的具体条件，自行协商订约，使收付双方办理款项收付完全建立在自觉自愿、相互信任的基础上。该原则要求结算当事人必须依法承担义务和行使权利，严格遵守信用，履行付款义务，特别是应当按照约定的付款金额和付款日期进行支付。

(二)谁的钱进谁的账，由谁支配

谁的钱进谁的账，由谁支配，即银行在办理结算时，必须尊重开户单位资金支配的自主权，做到谁的钱进谁的账，银行不代扣款项，以维护开户单位对资金的所有权或经营权，保证开户单位对其资金的自主支配。

(三)银行不垫款

银行不垫款，即银行在办理结算的过程中，只负责将结算款项从付款单位账户划转到收款单位账户，银行不承担垫付任何款项的责任，以划清银行与开户单位的资金界限，保护银行资金的所有权或经营权，促使开户单位直接对自己的债权债务负责。在办理资金收付时，银行必须坚持先记付款单位的账，后记收款单位的账，严禁客户以开空头支票等方式套取银行信用等。

三、支付结算的基本要求

根据《支付结算办法》的规定，对银行的支付结算业务有以下基本要求：

(1)银行、城市信用合作社、农村信用合作社(以下简称银行)以及单位和个人(含个体工商户)办理支付结算必须遵守国家的法律、行政法规和本办法的各项规定，不得损害社会公共利益。

(2)银行是支付结算和资金清算的中介机构。未经中国人民银行批准的非银行金融机构和其他单位不得作为中介机构经营支付结算业务，但法律、行政法规另有规定的除外。

(3)单位、个人和银行应当按照《银行账户管理办法》的规定开立、使用账户。

(4)在银行开立存款账户的单位和个人办理支付结算，账户内必须有足够的资金保证支付，法律另有规定的除外。没有开立存款账户的个人向银行交付款项后，也可以通过银行办理支付结算。

(5)票据和结算凭证是办理支付结算的工具。单位、个人和银行办理支付结算，必须使用按中国人民银行统一规定印制的票据凭证和统一规定的结算凭证。未使用按中国人民银行统一规定印制的票据，票据无效；未使用中国人民银行统一规定格式的结算凭证，银行不予受理。

(6)单位、个人和银行签发票据，填写结算凭证时，单位和银行的名称应当记载全称或规范化简称。

(7)票据和结算凭证上的签章，为签名、盖章或者签名加盖单位、银行在票据上的签章和单位在结算凭证上的签章，为该单位、银行的盖章加其法定代表人或其授权的代理人的签名或盖章。个人在票据和结算凭证上的签章，应该为本人的签名或盖章。

(8)票据和结算凭证的金额、出票或签发日期、收款人名称不得更改，更改的票据，无效；更改的结算凭证，银行不予受理。对票据和结算凭证上的其他记载事项，可以更改，更改时应当由原记载人在更改处签章证明。

(9)票据和结算凭证金额以中文大写和阿拉伯数字同时记载，二者必须一致。二者不一致的票据，无效；二者不一致的结算凭证，银行不予受理。少数民族地区和外国驻华使领馆根据实际需要，金额大写可以使用民族文字或者外国文字记载。

(10)票据和结算凭证上的签章和其他记载事项应当真实，不得伪造、变造。票据上有伪造、变造的签章的，不影响票据上其他当事人真实签章的效力。本条所称的伪造是指无权限人假冒他人或虚构人的名义签章的行为，签章的变造属于伪造。本条所称的变造是指无权更改票据内容的人，对票据上签章以外的记载事项加以改变的行为。

(11)办理支付清算需要交验的个人有效身份证件是指居民身份证、军官证、警官证以及国家有关规定的身份证件。

四、支付结算业务种类

我国目前实行的是以“三票一卡”为主体的支付结算制度。支付结算的种类主要有支票、银行本票、银行汇票、商业汇票、汇兑、委托收款、托收承付和信用卡。

按照《支付结算办法》的规定：支付结算业务根据结算工具的法律特征可以分为票据结算业务、结算方式业务和信用卡业务三种。其中，票据结算业务包括银行汇票业务、商业汇票业务、银行本票业务和支票业务；结算方式业务包括汇兑业务、托收承付业务、委托收款业务。在这些支付结算业务中，有些适用于同一票据交换区域内收付款人之间款项的支付结算；有些适用于不同的票据交换区域之间收付款人间款项的支付结算。人们习惯上将同一票据交换区域内收付款人之间款项的支付结算称作同城支付结算；而将票据跨交换区域的收付款人之间款项的支付结算称作异地支付结算。《支付结算办法》规定：银行本票业务只适用同城结算；托收承付业务只适用异地结算；支票业务、商业汇票业务、委托收款业务、信用卡业务则既适用同城结算又适用异地结算；银行汇票业务和汇兑业务没有明确规定其适用范围。

第二节　票据结算业务的核算

根据《票据法》的规定，票据是指出票人签发的、约定自己或者委托付款人在见票时或指定的日期向收款人或持票人无条件支付一定金额的有价证券。在我国，票据包括支票、银行汇票、商业汇票和银行本票。

一般来说，票据具有信用、支付、汇兑和结算等职能，其主要特征表现为：

(1)票据以支付一定的金额为目的。

(2)票据是出票人依法签发的有价证券。

(3)票据所表示的权利与票据不可分离。

(4)票据所记载的金额由出票人自行支付或委托他人支付。

(5)票据的持票人只要向付款人提示付款，付款人即应无条件地向收款人或持票人支付票据金额。

(6)票据是一种可转让证券。

一、支票结算业务的核算

(一) 支票的概念和种类

1. 支票的概念

支票是指由出票人签发的、委托办理支票存款业务的银行或者其他金融机构在见票时无条件支付确定的金额给收款人或持票人的票据。支票的基本当事人包括出票人、付款人和收款人或持票人。出票人即存款人，是在中国人民银行当地分支行批准办理支票业务的银行机构开立，可以使用支票的存款账户的单位和个人；付款人是出票人的开户银行；持票人是在票面上填明的收款人，也可以是经背书转让的被背书人。

2. 支票的种类

支票可分为转账支票、现金支票和普通支票三种。转账支票只能用于转账，不得支取现金；可以背书转让，不能挂失。现金支票只能用于支取现金，不能办理转账；不得背书转让，可以挂失。普通支票既可用于支取现金，也可以用于转账。现金业务的处理在存款业务核算中已经予以介绍，所以这里只介绍转账业务的处理。

(二)支票的相关规定

1. 支票的适用范围

支票全国通用，支票的付款地为付款人所在地。

2. 支票的记载事项

签发支票必须记载：表明"支票"字样、无条件支付的委托、确定的金额、付款人名称、出票日期和出票人签章。缺少以上记载事项之一的，支票无效。支票的金额、收款人的名称，可由出票人授权补记，未补记前不得背书转让和提示付款。出票人为单位的，出票人签章为与该单位在银行预留签章一致的财务专用章或者公章加其法定代表人或者其授权的代理人的签名或者盖章。出票人为个人的，为与该个人在银行预留签章一致的签名或盖章。

3. 支票的提示付款期限

支票的提示付款期限为自出票日起10日，超过提示付款期限提示付款的，持票人开户银行不予受理，付款人不付款。

4. 支票办理的要求

支票结算具有简便、灵活、迅速和可靠的特点。所谓简便，是指使用支票办理结算手续简便，只要付款人在银行有足够的存款，就可以签发支票给收款人，银行凭支票就可以办理款项的划拨或现金的支付。所谓灵活，是指按照规定，支票可以由付款人向收款人签发，以直接办理结算，也可以由付款人出票委托银行主动付款给收款人，另外，转账支票在指定的城市中还可以背书转让。所谓迅速，是指使用支票办理结算，收款人将转账支票和进账单位送银行，一般当天或次日即可入账，而使用现金支票当时即可取得现金。所谓可靠，是指银行严禁签发空头支票，各单位必须在银行存款余额内才能签发支票，因而收款人凭借支票就能取得款项，一般是不存在得不到正常支付的情况的。现金支票丧失可以挂失止付，转账支票丧失不得挂失止付。

(三) 转账支票业务的会计核算

1. 持票人、出票人在同一银行机构开户的会计核算

(1)银行受理持票人送交支票的处理。

银行接到持票人送来的支票(见表5—1)和三联进账单时，应认真审查以下内容：支票是否是统一规定印制的凭证；支票填明的持票人是否在本行开户；支票是否真实；提示付款期限

是否超过；持票人的名称是否为该持票人，与进账单的名称是否一致；出票人的账户是否有足够的支付款项；出票人的签章是否符合规定，与预留银行的签章是否相符；使用密码的，其密码是否正确；支票的大小写金额是否一致，与进账单的金额是否相符；出票金额、出票日期和收款人名称是否有更改的痕迹；背书转让的支票是否按规定的范围转让，其背书是否连续，持票人是否在支票的背面作委托收款背书；其他记载事项的更改是否由原记载人签章注明等。经审查无误后，银行在进账上加盖“收妥后入账”戳记，将第一联进账单退给持票人，然后在支票上加盖“托收票据”戳记，将支票作为借方凭证，第二联进账单作为贷方凭证，使用“同城网内交易系统”进行转账处理。其会计分录为：

借：活期存款——出票人户

　　贷：活期存款——持票人户

表 5—1

××银行　上海分行
支票
号码
附加信息

出票日期
　　　年　　月　　日

收款人：	
金　额：	
用　途：	

单位主管　　会计

××银行　　　支票　　支票号码

出票日期（大写）　　　年　　月　　日　　付款行名称：
收款人：　　　　　　　　　　　　　　　出票人账号：

本支票付款期限十天

人民币（大写）		千	百	十	万	千	百	十	元	角	分

用途________
上列款项请从
我账户内支付
出票人签章　　　　　　　　复核　　　记账

（2）银行受理出票人送交支票的会计核算。

出票人开户银行收到出票人送来的支票和第二联进账单时，应认真审查支票，审查的内容与持票人送交支票的审查内容基本一致。经审查无误后，将支票作为借方凭证，第二联进账单作贷方凭证，办理转账。其会计分录为：

借：活期存款——出票人户

　　贷：活期存款——收款人户

第一联进账单加盖转讫章作回单交给出票人，第三联进账单加盖转讫章作收账通知交给收款人。

2. 出票人、持票人不在同一银行机构开户的会计核算

（1）持票人开户行收到持票人送交支票时的会计核算。

持票人开户行接到持票人送交的支票和三联进账单时，按照有关规定认真审查无误后，在第二联进账单上按照票据交换场次加盖“收妥后入账”的戳记。在第一联进账单加盖转讫章交给持票人，支票按照票据交换规定的时间及时提出交换。超过退票时间没有退票的，即可为持票人进账。第二联进账单作为贷方凭证，办理转账。第三联进账单留存。其会计分录为：

借：待清算票据款项

　　贷：活期存款——持票人户

如出票人账户余额不足且当天下场退票的，根据出票人开户行的电话通知作电话记录，俟出票人开户行下场退回支票后，将退回的支票退给收款人。隔天退票的，根据出票人开户行电话通知作电话记录，填制一联转账贷方凭证。其会计分录为：

借:待清算票据款项

贷:其他应付款——××

隔天接到退回的支票时,填制转账借方凭证一联。其会计分录为:

借:其他应付款

贷:待清算票据款项

并将支票退给收款人,出票人开户行收到经票据交换提入的支票后,按有关规定认真审查,出票人账户若有足额款项支付的,则以支票作借方凭证。其会计分录为:

借:活期存款——出票人户

贷:待清算票据款项

若出票人账户余额不足的,则当天有下场票据交换的,当即通知持票户行,并于下场交换时退回支票。

若出票人账户余额不足且隔天退票的,则在通知持票人开户行后,填制一联转账借方凭证。其会计分录为:

借:其他应收款——××户

贷:待清算票据款项

隔天退票时,支票退持票人开户行,并填制一联转账贷方凭证。其会计分录为:

借:待清算票据款项

贷:其他应收款——××户

(2)出票人开户行受理出票人送交支票的会计核算。

出票人开户行收到出票人送交的支票和三联进账单时,按照持票人、出票人在同一银行开户时受理出票人送交支票的规定审查无误后,以支票作借方凭证,办理转账。其会计分录为:

借:活期存款——出票人户

贷:待清算票据款项

第一联进账单加盖转讫章作回单交给出票人,第二联进账单加盖业务公章,连同第三联进账单按票据交换的规定及时提出交换。

收款人开户行收到交换提入的第二、三联进账单,经审查无误,第二联进账单加盖转讫章作贷方凭证。其会计分录为:

借:待清算票据款项

贷:活期存款——持票人户

第三联进账单加盖转讫章收账通知交给持票人。

(3)支票挂失的处理。

支票丧失,失票人到付款行申请挂失时,应提交第一、二联挂失止付通知书后,按规定审查无误确未付款的,第一联挂失止付通知书加盖业务公章作为受理回单交给失票人,第二联于登记支票挂失登记簿后专夹保管,并在出票账户明显处用红字注明"××××年××月××日第××号支票挂失止付"字样,凭此字据止付。

二、银行本票业务的核算

(一)银行本票的概念、特点及适用范围

1. 本票的概念

本票是出票人签发的、承诺自己在见票时无条件支付确定的金额给收款人或者持票人的

票据。

2. 本票的特点及适用范围

本票的特点主要如下：(1)见票即付，信誉很高，银行本票由银行付款，信誉高。填明“现金”字样的本票，可随时到银行兑付现金。(2)通用性强，灵活方便。销货方可见票发货，并可背书转让。它的适用范围是：单位和个人在同一票据交换区域需要支付各种款项，均可使用银行本票。

(二)银行本票的账务核算

1. 银行本票出票的会计核算

(1)申请。申请人需要使用银行本票时，应向银行提交“银行本票申请书”一式三联，第一联存根，第二联借方凭证，第三联贷方凭证。交现金办理的，第二联注销。申请人和收款人均为个人，申请签发用于支取现金的银行本票时，应在申请书的支付金额栏先填写“现金”字样，然后再填写支付金额。

(2)收款。出票银行接到申请人填写的银行本票申请书时，应认真审查其内容是否齐全、清晰；对申请书填明“现金”字样的，应审查申请人、收款人是否为个人。经审查无误后，对转账交付的，以第二联申请书作借方凭证，第三联作贷方凭证办理转账。其会计分录为：

借：活期存款——申请人户

　　贷：开出本票

如果是现金交付的，以第三联申请书作借方凭证办理转账。其会计分录为：

借：库存现金

　　贷：开出本票

(3)出票。在办理转账或收妥现金后，开户行签发银行本票。本票(见表5－2)一式两联：第一联卡片，第二联本票。填写本票时，小票的签发日期应该大写，用于转账兑付的本票应在本票上划去“现金”字样，按照规定可以支取现金的则划去“转账”字样，没有划去的一律按照转账处理。

表5－2

××银行

本 票 2

付款期限 贰 个 月	出票日期 大写　　年　月　日	地名 $\frac{E}{0}\frac{B}{3}$00000000

收款人：		申请人：	
凭票即付 人民币(大写)			
转账	现金		
备注：	出票行签章	出纳　复核　经办	

此联出票行结清本票时作借方凭证

签发行在第二联本票上加盖本票专用章和法定代表人或其授权代理人的名章，并用压数机在第二联“人民币(大写)”一栏的右端压印小写金额后交给申请人，第一联卡片专夹保存。

2. 银行本票付款的会计核算

(1)代理付款行付款的处理手续。代理付款行接到在本行开户的持票人交来的本票和三联进账单时，应认真审查以下内容：银行本票是否真实；是否超过提示付款期限；本票填明的持票人是否在本行开户；持票人名称与进账上的名称是否相符；出票行的签章是否符合规定；不定额本票是否有统一制作的压数机压印金额，与大写出票金额是否一致；本票必须记载的事项是否齐全，出票金额、出票日期、收款人名称是否更改；持票人是否在本票背面签章，背书转让的本票是否按规定的范围转让，背书是否连续等。经审查无误后，进账单第二联作贷方凭证，办理转账。其会计分录如下：

借：待清算票据款项

　　贷：活期存款——持票人户

进账单第一联加盖业务公章作回单，连同进账单第三联加盖转讫章作收账通知交给持票人。本票加盖转讫章，通过票据交换向出票行提出交换。

(2)出票行向收款人付款的处理手续。出票行接到收款人交来的注明“现金”字样的本票时，抽出专夹保管的本票卡片或存根，经核对相符，确属本行签发，同时还必须认真审查本票上填写的申请书和收款人是否均为个人，核验收款人的身份证件，并留复印件备查。经审核无误后，本票作借方凭证，本票卡片或存根联作附件，办理转账。其会计分录为：

借：开出本票

　　贷：库存现金

出票行接到在本行开户的持票人交来的转账银行本票时，经审核无误，银行本票确系本行签发，本票作借方凭证，本票卡片或存根联作附件，办理转账。其会计分录为：

借：开出本票

　　贷：活期存款——持票人户

(3)如果在本票上未划去“现金”或“转账”字样的，银行在办理时，一律按照转账办理。

3. 银行本票结清的处理手续

(1)出票行收到票据交换提入的本票时，抽出专夹保管的本票卡片或存根，经核对后作借方凭证，本票卡片或存根联作附件，办理转账。其会计分录如下：

借：开出本票

　　贷：待清算票据款项

(2)持票人、申请人在同一行付款和结清本票的处理。出票行受理本行签发的本票，除通过票据交换外，比照银行本票付款及结清的手续处理。其会计分录为：

借：开出本票

　　贷：活期存款——持票人户

　　　（或：库存现金）

4. 银行本票退款和出票行支付超过提示付款项期限款项的会计核算

(1)出票行退款的处理手续。申请人由于本票超过提示付款期限或其他原因要求出票行退款时，应填制一式三联进账单连同本票交给出票行，并提交证明或身份证件。出票行经与原专夹保管的本票卡片或存根核对无误后，即在本票上注明“未用退回”字样，进账单第二联作贷方凭证(如果退付现金，则本联作借方传票的附件)，本票作借方凭证，本票卡片或存根联作附件，办理转账。其会计分录如下：

借：开出本票

　　贷：活期存款——申请人户

　　　（或：库存现金）

第一、三联进账单加盖转讫章作收账通知交给申请人。

(2)出票行支付超过付款期限款项的处理。持票人超过付款期限不获付款，在票据权利时效内(自出票日起2年)向出票行请求付款时，应当向出票行说明原因，并将本票交给出票行。出票行经与原专夹保管的本票卡片或存根核对无误后，即在本票上注明“逾期付款”字样，办理付款手续。

如果是持票人在本行开户的，应填制三联进账单，以进账单第二联作贷方凭证，本票作借方凭证，本票卡片或存根联作附件。其会计分录如下：

借：开出本票

　　贷：活期存款——持票人户

如果持票人未在本行开户的，填制三联进账单，本票作借方凭证，本票卡片或存根联作附件。其会计分录为：

借：开出本票

　　贷：待清算票据款项

进账单第一联加盖转讫章作回单交给持票人，进账单第二、三联按票据交换规定提出交换，持票人开户行收到提入的进账单时，第二联进账单作贷方凭证。其会计分录为：

借：待清算票据款项

　　贷：活期存款——持票人户

第三联进账单加盖转讫章作收账通知交给持票人。

如果持票人提交注明“现金”字样本票的，本票作借方凭证，本票卡片或存根联作附件。其会计分录为：

借：开出本票

　　贷：库存现金

5. 本票挂失手续

填明“现金”字样的本票丧失，失票人到出票行挂失时，应向银行提交第一、二联挂失止付通知书。

出票行收到挂失止付通知书后，核对该本票是否注销，方法是：抽出原专夹保管的本票卡片或存根核对，在确认属本行签发并未注销时，方可受理，然后按照有关规定对支票的各项内容进行审核。审核无误后，第一联挂失止付通知书加盖业务公章作为受理回单交给失票人，第二联于登记本票挂失登记簿后，与原本票卡片或存根一并专夹保管，凭以控制付款或退款。

6. 丧失银行本票后付款或退款的处理

丧失银行本票后，失票人凭人民法院出具的其享有该本票票据权利的证明，向出票行请示付款或退款时，出票行经审核未支付的，分别依据不同情况处理：当出票行向持票人付款时，应抽出原专夹保管的本票卡片或存根核对无误，按照本票超过付款的有关手续处理，并将款项付给失票人，会计处理程序与本票超过付款期限付款的程序一样。当出票行向申请人退款时，首先抽出原专夹保管的本票卡片或存根，审核无误后，按照本票退款的规定手续办理，并将款项退还给申请人。其会计核算为：

借：库存现金

　（或：活期存款——持票人户）

　　贷：开出本票

三、银行汇票业务的核算

（一）银行汇票的概念

银行汇票是出票银行签发的、由其在见票时按照实际结算金额无条件支付给收款人或持票人的票据。银行汇票的出票银行为银行汇票的付款人。

(二)银行汇票的有关规定

1. 银行汇票的使用范围

单位和个人在异地、同城或同一票据交换区域的各种款项结算,均可使用银行汇票。银行汇票可以用于转账,填明“现金”字样的银行汇票也可以用于支取现金。

2. 银行汇票的记载事项

签发银行汇票必须记载下列事项:表明“银行汇票”的字样;无条件支付的承诺;出票金额;收款人名称;出票日期;出票人签章。

3. 银行汇票的提示付款期限

银行汇票的提示付款期限自出票日起 1 个月。

4. 银行汇票的办理和使用要求

申请签发银行汇票,申请人必须先交付保证金,出票银行方能出票,因此,银行汇票具有百分之百的付款保证。银行汇票属见票即付的票据,无需提示承兑,允许背书转让,特别适合于异地采购时的款项结算。

5. 银行汇票结算的特点

(1)适用范围广。银行汇票是目前结算中较为广泛采用的一种结算方式。这种结算方式不仅适用于在银行开户的单位、个体经营户和个人,而且适用于未在银行开立账户的个体经营户和个人。凡是各单位、个体经营户和个人需要在异地进行商品交易、劳务供应和其他经济活动及债权债务的结算,都可以使用银行汇票。并且银行汇票既可以用于转账结算,也可以支取现金。

(2)票随人走,钱货两清。实行银行汇票结算,购货单位交款,银行开票,票随人走;购货单位购货给票,销售单位验票发货,一手交票,一手交货;银行见票付款,这样可以减少结算环节,缩短结算资金在途时间,方便购销活动。

(3)信用度高,安全可靠。银行汇票是银行在收到汇款人款项后签发的支付凭证,因而具有较高的信誉,银行保证支付,收款人持有票据,可以安全、及时地到银行支取款项。而且,银行内部有一套严密的处理程序和防范措施,只要汇款人和银行认真按照汇票结算的规定办理,汇款就能保证安全。一旦汇票丢失,如果确属现金汇票,汇款人可以向银行办理挂失,填明收款单位和个人,银行可以协助,防止款项被他人冒领。

(4)使用灵活,适应性强。实行银行汇票结算,持票人可以将汇票背书转让给销货单位,也可以通过银行办理分次支取或转让,另外还可以使用信汇、电汇或重新办理汇票转汇款项,因而有利于购货单位在市场上灵活地采购物资。

(5)结算准确,余款自动退回。一般来讲,购货单位很难准确确定具体的购货金额,因而出现汇多用少的情况是不可避免的。在有些情况下,多余款项往往长时间得不到清算从而给购货单位带来不便和损失。而使用银行汇票结算则不会出现这种情况,单位持银行汇票购货,凡在汇票的汇款金额之内,可根据实际采购金额办理支付,多余款项将由银行自动退回,这样可以有效地防止交易尾欠的发生。

(三)银行汇票的会计核算

1. 出票行出票的会计核算

(1)申请。申请人需要使用银行汇票,应向银行填写汇票申请书,申请书一式三联,第一联存根,第二联借方凭证,第三联贷方凭证。交现金办理汇票的,第二联注销。申请人和收款人均为个人,要求签发现金银行汇票时,须在申请书上填明代理付款人名称,在“汇票金额”栏先填写“现金”字样,后填写金额。

(2)收款。出票行受理申请人提交的第二、三联申请书时,应认真审查其内容是否填写齐全、清晰,其签章是否为预留在银行的签章;申请书填明"现金"字样的,申请人和收款人是否均为个人,并交现金。

经审查无误后,才能受理签发银行汇票的申请。申请人转账交付款项的,银行以申请书第二联作借方传票(现金交付的,此联注销作附件),第三联作贷方传票。其会计分录如下:

借:活期存款——申请人户

　　贷:汇出汇款

申请人交付现金的,申请书第二联注销作附件,第三联作现金收入传票。其会计分录为:

借:库存现金

　　贷:汇出汇款

(3)出票。出票行在办好转账或收妥现金后,签发银行汇票(见表5—3)凭证一式四联,第一联卡片,第二联汇票,第三联解讫通知,第四联多余款收账通知。银行汇票应按下列规定填写:银行汇票一式四联不得复写;汇票的出票日期和出票金额必须大写,如果填写错误,应将汇票作废;签发现金银行汇票时,须在四联汇票的金额人民币(大写)之后紧接着填写"现金"字样,再填写出票金额,在"代理付款行"及"行号"栏填明某行名称及行号;签发转账银行汇票一律不得填写代理付款行;申请书的备注栏内注明"不得转让"字样的,应在汇票正面的"备注"栏内注明。

填写的汇票经复核无误后,在第二联"实际结算金额"栏的小写金额上端用总行统一制作的压数机压印出票小写金额,将密押套写或打印在汇票"多余金额"上方空白栏,再加盖汇票专用章并由授权的经办人签章,签章必须清晰;然后连同第三联一并交给申请人。第一联上加盖经办人、复核人名章;在逐笔登记汇出汇款登记簿并注明汇票号码后,汇票第一、四联一并专夹保管。

表5—3

××银行

银行汇票 2

付款期限　壹 个 月

汇票号码　第　　号

出票日期(大写)　　年　　月　　日　　代理付款行:　　　　行号:

收款人:　　　　账号

出票金额　人民币(大写)

实际结算金额　人民币(大写)

千	百	十	万	千	百	十	元	角	分

此联代理付款行付款后作借方凭证附件

申请人:__________　　账号或住址:__________

出票行:__________行号:______

备　注:__________

凭票付款

出票行签章

密押

多余金额

千	百	十	万	千	百	十	元	角	分

复核　　记账

申请人应将银行汇票和解讫通知作为支付凭证交给汇票上载明的收款人(收款人可以将银行汇票背书转让给被背书人),持票人即可持未到期的银行汇票到代理付款行办理兑付手续。

代理付款行接到在本行开立账户的持票人直接交来的汇票、解讫通知和三联进账单时,应认真审查以下内容：

(1)汇票和解讫通知是否齐全，汇票号码、记载的内容是否一致。

(2)汇票是否为统一规定印制的凭证，汇票是否真实，是否超过提示付款期限。

(3)汇票填明的持票人是否在本行开户，持票人是否为该持票人，与进账单上的名称是否相符。

(4)出票行的签章是否符合规定，加盖的汇票专用章是否与印模相符。

(5)汇票密押是否正确；压数机压印的金额是否由统一制作的压数机压印，与大写的出票金额是否一致。

(6)汇票的实际结算金额大小写是否一致，是否在出票金额以内，与进账单所填金额是否一致，多余金额结计是否正确。如果全额进账，必须在汇票和解讫通知的实际结算金额栏内填入全部金额，多余金额栏填写“—0—”。

(7)汇票必须记载的事项是否齐全；出票金额、实际结算金额、出票日期、收款人名称是否更改；其他记载事项的更改是否由原记载人签章证明。

(8)持票人是否在汇票背面“持票人向银行提示付款签章”处签章，背书转让的汇票是否按规定的范围转让，其背书是否连续，背书使用粘单的，是否按规定在粘接处签章。

2. 代理付款行解付汇票的处理

代理付款行解付汇票有两种情况：

(1)持票人在本行开立账户。当代理付款行接到在本行开户的持票人交来的汇票、解讫通知和三联进账单时，应认真审查确认无误后，在第一联进账单上加盖转讫章作收款通知交给持票人，然后在汇票上注明兑付日期；在解讫通知上加盖转讫章及记账人、复核人名章。出票人为本系统联行的，通过清算中心办理电子划付手续，会计部门以“电子清算付款专用凭证”作借方凭证办理转账。其会计分录为：

借：清算资金往来

　　贷：活期存款——持票人户

代理兑付行收到跨系统银行签发的转账汇票，应通过同城票据交换，将汇票和解讫通知提交给同城的有关代理付款行。本行的转账会计分录为：

借：待清算票据款项

　　贷：活期存款——持票人户

(2)持票人未在本行开户。代理付款行接到未在本行开立账户的持票人为个人，交来汇票和解讫通知及进账单时，除了认真审查上述规定的内容外，还必须审查持票人的身份证件，在汇票背面“持票人向银行提示付款签章”处是否有持票人的签章和证明身份的证件名称、号码及发证机关，并要求提交持票人身份证件复印件留存备查。

然后按上述(1)的手续办理，其会计分录为：

借：清算资金往来

（或：待清算票据款项）

　　贷：应解汇款——持票人临时存款户

开户后，原持票人可将汇款一次或分次支取。若需支取现金的，则要查看汇票上的申请人和收款人是否确为个人并按规定填明了“现金”字样，以及填写的代理付款人名称是否确为本行，如果一切无误，则可办理现金支付手续。未填明“现金”字样需要支取现金的，由代理付款行按现金管理规定审查支付，另填一联现金借方凭证。其会计分录为：

借:应解汇款——原持票人临时存款户

贷:库存现金

原持票人如需转账支取的,则应由其填制支款凭证,并向银行交验本人的身份证件。其会计分录为:

借:应解汇款——原持票人临时存款户

贷:待清算票据款项

(或:清算资金往来)

3. 出票行结清款项的处理

出票行收到代理付款行寄来的报单及解讫通知兑付时,抽出原专夹保管的汇票卡片,经核对确属本行出票,报单与实际结算金额相符,多余金额结计正确无误后,分别作如下处理:

(1)汇票全额付款,应在汇票卡片的实际结算金额栏填入全部金额,在多余款收账通知的多余金额栏填写"－0－",汇票卡片作借方传票,解讫通知和多余款收账通知作借方传票的附件,办理转账。其会计分录如下:

借:汇出汇款

贷:清算资金往来

(或:待清算票据款项)

同时销记汇出汇款账。

(2)汇票有多余款的,应在汇票卡片和多余款收账通知上填写实际结算金额,汇票方传票、解讫通知作多余款贷方传票,办理转账。其会计分录如下:

借:汇出汇款

贷:清算资金往来

(或:待清算票据款项)

活期存款——××户(申请人在本行开户)

[或:其他应付款——××户(申请人不在本行开户)]

同时销记汇出汇款账,将多余款收账通知加盖转讫章作收账通知转申请人。不在本行开户的申请人前来领取多余款收账通知代借方凭证。其会计分录为:

借:其他应付款——××户

贷:库存现金

出票行对专夹保管的汇票卡片及多余款收账通知,应当定期检查清理。发现有超过汇票付款期限(加上正常凭证传递期)的,应当主动与申请人联系,查明原因,及时处理。

4. 银行汇票退款、超过提示付款期限付款和挂失的处理

(1)退款手续。申请人由于银行汇票超过付款提示期限或其他原因要求退款时,应当备函向出票行说明原因,并交回汇票和解讫通知。申请人未在本行开户的还应交验本人身份证件。

出票行经与原专夹保管的汇票卡片核对无误后,即在汇票和解讫通知的"实际结算金额"大写栏内填写"未用退回"字样,在多余款收账通知上的"多余金额"栏填入原汇款金额,并加盖转讫章作为退款收账通知交给申请人,汇票卡片作汇款凭证,汇票作附件,解讫方作贷方凭证(如系退付现金,即作为借方凭证的附件),办理转账。其会计分录为:

借:汇出汇款

贷:活期存款——××户

(或:库存现金)

同时销记汇出汇款账，在多余款收账通知的“多余金额”栏填入原出票金额并加盖转讫章作为收账通知，交给申请人。

(2)超过提示付款期限付款的手续。通过“应解汇款”科目核算，会计分录为：

借：汇出汇款

贷：应解汇款——持票人户

(3)挂失手续。填明“现金”字样及代理付款的汇票确系遗失，失票人到代理付款行或出票行挂失时，应提交三联挂失止付通知书，并分别作如下处理：

第一，代理付款行接到失票人提交的挂失止付通知书时，应审查挂失止付通知书是否符合要求，是否属本行代理付款的现金汇票，并查明未付款时方可受理。在第一联挂失止付通知书上加盖业务公章作受理回单退申请人，第二、三联登记票证挂失登记簿后专夹保管，凭以掌握止付。如失票人委托代理付款行通知出票行挂失的，代理付款行应立即向出票行发出挂失通知。出票行接到代理付款行发来的挂失通知，应抽出原专夹保管的汇票卡片和多余款收账通知，核对无误后一并另行保管，凭以控制付款和退款。

第二，出票行受理挂失。出票行接到失票人提交的止付通知书，应认真查对汇出汇款账和汇票卡片，确属指定的代理付款行支取现金的汇票，并确认未注销时方可受理。在第一联挂失止付通知书上加盖业务公章作受理回单，第二、三联登记汇票挂失登记簿后，与原汇票卡片和多余款收账通知一并保管，凭以控制付款或退款。如失票人委托出票行通知代理付款行挂失的，应立即向代理付款行发出通知，代理付款行接到出票行发来的挂失通知，款项确未兑付后将挂失通知专夹保管，凭以掌握止付，待汇票付款期满 1 个月没发生问题的，即可通知出票行办理退款手续。

四、商业汇票的会计核算

(一)商业汇票的概念

商业汇票是出票人签发的、委托付款人在指定日期无条件支付确定的金额给收款人或者持票人的票据。商业汇票分为商业承兑汇票和银行承兑汇票。商业承兑汇票是由银行以外的付款人承兑的，银行承兑汇票是由银行承兑。商业汇票的付款人为承兑人。

(二)商业汇票的基本规定

(1)凡在银行开立存款账户的法人以及其他组织之间，必须具有真实的交易关系或债权债务关系，才能使用商业汇票。商业汇票也可用于同城和异地结算。

(2)商业承兑汇票的出票人，为在银行开立存款账户的法人以及其他组织，与付款人具有真实的委托付款关系，具有支付汇票金额的可靠资金来源。银行承兑汇票的出票人必须具备三个条件：一是在承兑银行开立存款账户的法人以及其他组织；二是与承兑银行具有真实的委托付款关系；三是资信状况良好，具有支付汇票金额的可靠资金来源。

(3)出票人不得签发虚假的商业汇票以骗取银行或其他票据当事人的资金。

(4)签发商业汇票必须记载的事项有：表明“商业承兑汇票”或“银行承兑汇票”的字样；无条件支付的委托；确定的金额；付款人名称；收款人名称；出票日期；出票人签章。

(5)商业承兑汇票可以由付款人签发并承兑，也可以由收款人签发交由付款人承兑。银行承兑汇票应由在承兑银行开立存款账户的存款人签发，银行承兑汇票的出票人在出票后向承兑银行申请承兑后使用。

(6)商业汇票的承兑银行，必须具备三个条件：与出票人具有真实的委托付款关系；具有支付汇票金额的可靠资金；内部管理完善，经其法人授权的银行审定。承兑时，承兑行应按票面金额的 5‰向出票人收取手续费。

(7)商业汇票的期限，最长不超过 6 个月。

(8)商业汇票的提示付款期限，为自汇票到期日起 10 日。持票人在提示付款期限内可以通过开户银行委托收款，也可以直接向付款人提示付款。对异地委托收款的，持票人可匡算邮程，提前通过开户银行委托收款。持票人超过提示付款期限提示付款的，持票人开户银行不予受理。

(9)商业承兑汇票的付款人开户行收到通过委托收款寄来的商业承兑汇票，将商业承兑汇票留存，并及时通知付款人。付款人应在收到付款通知的当日书面通知银行付款(如付款人提前收到由其承兑的商业汇票，应通知银行于汇票到期日付款)。付款人在接到通知日的次日起 3 日内(遇法定节假日顺延)未通知银行付款的，视同付款人承诺付款，银行应于付款人接到通知日的次日起第 4 日(法定节假日顺延)上午开始营业时，将票款划给持票人。

(10)银行承兑汇票的出票人应于汇票到期前将票款足额交存其开户银行。未能足额交付票款时，承兑银行除凭票向持票人无条件付款外，对出票人尚未支付的汇票金额按照每天万分之五计收利息。

(三)商业承兑汇票的核算

商业承兑汇票是由收款人出票，经付款人承兑，或由付款人出票并承兑的票据。

1.持票人开户行受理汇票的处理

持票人凭商业承兑汇票(见表 5—4)委托开户行收款时，应填制委托收款结算凭证，并在“委托收款凭据”栏注明“商业承兑汇票”及汇票号码，连同汇票一并交开户行，银行应认真审查：

(1)汇票是否为按统一规定印制的凭证，提示付款期限是否超过。

(2)汇票上填明的持票人是否在本行开户。

(3)出票人、承兑人的签章是否符合规定。

(4)汇票必须记载的事项是否齐全，出票金额、收款人名称是否更改，其他记载事项的更改是否由原记载人签章证明。

(5)是否作成委托收款背书，背书转让的汇票其背书是否连续，签章是否符合规定，背书使用粘单的是否按规定在粘接处签章。

(6)委托收款凭证的记载事项是否与汇票记载的事项相符。

经审查无误后，在委托收款凭证各联上加盖“商业承兑汇票”戳记。手续按照发出委托收款凭证的手续处理。

表 5—4

商业承兑汇票　2

出票日期　　年　月　日
(大写)

$\frac{A}{0}\frac{A}{1}$00000000

<table>
<tr><td rowspan="3">付款人</td><td>全　称</td><td colspan="2"></td><td rowspan="3">收款人</td><td>全　称</td><td colspan="11"></td></tr>
<tr><td>账　号</td><td colspan="2"></td><td>账　号</td><td colspan="11"></td></tr>
<tr><td>开户行</td><td colspan="2"></td><td>开户行</td><td colspan="11"></td></tr>
<tr><td colspan="2" rowspan="2">汇票金额</td><td colspan="4" rowspan="2">人民币
(大写)</td><td>亿</td><td>千</td><td>百</td><td>十</td><td>万</td><td>千</td><td>百</td><td>十</td><td>元</td><td>角</td><td>分</td></tr>
<tr><td></td><td></td><td></td><td></td><td></td><td></td><td></td><td></td><td></td><td></td><td></td></tr>
<tr><td colspan="2">汇票到期日
(大写)</td><td></td><td rowspan="2">付款人
开户行</td><td colspan="2">行　号</td><td colspan="11"></td></tr>
<tr><td colspan="2">交易合同号码</td><td></td><td colspan="2">地　址</td><td colspan="11"></td></tr>
</table>

续表

本汇票已承兑，到期无条件支付票款。 承兑人签章 承兑日期　年　月　日	本汇票予以承兑，于到期日付款。 出票人盖章

2. 付款人开户行收到汇票

(1)付款人开户行接到付款人的付款通知或付款期满仍未接到付款人的付款通知的，应按规定的划款日期和以下情况处理：付款人的银行账户有足额余款支付的，第三联委托凭证作借方凭证，汇票加盖转讫章作附件，并按委托收款的手续处理。其会计分录为：

借：活期存款——付款人户

　　贷：清算资金往来

　　　（或：待清算票据款项）

付款人账户余额不足支付的，银行应填制付款人未付票款通知书（用异地结算通知书代），在委托收款凭证“备注”栏注明“付款人无款支付”字样，按委托收款无款支付的手续处理。

(2)银行在付款人的付款期满日内收到付款人的拒绝付款证明时，按照委托收款拒绝付款的手续处理。

3. 持票人开户行收到划回汇票款项或退回凭证的处理

(1)持票人开户行收到划回票款的处理。持票人开户行接到付款人开户行经本行清算中心转来电子划款收款凭证，或同城票据交换提入的委托收款凭证后，按照委托收款的款项划回手续处理。其会计分录为：

借：清算资金往来

　（或：待清算票据款项）

　　贷：活期存款——持票人户

(2)持票人开户行收到退回凭证的处理。持票人开户行接到付款人开户行发来的未付票款通知书或付款人的拒绝付款证明和汇票及委托收款凭证后，按照委托收款付款人不足支付退回凭证的手续处理，将委托收款凭证、未付票款通知书或拒绝付款证明及汇票给持票人，并由持票人签收。

(四)银行承兑汇票的处理

银行承兑汇票是由付款人出票，并由出票人或持票人向承兑银行申请，经银行审查同意承兑的票据。

1. 承兑银行办理汇票承兑

出票人或持票人持银行承兑汇票一式三联（第一联卡片，第二联银行承兑汇票，第三联存根）向汇票上记载的付款银行申请或提示承兑时，应同时填制银行承兑协议，信贷部门经审查同意后，即与出票人签署银行承兑协议，并将一联承兑协议及其副本和第一、二联汇票一并交本行会计部门。

会计部门接到汇票和承兑协议副本，应审查汇票必须记载的事项是否齐全，出票人的签章是否符合规定，出票人是否在本行开立存款账户，汇票上记载的出票人名称、账号是否相符等内容。审核无误后，在第一、二联汇票上注明承兑协议编号，并在第二联汇票“承兑人签章”处加盖汇票专用章并由授权的经办人签名或盖章，由出票人申请承兑的，将第二联汇票连同一联承兑协议交给出票人；由持票人提示承兑的，将第二联汇票交给持票人，一联承兑协议交给出票人，同时按规定向出票人收取手续费。其会计分录为：

借：活期存款——出票人户

　　贷：手续费收入

然后根据第一联汇票卡片填制银行承兑汇票表外科目收入凭证，并记账如下：

收入：银行承兑汇票收入

最后将第一联汇票卡片和承兑协议副本专夹保管。

2. 承兑银行俟汇票到期收取款的处理

(1)承兑银行应每天查看汇票的到期情况，对到期的汇票，应于到期日向出票人收取票款。填制两联特种转账借方凭证：一联特种转账贷方凭证，在“转账原因”栏注明“根据××号汇票划转票款”字样。其会计分录为：

借：活期存款——出票人户

　　贷：应解汇款——出票人户

一联特种转账借方凭证加盖转讫章后作支款通知交给出票人。

(2)出票人账户无款支付或不足支付时，应转入出票人“逾期贷款”账户，并对出票人每日按5‰计收利息。

若出票人账户无款支付时，应填制两联特种转账借方凭证：一联特种转账贷方凭证，在“转账原因”栏注明“××号汇票无款支付转入逾期贷款户”字样。其会计分录为：

借：逾期贷款——出票人贷款逾期户

　　贷：应解汇款——出票人户

一联特种转账借方凭证加盖业务公章交给出票人。

若出票人账户余额不足支付时，除按账户无款支付手续处理外加填两联特种转账借方凭证：一联转账借与凭证在“转账原因” 栏注明“××汇票划转部分票款”。其会计分录为：

借：活期存款——出票人户

　　逾期贷款——出票人逾期贷款户

　　贷：应解汇款——出票人户

一联特种转账借方凭证加盖转讫章作支款通知交给出票人。

3. 持票人开户行受理汇票的处理

持票人凭汇票委托开户行收取票款时应填制委托收款凭证。在“委托收款凭据名称”栏注明“银行承兑汇票”及其汇票号码，连同汇票一并送交开户行，银行审查无误后，在委托收款凭证各联上加盖“银行承兑汇票”戳记，其余手续比照发出委托收款凭证的手续处理。

4. 承兑银行支付汇票的处理

承兑银行接到汇票人开户银行转来的委托收款凭证及汇票，抽出原来专夹保管的汇票卡片和承兑协议副本，并认真审查：

(1)该汇票是否为本行承兑，与汇票卡片的号码和记载事项是否相符。

(2)是否作委托收款背书，背书转让的汇票其背书是否连续，签章是否符合规定，背书使用粘单的是否按规定在粘接处签章。

(3)委托收款凭证的记载事项是否与汇票记载的事项相符。经审查无误后，应于汇票到期日或到期日之后的见票当日，按委托收款的手续处理。其会计分录为：

借：出票汇款——出账人户

贷：清算资金往来

（或：待清算票据款项）

同时填制银行承兑汇票表外科目付出凭证，并记账如下：

付出：银行承兑汇票

5. 持票人开户行收到汇票款项的处理

持票人开户行接到承兑银行经本行清算中心转来的电子划款收款凭证，或经票据交换提入的委托收款第四联，按照委托收款的款项划回手续处理。其会计分录为：

借：清算资金往来

（或：待清算票据款项）

贷：活期存款——持票人户

（五）银行承兑汇票的挂失与注销的处理

（1）已承兑的银行承兑汇票丧失可由失票人向承兑银行申请挂失，同时提交三联挂失止付通知书，承兑银行接到挂失止付通知书，抽出专夹保管的银行承兑汇票第一联汇票卡片和承兑协议副本，核对相符确认未付款的，给予挂失。在第一联挂失止付通知书上加盖业务公章作为受理回单，第二、三联登记汇票挂失登记簿后，与第一联汇票卡片一并另行保管，凭以控制付款。已承兑的银行承兑汇票丧失，当失票人凭人民法院出具的其享有票据权利的证明向承兑行请求付款时，银行经审查确未支付的，应根据人民法院出具的证明抽出原专夹保管的第一联卡片，核对无误后，将款项付给失票人。

（2）出票人对未使用已承兑的银行承兑汇票申请注销时，应交回第二、三联汇票，银行与其原专夹保管的汇票第一联及银行承兑协议副本核对符合，在第一、三联汇票备注栏和承兑协议副本上注明“未使用注销”字样，将第三联汇票加盖业务公章退交出票人。第一联汇票代银行承兑汇票表外科目付出凭证（第二联汇票作附件），同时注销银行承兑汇票表外科目登记簿。

第三节　结算方式业务的核算

结算方式，主要是指汇兑、托收承付和委托收款。根据《支付结算办法》的规定，单位在结算凭证上的签章，应为该单位的财务专用章或者公章加其法定代表人或者其授权的代理人的签名或者盖章。银行办理结算，给单位或个人的收、付款通知和汇兑回单，应加盖该银行的转讫章；银行给单位或个人的托收承付、委托收款的回单和向付款人发出的承付通知，应加盖该银行的业务公章。结算凭证上的记载事项，必须符合《支付结算办法》的规定。结算凭证上可以记载该办法规定以外的其他记载事项，除国家和中国人民银行另有规定外，该记载事项不具有支付结算的效力。

一、汇兑

（一）汇兑的概念

汇兑是汇款人委托银行将款项支付给收款人的结算方式。单位和个人的各种款项的结算，均可使用汇兑结算方式。汇兑分为信汇和电汇两种，由收款人选择使用。

(二)汇兑结算的有关规定

(1)签发汇兑凭证必须记载下列事项:表明“信汇”或“电汇”的字样;无条件支付的委托;确定的金额;收款人名称;汇款人名称;汇入地点、汇入行名称;汇出地点、汇出行名称;委托日期;汇款人签章。汇兑凭证上欠缺上列记载事项之一的,银行不予受理。汇兑凭证记载的汇款人名称、收款人名称,其在银行开立存款账户的,必须记载其账号。欠缺记载的,银行不予受理。委托日期是指汇款人向汇出行提交汇兑凭证的当日。

(2)汇兑凭证上记载收款人为个人的,收款人需要到汇入行领取汇款,汇款人应在汇兑凭证上注明“留行待取”字样;留行待取的汇款,需要指定单位的收款人领取汇款的,应注明收款人的单位名称;信汇凭收款人签章支取的,应在信汇凭证上预留其签章。汇款人确定不得转汇的,应在汇兑凭证备注栏注明“不得转汇”字样。

(3)汇款人和收款人均为个人,需要在汇入行支取现金的,应在信、电汇凭证的“汇款金额”大写栏先填写“现金”字样,后填写汇款金额。

(4)汇出行受理汇款人签发的汇兑凭证,经审查无误后,应及时向汇入行办理汇款,并向汇款人签发汇款回单。汇款回单只能作为汇出行受理汇款的依据,不能作为该笔汇款已转入收款人账户的证明。

(5)汇入行对开立存款账户的收款人,应将汇给收款人的款项直接转入收款人账户,并向其发出收账通知。收账通知是银行将款项确已收入收款人账户的凭据。

(6)未在银行开立存款账户的收款人,凭信、电汇的取款通知或“留行待取”的,向汇入行支取款项,必须交验本人的身份证件,在信、电汇凭证上注明证件名称、号码及发证机关,并在收款人处签名,盖章处签章;信汇凭签章支取的,收款人的印章必须与预留信汇凭证上的签章相符。银行审查无误后,以收款人的姓名开立应解汇款及临时存款账户,该账户只付不收,付完清户,不计付利息。支取现金的,信、电汇凭证上必须有按规定填明的“现金”字样,才能办理。未填明“现金”字样,需要支取现金的,由汇入行按照国家现金管理的规定审查支付。

收款人需要委托他人向汇入行支取款项的,应在取款通知上签章,注明本人身份证件名称、号码、发证机关和“代理”字样以及代理人姓名。代理人代理取款时,也应在取款通知上签章,注明其身份证件名称、号码及发证机关,并同时交验代理人和被代理人的身份证件。

转账支付的,应由原收款人向银行填制支款凭证,并由本人交验其身份证件办理支付款项。该账户的款项只能转入单位或个体工商户的存款账户,严禁转入储蓄和信用卡账户。转汇的,应由原收款人向银行填制信、电汇凭证,并由本人交验其身份证件。转汇的收款人必须是原收款人,原汇入行必须在信、电汇凭证上加盖“转汇”戳记。

(7)汇款人对汇出行尚未汇出的款项可以申请撤销。申请撤销时,应出具正式函件或本人身份证件及原信、电汇回单。汇出行查明确未汇出款项的,收回原信、电汇回单,然后办理撤销。

(8)汇款人对汇出行已经汇出的款项可以申请退汇。对在汇入行开立存款账户的收款人由汇款人与收款人自行联系退汇;对未在汇入行开立存款账户的收款人,汇款人应出具正式函件或本人身份证件以及原信、电汇回单,由汇出行通知汇入行,经汇入行核实汇款确未支付的,并将款项汇回汇出行,方可办理退汇。

(9)转汇银行不得受理汇款人或汇出行对汇款的撤销或退汇。

(10)汇入行对于收款人拒绝接受的款项,应立即办理退汇。汇入行对于向收款人发出取款通知，经过2个月无法交付的汇款，应主动办理退汇。

（三）汇兑结算的会计核算

1. 汇出行的处理

（1）接受委托。汇款人委托银行办理汇款时，使用信汇的，应向银行填制一式四联信汇凭证（见表5—5），第一联回单，第二联借方凭证，第三联贷方凭证，第四联收账通知或代取款收据。使用电汇的，向银行填制一式三联电汇凭证，第一联回单，第二联借方凭证，第三联发电依据。汇兑凭证的内容必须按前述基本规定填写，汇款人为单位的，在第二联上加盖预留银行印鉴。

表5—5

银行　信汇凭证　（借方凭证）　2

年　　月　　日

<table>
<tr><td rowspan="3">汇款人</td><td>全　称</td><td colspan="2"></td><td rowspan="3">收款人</td><td>全　称</td><td colspan="2"></td></tr>
<tr><td>账　号</td><td colspan="2"></td><td>账　号</td><td colspan="2"></td></tr>
<tr><td>汇出地点</td><td colspan="2">省　　市/县</td><td>汇入地点</td><td colspan="2">省　　市/县</td></tr>
<tr><td colspan="2">汇出行名称</td><td colspan="2"></td><td colspan="2">汇入行名称</td><td colspan="2"></td></tr>
<tr><td>金额</td><td colspan="5">人民币
（大写）</td><td colspan="2">亿 千 百 十 万 千 百 十 元 角 分</td></tr>
<tr><td colspan="4" rowspan="2">此汇款支付给收款人

汇款人签章</td><td>支付密码</td><td colspan="3"></td></tr>
<tr><td colspan="4">附加信息及用途

复核　　　记账</td></tr>
</table>

（2）审查凭证。汇出行受理汇兑凭证时，应认真审查以下内容：汇兑凭证必须记载的各项内容是否齐全、正确；大小写金额是否相符；委托日期是否为受理当日；金额、委托日期、收款人名称是否更改；汇款人账户内是否有足够支付的余额，汇款人的签章是否与预留银行签章相符；对填明“现金”字样的汇兑凭证，还应审查汇款人和收款人是否均为个人。

（3）转账处理。审核无误后，汇兑凭证第一联加盖转讫章退给汇款人。汇兑凭证第二联作借方传票。会计分录如下：

借：活期存款——汇款人户

　　贷：清算资金往来

办理现金汇款的，收妥现金后，以现金缴款单第二联作贷方记账凭证。会计分录为：

借：库存现金

　　贷：应解汇款

以信（电）汇凭证第二联作借方记账凭证，第三、四联作贷方记账凭证附件。会计分录为：

借：应解汇款

　　贷：清算资金往来

转账后，信汇凭证第三联加盖联行专用章，与第四联随同报单寄汇入行。如为电汇，根据第三联编制电划报单凭以向汇入行拍发电报。其分录与信汇相同。

2. 汇入行的处理

汇入行如果接到的是汇出行寄来的报单以及信汇凭证第三、四联，应审查信汇凭证第二联上的联行专用章是否与联行报单印章一致；如果收到清算部门交来的电子汇划专用凭证和电子汇划收款补充报单的，交核押员核押。审核无误后，按下列手续处理：

(1)直接收账的账务处理。如果收款人在汇入行开有存款账户，则以“电子汇划收款专用凭证”作借方凭证，以“电子汇划收款补充报单”第二联作贷方凭证，“电子汇划收款补充报单”第三联加盖转讫章后作收账通知交收款人。其会计分录为：

借：清算资金往来

贷：活期存款——收款人户

(2)不直接收账的账务处理。如果收款人没有在汇入行开户，或者汇款人要求将汇款留行待取，以及汇给个人的汇款，则汇入行以“电子汇划收款专用凭证”作借方凭证，“电子汇划收款补充报单”第二联作贷方凭证。其会计分录为：

借：清算资金往来

贷：应解汇款——收款人户

登记应解汇款登记簿，保留有关凭证，然后以便条通知收款人来行办理取款手续。需要支取现金的，凭证上必须有汇出行按规定填明的“现金”字样，按照有关规定一次办理现金支付手续；未注明“现金”字样需要支取现金的，由汇入行按照现金管理规定审查支付，另填一联现金借方凭证。其会计分录为：

借：应解汇款——收款人户

贷：库存现金

如果需要分次支付的，应凭“电子汇划收款补充报单”第三联(代替原信汇凭证第四联)注销“应解汇款登记簿”，不通过分录，将款项如数转入“应解汇款”科目分户账内(以丁种账页代替)，银行审核收款人填制的支款凭证，其预留签章和收款人的身份证件无误后，办理分次支付手续。待最后结清时，将“电子汇划收款补充报单”第三联(代替信汇凭证第四联)作借方凭证附件。电汇时，汇入行接到汇出行发来的电报，经审核无误后，编制三联电划贷方补充报单，第一联代联行来账卡片，第二联代贷方凭证，第三联加盖转讫章代收账通知，交给收款人作借方凭证附件，其余手续与信汇相同。

3. 退汇的处理

退汇是将汇出的汇款退回原汇款人。退汇的主要原因有：汇款人由于某种原因要求退汇，或收款人拒收汇款，或汇入行向收款人发出去款通知后，超过银行规定的期限无人受领汇款。

(1)汇款人申请退汇的处理。

①汇出行承办退回的处理。汇款人要求退汇时，必须是收款人未在汇入行开立账户的，否则银行不予受理。汇款人因故要求退汇时，应备函或本人身份证，连同原汇兑凭证回单联一并交给汇出行。汇出行接到退汇的函件或身份证件及回单，应填制四联“退汇通知书”，在第一联上批注“××月××日申请退汇，待款项退回后再办理退汇手续”字样，加盖业务公章后交给收款人；第二、三联寄汇入行；第四联与函件和回单一起专夹保管。如汇款人要求用电报通知退汇时，只填制两联退汇通知书，一联为回单，一联备查，另按规定格式拍发电报通知汇入行。

②汇入行的处理。汇入行接到汇出行寄来的第二、三联退汇通知书或退汇通知的电报，如该笔汇款已转入“应解汇款”科目，并查明尚未解付的，应与收款人联系索回便条，以第二联退汇通知书代转账借方凭证，第四联汇款凭证作附件办理转账。其余手续与信汇相同。其会计分录为：

借：应解汇款——汇款人户

贷：清算资金往来

往来系统传输来的退汇的信息时，根据本行清算中心转来的“电子清算划收款专用凭证”作借方凭证，“电子汇划收款补充报单”第二联作贷方凭证。其会计分录为：

借：清算资金往来

　　贷：活期存款——原汇款人户

然后在原汇款人凭证上注明“此款已于××月××日退汇”字样，以备查询。并在原留存的第四联退汇通知书上注明“退汇款汇回，已代进账”字样，加盖业务公章后作为收账通知转汇款人。

如果汇款人未在银行开立账户时，银行首先作一笔如下的会计分录：

借：清算资金往来

　　贷：其他应付款——原汇款人户

同时另以便条通知原汇款人来行取款。

汇款人领取款项时，另填一联现金借方凭证，其会计分录为：

借：其他应付款——原汇款人户

　　贷：库存现金

其余手续与汇款人在汇出行开立账户的办理手续相同。

(2)汇入行主动退汇的处理。

①汇入行的处理。汇款超过两个月，收款人尚未来行办理取款手续，或在期内汇入行已寄出通知，但因收款人住址迁移或其他原因，以致该笔汇款无人认领，汇入行可以主动办理退汇，退汇时应填制一联特种转账借方传票和两联特种转账贷方凭证并在传票上注明“退汇”字样，第四联汇款凭证作借方传票附件。其会计分录为：

借：应解汇款

　　贷：清算资金往来

②原汇出行的处理。原汇出行收到本行清算中心转来的退汇信息和电子划收款专用凭证后，以“电子清算划收款专用凭证”作借方凭证，以“电子汇划收款补充报单”第二联作贷方凭证，“电子汇划收款补充报单”第三联加盖转讫章后作收账通知转收款人。其会计分录为：

借：清算资金往来

　　贷：活期存款——收款人户

　　　　(或：其他应付款)

二、委托收款

(一)委托收款的概念

委托收款是收款人委托银行向付款人收取款项的结算方式。单位和个人凭已承兑商业汇票、债券、存单等付款人债务证明办理款项的结算，均可以使用委托收款结算方式。委托收款在同城、异地均可以使用。委托收款结算款项的划回方式，分邮寄和电报两种，由收款人选用。

(二)委托收款的有关规定

(1)签发委托收款凭证必须记载下列事项：表明“委托收款”的字样；确定金额；付款人名称；收款人名称；委托收款凭据名称及附寄单证张数；委托日期；收款人签章。欠缺记载上列事项之一的，银行不予受理。

委托收款以银行以外的单位为付款人的，委托收款凭证必须记载付款人开户银行名称；以银行以外的单位或在银行开立存款账户的个人为收款人的，委托收款凭证必须记载收款人开户银行名称；未在银行开立存款账户的个人为收款人的，委托收款凭证必须记载被委托银行的名称。欠缺记载的，银行不予受理。

(2)委托依据。收款人凭已承兑的商业汇票、债券、存单等债权证明可以使用委托收款结算方式。

(3)划回方式。委托收款结算款项的划回方式，分邮寄和电报两种，由收款人选用。

(4)付款。委托收款以银行为付款人的，银行应当在当日将款项主动支付给收款人；以单位为付款人的，银行应及时通知付款人，付款人应于接到通知的当日书面通知银行付款。付款人在接到通知日的次日起3日内未通知银行付款的，视同付款人同意付款，银行应于付款人接到通知日的次日起第4日上午开始营业时，将款项划付给收款人。

(5)拒绝付款。付款人审查有关债务证明后，对收款人委托收取的款项需要拒绝付款的，可以在接到付款通知日的次日起3日内办理拒绝付款。

(三)委托收款的会计核算

1. 收款人开户行受理委托收款的处理

收款人办理委托收款时，应填制邮划或电划委托收款凭证。邮划委托收款凭证一式五联：第一联回单；第二联贷方凭证；第三联借方凭证；第四联收账通知；第五联付款通知。电划委托收款凭证也是一式五联，除第四联为发电依据外，其余凭证均与邮划委托收款凭证相同。收款人在委托收款凭证第二联上盖章后，连同有关债务证明一并提交开户行。

收款人开户行收到上述凭证，经审查无误后，将委托收款凭证第一联加盖业务公章，退给收款人。第二联专夹保管，并登记"发出委托收款结算凭证"登记簿，第三联凭证加盖带有联行行号的结算专用章，连同第四、五联凭证及有关债务证明，一并寄交付款人开户行。收款人开户行如不办理全国或省辖联行业务的，向付款人开户行直接发出委托收款凭证，均应在委托收款凭证的备注栏加盖"款项收妥划收××(行号)转划我行(社)"戳记，以便付款人开户行向指定的转划行填发报单。

2. 付款人开户行的处理

付款人开户行接到收款人开户行寄来的邮划或电划的第三、四、五联委托收款凭证及有关债务证明时，应审查是否属于本行的凭证。审查无误后，在凭证上填注收到日期，根据邮划或电划第三、四联凭证逐笔登记"收到委托收款凭证"登记簿，将邮划或电划第三、四联凭证保管，分别作如下处理：

(1)付款人付款的处理。

①付款人为银行的，接到委托收款凭证和有关债务证明，银行按规定付款时，以委托收款凭证第三联作借方传票，有关债务证明作借方传票附件。会计分录如下：

借：应解汇款
　　贷：清算资金往来
　　　　（或：待清算票据款项）

转账后，银行在收到委托收款凭证登记簿上填明转账日期。属于邮寄划款的，将委托收款凭证第四联填注支付日期后，随联行邮划报单寄收款人开户行。属于电报划款的，应根据委托收款凭证第四联填制联行电划报单，凭以向收款人开户行拍发电报。

②付款人为单位的，银行应及时将第五联委托收款凭证加盖业务公章通知付款人，按有关办法规定需要将有关债务证明交给付款人的应交给付款人签收，然后视付款人付款情况分以下两种情况进行处理。

A. 付款人通知银行付款或付款期满，付款人账户有足够金额支付款项时，银行以第三联委托收款凭证作借方凭证（债务证明和付款通知书作附件），以清算中心交来的“电子清算划收款专用凭证”作贷方凭证。其会计分录为：

借：活期存款——付款人户

贷：清算资金往来

（或：待清算票据款项）

转账后，银行在收到委托收款凭证登记簿上填明转账日期。属邮寄划款的，委托收款凭证第四联填明支付日期后，随联行报单寄交收款人开户行。属电报划款的，应根据委托收款凭证第四联填制电划报单，凭以向收款人开户行拍发电报。

B. 付款期满日付款人银行存款账户不足支付全部款项的，银行在委托凭证和收到委托收款凭证登记簿上注明退回日期和“无款支付”字样，并填制三联付款人未付款通知书（用异地结算通知书代），将一联通知书和委托收款凭证第三联留存备查，将第二、三联通知书连同委托收款凭证第四联邮寄收款人开户行。留存债务证明的，其债务证明一并邮寄收款人开户行。如系电报划款的，不另外拍发电报。

（2）付款人拒绝付款的处理。

①付款人为单位的，银行在付款人签收的次日起 3 日内，收到付款人填制的四联拒绝付款理由书及债务证明和第五联委托收款凭证，核对无误后，在委托收款凭证和收到委托收款凭证登记簿备注栏注明“拒绝付款”字样。然后将第一联拒付理由书加盖业务公章退还付款人，将第三、四联拒付理由书连同第三联委托收款凭证一并留存备查，将第三、四联拒付理由书连同债务证明和第四、五联委托收款凭证一并寄收款人开户行。

②付款人为银行的，提出拒绝付款的手续比照以付款人为单位的拒绝付款的手续办理。

3. 收款人开户行办理委托收款划回的处理

（1）款项划回的办理手续。收款人开户行收到付款人开户行寄来的邮划报单和所附委托收款凭证第四联时，应将留存的委托收款凭证第二联抽出，经核对无误后，在两联委托收款凭证上填注转账日期，以委托收款凭证第二联作转账贷方传票。其会计分录如下：

借：清算资金往来

贷：活期存款——收款人户

转账后，将委托收款凭证第四联加盖转讫章作收账通知送交收款人，并销记发出委托收款凭证登记簿。如系电报划回的，应编制电划补充报单办理转账。其余处理与邮划相同。

（2）付款人无款支付的处理手续。若收到无款支付而退回的委托收款凭证第四联及有关单据时，应抽出委托收款凭证第二联，在备注栏注明“无款支付”字样，销记发出委托收款凭证登记簿，将委托收款凭证第四联及一联未付款项通知书和债务证明退交收款人。收款人在未付款项通知书上签收后，收款人开户行将一联未付款通知书连同委托收款凭证第二联一并保管备查。

（3）拒绝付款的处理手续。收款人开户行接到委托收款凭证第四、五联及有关债务证明和第四联拒绝付款理由书，经核对无误后，抽出委托收款凭证第二联，并在备注栏注明“拒绝付款”字样，销记发出委托收款凭证登记簿，然后将委托收款凭证第四、五联及有关债务证明和第四联拒付理由书一并退给收款人。收款人在第三联拒付理由书上签收后，收款人开户行将第三联拒付理由书连同第二联委托收款凭证一并保管备查。

4. 同城委托收款的处理

（1）收款人开户行受理委托收款的处理。收款人开户行受理委托收款时其凭证的处理、登记及传递与异地委托收款手续相同。

(2)付款人付款的处理。不论付款人是银行还是单位，银行在接到经同城转来的委托收款凭证和债务证明时，有足额款项支付的处理与异地委托收款相同。其会计分录为：

借：活期存款——付款人户

　　贷：待清算票据款项

然后，将委托收款凭证及有关债务证明等通过票据交换转收款人开户行，付款人账户余额不足及付款人拒绝付款的处理比照异地委托收款处理。

(3)收款人开户行办理委托收款划回的处理。收款人开户行接到付款人开户行经票据交换转来的委托收款凭证后，比照异地委托收款的手续办理。其会计分录为：

借：待清算票据款项

　　贷：活期存款——收款人户

收款人开户行对于付款人无款支付及拒绝付款的情况的处理，比照异地委托收款的处理。

5. 同城特约委托收款的处理

同城特约委托收款是由特定的收款人委托银行直接从付款人账户中主动收取款项，而不经付款人承付的一种结算方式。该结算方式适用于公用事业、邮电、房管和交通部门等根据合同向同城范围内的各用户单位收取的标准固定的、可计量的各种费用，如自来水费、电话费、养路费等。办理该种结算前，应由收付双方签订经济合同，由付款人向开户行授权，并经开户行同意，报经中国人民银行当地支行批准。对超范围办理同城特约委托收款的，银行不予办理。

(1)收款人开户行受理特约委托收款。收款人办理特约委托收款时，应填制特约委托收款凭证一式四联，第一联收款通知，第二联贷方凭证，第三联借方凭证，第四联付款通知。说明合同号码，并加盖收款人预留银行签章，连同有关债务证明一并送其开户行，委托收款。

收款人开户行收到上述凭证后，应按照合同规定和填写凭证的要求进行认真审查，无误后，以特约委托收款凭证第二联作贷方凭证。其会计分录为：

借：待清算票据款项

　　贷：活期存款——收款人户

然后在特约委托收款凭证第一联加盖转讫章，退给收款人。将第三、四联及有关债务证明经过同城票据交换转付款人开户行。

(2)付款人开户行的处理。付款人开户行接到收款人开户行经票据交换转来的特约委托收款凭证第三、四联及有关债务证明，审查无误后，以第三联特约委托收款凭证作借方凭证。其会计分录为：

借：活期存款

　　贷：待清算票据款项

转账后，将特约委托收款凭证第四联加盖转讫章后连同有关债务证明交付款人。

三、托收承付

(一)托收承付的概念

托收承付是根据购销合同由收款人发货后委托银行向异地付款人收取款项，由付款人向银行承认付款的结算方式。

(二)托收承付的有关规定

(1)采用托收承付结算方式的单位，必须是国有企业、供销合作社以及经营管理较好并经开户银行审查同意的城乡集体所有制工业企业。

(2)办理托收承付结算的款项，必须是商品交易，以及因商品交易而产生的劳务供应的款项。代销、寄销、赊销商品的款项，不得办理托收承付结算。收付双方使用托收承付结算，必须签有符合《经济合同法》的购销合同，并在合同上注明使用托收承付结算方式。收款人办理托收，必须具有商品确已发运的证件。

(3)托收承付结算每笔金额起点为1万元。新华书店系统每笔的金额起点为1 000元。款项划回的方式分为邮寄和电报两种，由收款人选择使用。

(4)付款人承付货款分为验单付款和验货付款两种，由收付款双方商量后选用一种，并在合同中明确规定。①验单付款。验单付款的承付期为3天，从付款人开户银行开出承付通知的次日算起(承付期内遇节假日顺延)。②验货付款。承付期为10天，从运输部门向付款人发出提货通知的次日起。

(5)付款人在承付期内未向银行提出异议，银行即视作承付，并在承付期满的次日(法定节假日顺延)上午银行开始营业时，将款项主动从付款人账户内付出，按照收款人指定的划款方式，划给收款人。

(6)付款人在承付期满日银行营业终了时，如无足够资金支付货款，其不足部分，即为逾期付款。付款人开户行对逾期支付的款项，应当根据逾期付款金额和逾期天数，按每天万分之五计算逾期付款赔偿金。

(7)付款人开户银行对逾期未付的托收凭证，负责进行扣款的期限为3个月(从承付期满日算起)。期满时，付款人仍无足够资金支付尚未付清的欠款，银行应于次日通知付款人将有关交易单证在2天内退回银行，付款人逾期未退回单证的，银行自发出通知的第3天起，按照应付的结算金额对其处以每天5‰但不低于50元的罚款，并暂停其向外办理结算业务，直到退回单证时止。

(三)托收承付的会计核算

1. 收款人开户行受理托收的处理

收款人办理托收时，采用邮划款的，应填制一式五联邮划托收承付凭证(见表5－6)，第一联回单，第二联贷方凭证，第三联借方凭证，第四联收账通知，第五联承付通知。采用电划款的，填制一式五联电划托收承付凭证，除第四联为发电依据外，其余联次与邮划凭证相同。收款人应在第二联托收凭证上签章后，将托收凭证和有关单证提交开户行。

表5－6　　**托收凭证　(贷方凭证)　2**

委托日期　　年　　月　　日

业务类型	委托收款(□邮划□电划)　托收承付(□邮划□电划)					
付款人	全称		收款人	全称		
	账号			账号		
	地址	省　市县　开户行		地址	省　市县　开户行	
金额	人民币(大写)				亿 千 百 十 万 千 百 十 元 角 分	
款项内容		托收凭据名称			附寄单证张数	
商品发运情况			合同名称号码			
备注： 收款人开户行收到日期 年　月　日		上列款项随附有关债务证明，请予办理。 收款人签章			复核　　记账	

此联收款人开户行作贷方传票

收款人开户行审查以下内容:办理托收承付的收款单位是否经本行审查批准;托收款项是否符合托收承付结算方式规定的条件;有无商品确已发运的证件;托收凭证的各项内容是否齐全;托收凭证与所附单据的张数是否相符;托收凭证的委托日期、收款人名称、托收金额是否更改,金额大小写是否一致;托收凭证第二联上的签章是否为预留银行印鉴;验货付款的,收款人是否在托收凭证上加盖明显的"验货付款"字样戳记,必要时,还应查验收付款人签订的购销合同。

审核无误后,在邮划或电划托收凭证第一联加盖业务公章退交收款人。对收款人提供发运证件交银行后需自行保管或自寄的,应在各联凭证和发运证件上加盖"已验发运证件"戳记,然后将发运证件退还收款人,根据托收凭证第二联登记"发出托收结算凭证"登记簿后专夹保管。将托收凭证第三、四、五联(均在第三联上加盖带有联行行号的结算专用章)连同交易单证,一并寄交付款人开户行。收款人开户行如不办理全国或省辖联行业务,向付款人开户行直接发出托收凭证的,均应在托收凭证的"备注"栏加盖"款项收妥请划收××(行号)转划我行"戳记,以便付款人开户行向指定的划转行填发报单。

2. 付款人开户行的处理手续

(1)付款人开户行通知承付的处理。

付款人开户行接到收款人开户行寄来的邮划或电划托收凭证第三、四、五联及交易单证时,应审核付款人是否在本行开户,付款人是否为经本行批准可以办理托收承付的单位;所附单证的张数与凭证的记载是否相符;托收凭证第三联上是否有收款人开户行加盖的结算专用章。审核无误后,在凭证上填注收到日期和承付期限,然后根据邮划或电划托收凭证第三、四联逐笔登记"收到托收凭证"登记簿,将托收凭证第三、四联专夹保管,托收凭证第五联加盖业务公章后,连同交易单证一并及时送交付款人。

(2)付款人开户行承付款项的处理。

①办理全额付款的处理。付款人在承付期内未向银行表示拒绝付款,且付款人账户有足够资金支付全部款项的,付款人开户行应在承付期满的次日(遇节假日顺延)上午营业开始时,办理划款手续,抽出专夹保管的托收凭证,经会计主管或主管行长签字,办理转账,托收凭证第三联作借方传票。其会计分录如下:

借:××存款——付款人户

　　贷:清算资金往来——电子汇划款项户

转账后,在登记簿上填注转账日期,属于邮寄划款的,在邮划托收凭证第四联上填注日期后,随同联行邮划报单寄交收款人开户行。属于电报划款的,则应根据电划托收凭证第三联编制联行电划报单,凭以向收款人开户行拍发电报。电子汇划款项的,打印电子汇划凭证,加盖电子汇划专用章交资金清算部门。

②提前承付的处理。付款人在承付期满前通知银行提前付款,银行划款的手续与全额付款的手续相同,但应在托收凭证和登记簿备注栏分别注明"提前承付"字样和支付日期。

③多承付的处理。付款人如因商品的价格、数量或金额变动等,要求对本笔托收多承付款项一并划回时,付款人应填制四联"多承付理由书"(以托收承付拒绝付款理由书改用)提交开户行。银行审查后,在托收凭证和登记簿备注栏注明多承付的金额,以多承付理由书第二联代借方传票(托收凭证第三联作附件),办理转账。会计分录与全额付款的分录相同。

转账后,将多承付理由书第一联加盖转讫章作支款通知交给付款人,多承付理由书第三、四联和邮划托收凭证第四联随同联行邮划报单一并寄收款人开户行。如属电报划款,除按规定格式拍发电报外,另将多承付理由书第三、四联邮寄收款人开户行。

④部分付款的处理。在承付期满次日上午银行划款时，如果付款人账户只能支付部分款项，银行应在托收凭证上注明当天可以扣收的金额；邮划款项的，应填制特种转账借方、贷方传票各两联，电划款项的，填制两联特种转账借方传票，并注明原托收号码及金额，以一联特种转账借方传票办理转账。会计分录与全额付款的分录相同。

转账后，另一联特种转账借方传票加盖转讫章作付款通知交付款人，并在登记簿备注栏注明已承付金额和未承付金额及"部分付款"字样。托收凭证第三、四联按付款人及先后日期单独保管，作为继续扣款的依据。邮划款项的，在一联特种转账贷方传票上加盖联行专用章连同另一联随联行邮划报单寄交收款人开户行。电划款项的，根据电划报单向收款人开户行拍发电报。

付款人开户行要随时掌握付款人的账户余额，以便将未承付的款项及早划转收款人开户行，同时应扣收逾期付款赔偿金，待最后付清款项时，应在托收凭证上注明"扣清"字样，托收凭证第三联作借方传票附件，邮划款项的，将托收凭证第四联连同特种转账贷方传票随联行邮划报单一并寄收款人开户行；电划款项的，依据电划报单向收款人开户行拍发电报，并销记登记簿。

⑤逾期付款的处理。付款人在承付期满日银行营业终了前，账户无款支付的，付款人开户行应在托收凭证和登记簿备注栏分别注明"逾期付款"字样，并填制三联"托收承付结算到期未收通知书"，将通知书第一、二联寄收款人开户行，通知书第三联与托收凭证第三、四联一并保管，待付款人账户有款可以一次或分次扣款时，比照部分付款的有关手续办理，将逾期付款的款项和赔偿金一并划给收款人。赔偿金的计算公式为：

$$赔偿金金额=逾期付款金额\times逾期天数\times 5‱$$

逾期付款天数从承付期满日算起。承付期满日银行营业终了时，付款人如无足够资金支付，其不足部分应当算作逾期一天，计算一天的赔偿金。在承付期满的次日(如遇节假日，逾期付款赔偿金的天数计算也相应顺延，但以后遇节假日应当照算逾期天数)银行营业终了时，仍无足够的资金支付，其不足部分应当算作逾期两天，计算两天的赔偿金。其余类推。

逾期付款期满，付款人账户不能全额或部分支付该笔托收款项，开户行应向付款人发出索回单证的通知，付款人于银行发出通知的次日起 2 日内(到期日遇节假日顺延，邮寄的加邮程)必须将全部单证退回银行，经银行核对无误后，在托收凭证和登记簿备注栏注明单证退回日期和"无款支付"的字样，并填制三联"逾期无款支付通知书"。通知书第一联和托收凭证第二联留存备查；另两联通知书连同托收凭证第四、五联及有关单证一并寄收款人开户行。

⑥全部拒绝付款的处理。付款人在承付期内提出全部拒付时，应填制四联"拒绝付款理由书"(在第二联上加盖预留银行印鉴)，连同有关的拒付证明、托收凭证第五联及所附单证送交开户行。银行应严格审查拒付手续是否齐全、拒付理由是否充足。不同意拒付的，要实行强制扣款；对无理由的拒付，而增加银行审查时间的，应从承付期满日起，为收款人计扣逾期付款赔偿金。对符合规定同意拒付的，经银行主管部门审批后，在拒绝付款理由书上注明意见，由经办人员和会计主管人员签章，托收凭证和登记簿备注栏注明"全部拒付"字样；然后将拒付理由书第一联加盖业务公章，作为回单退付款人，将拒付理由书第二联连同托收凭证第三联一并留存备查，拒付理由书第三、四联连同托收凭证第四、五联及有关单证一并寄收款人开户行。

⑦部分拒绝付款的处理。付款人在承付期内提出部分拒绝付款，应填制四联部分拒绝付款理由书，连同有关的拒付证明、拒付部分商品清单送交银行。经银行审查同意拒付的，依照全部拒付的审查手续办理，并在托收凭证和登记簿备注栏注明"部分拒付"字样及部分拒付金

额。对同意承付部分，以拒绝付款理由书第二联代借方传票（托收凭证第三联作借方凭证附件），会计分录与全额付款的分录相同。

转账后，将拒绝付款理由书第一联加盖转讫章作为支款通知交付款人，部分拒付理由书第三、四联和托收凭证第四联连同其他单证，随联行邮划报单一并寄收款人开户行。如系电报划款，部分拒付和部分承付，除拍电报外，另将部分拒付理由书第三、四联连同拒付部分的商品清单和有关证明邮寄收款人开户行。

3. 收款人开户行办理托收款划回的处理

（1）全额划回的处理手续。收款人开户行接到付款人开户行寄来的邮划报单及所附托收凭证第四联，应将留存的托收凭证第二联抽出，核对相符后，在第二联托收凭证上填注转账日期，以第二联作贷方传票，办理转账。会计分录如下：

借：清算资金往来——电子汇划款项户

　　贷：××存款——收款人户

转账后，将托收凭证第四联加盖转讫章作收账通知交收款人，并销记登记簿。如系电报划回的，应编制三联联行电划补充报单，以第二联代贷方凭证（托收凭证第二联作传票附件），第三联代收账通知，其余处理手续与邮寄划回的手续相同。

（2）多承付款划回的处理手续。收款人开户行接到联行邮划报单及所附托收凭证第四联和多承付理由书第三、四联后，抽出留存的托收凭证第二联，在备注栏注明多承付的金额。以多承付理由书第三联代贷方传票，托收凭证第二联作贷方传票附件，办理转账，会计分录与全额划回款项的分录相同。转账后，按原金额销记登记簿，托收凭证第四联和多承付理由书第四联一并交收款人。如系电报划回的，在电划补充报单备注栏注明多承付金额，托收凭证第二联作贷方传票的附件，待收到邮寄来的多承付理由书第三、四联后，第三联留存备查，第四联交收款人。

（3）部分划回的处理手续。收款人开户行接到部分划回的邮划报单及两联特种转账贷方传票，以一联特种转账贷方传票代转账贷方传票，办理转账，会计分录与全额划回款项的分录相同。转账后，将另一联特种转账贷方传票加盖转讫章，作收账通知交收款人，并在托收凭证第二联和登记簿上注明部分划回的金额。如系电报部分划回的，应比照电报全额划回的有关手续处理。

（4）逾期划回、无款支付退回凭证或单独划回赔偿金的处理手续。收款人开户行收到托收结算到期未收通知书第一、二联后，应在托收凭证第二联上加注“逾期付款”字样及日期，然后将通知书第二联交给收款人，通知书第一联附于托收凭证第二联后一并保管。俟接到一次划回款或分次划款或单独划回赔偿金的邮划报单时，比照部分划回的有关手续办理。如系电报一次划回的，比照电报全额划回的处理；电报分次划回的，应在托收凭证第二联上注明分次划回的金额。

收款人开户行在逾期付款期满后接到托收凭证第四、五联（部分无款支付系第四联）及两联无款支付通知书和有关单证，经核对无误后，抽出托收凭证第二联，并在该凭证备注栏注明“无款支付”字样，销记登记簿，然后将托收凭证第四、五联（部分无款支付系托收凭证第四联）及一联无款支付通知书和有关单证退交收款人。收款人在另一联无款支付通知书上签收，银行连同托收凭证第二联一并保管备查。

（5）全部拒绝付款的处理手续。收款人开户行收到付款人开户行寄来的全部拒绝付款理由书第三、四联和托收凭证第四、五联及其他单证时，经核对无误，抽出托收凭证第二联，在备注栏注明“全部拒付”字样、日期，销记登记簿，然后将托收凭证第四、五联和拒绝付款理由书第四联及拒付证明退给收款人。待收款人在拒绝付款理由书第三联上签收后，连同托收凭证第二联一并保管。

(6)部分拒绝付款的处理手续。收款人开户行收到邮划报单及所附的托收凭证和拒付部分的商品清单、证明后，抽出托收凭证第二联，并在备注栏上注明“部分拒付”字样、日期及部分拒付金额，以拒付理由书作贷方传票，办理转账。其余处理与部分划回相同。如系电报划回的，比照部分划回的手续处理，待接到第三、四联拒付理由书及拒付部分的商品清单和证明后，第三联拒付理由书留存备查，第四联拒付理由书所附清单和证明交给收款人。

第四节　银行卡业务的核算

一、银行卡的概念和作用

(一)银行卡的概念

银行卡是商业银行向个人和单位发行的，具有消费信用、转账结算、存取现金等全部或部分功能的信用支付工具。

作为一种现代支付工具，银行卡一般具有转账结算、存取现金和消费信用三大功能，因此它能满足持卡人如下需要：其一，持卡人可持卡在发卡机构特约商户购物消费；其二，持卡人可在发卡机构的指定受理网点或自动柜员机上存取现金；其三，持卡人可因临时消费急需，经发卡机构批准，在规定额度和期限内，进行透支性支付消费。

(二)银行卡的作用

作为现代支付工具，银行卡在商业银行的业务经营中具有十分重要的作用：其一，银行卡作为商业银行向客户提供的一种现代支付工具，有利于提高商业银行的整体服务功能，加快商业银行的现代化建设；其二，银行卡作为一种筹资工具，进一步增强了商业银行的筹资功能；其三，银行卡作为商业银行向客户提供的金融产品，能为商业银行带来可观的经营效益。

二、银行卡的种类

(1)按载体材料，银行卡可分为磁性卡和智能卡。前者是在表面镶有磁条纹码或磁带记载持卡人信息的信用卡；后者是采用高科技 IC 芯片记载持卡人信息的信用卡，它又称 IC 卡。

(2)按使用对象，银行卡可分为单位卡和个人卡。前者的发行对象是企业、机关、团体、部队、学校等单位组织；后者的发行对象是个人。

(3)按信誉等级，银行卡可分为金卡和普通卡。前者发给经济实力强、社会地位高、信誉良好的持卡人使用；后者则发给一般资信的持卡人使用。

(4)按清偿方式，银行卡可分为贷记卡和借记卡。前者是受领信用卡时，无须先存款，可以“先消费，后还款”，发卡机构可向持卡人提供一个信贷限额；后者受领信用卡时，则须先交存一定的备用金，按“先存款，后消费”原则使用银行卡。

(5)按流通范围，银行卡可分为国际卡和地区卡。前者在国际上通用，后者只能在发行国国内或一定区域内使用。

(6)按结算币种不同，银行卡可分为本币卡和外币卡。前者以发行国本国货币为结算货币；后者以外币为结算币种。

三、银行卡业务的会计核算

(一)发卡行发卡的处理

发卡行受理单位或个人的信用卡申请书后,经审核符合发卡条件的,发卡行向申请人收取备用金和手续费,并登记开销户登记簿和发卡登记簿,办理转账。其会计分录如下:

借:库存现金

(或:××存款——持卡人户)

贷:银行卡存款——持卡人户

手续费收入

将信用卡交持卡人,持卡人持卡可到银行取现金或到信用卡特约商户购物消费。

(二)持卡人取现金的处理

1. 发卡行的处理

银行接到持卡人交来的信用卡、身份证(彩照卡可免验身份证)后,应审核如下内容:信用卡是否有防伪标志;是否超过有效期限或已经止付;是否为单位卡;观察人的相貌与身份证上的相片是否相符。审核无误,压印一式四联"取现单",在取现单上填写持卡人身份证件号码、金额及授权号码,交持卡人在取现单上签名,核实后,将现金一联取现凭证、信用卡、身份证件交持卡人。其会计分录如下:

借:银行卡存款——持卡人户

贷:库存现金

2. 代理行受理银行卡取现的处理

(1)对异地卡的处理。代理行收到持卡人交来的异地卡、身份证,要求取现时,审核无误后,其会计分录如下:

借:清算资金往来——电子汇划款项户

贷:其他应付款

手续费收入

支付现金时,其会计分录如下:

借:清算资金往来——电子汇划款项户

贷:其他应付款

手续费收入

支付现金时,其会计分录如下:

借:其他应付款

贷:库存现金

异地发卡行收到报单或清算行发来的电子汇划凭证,复核无误后办理转账。其会计分录如下:

借:银行卡存款——持卡人户

贷:清算资金往来——电子汇划款项户

(2)对联网的信用卡的处理。受理持卡人交来的信用卡、身份证后,审核无误,打印一式两联取现单,交持卡人签字并核对无误后,支付现金。其会计分录如下:

借:其他应收款

贷:库存现金

发卡行收到交易信息，实时作账户处理。其会计分录如下：

借：银行卡存款——持卡人户

贷：其他应付款

（三）银行卡购物消费的处理

持卡人到银行卡特约商户刷卡购物时，特约单位打印签购单，由持卡人签字。特约商户汇总签购单，填制两联进账单交开户银行。特约商户开户银行经审核无误后，区分不同发卡行信用卡的签购单，并按各发卡行分别汇总签购单的金额，将签购单寄有关卡行，收取持卡人应付的款项。

1. 特约商户开户行的处理

（1）发卡行为本行的处理。这是持卡人与特约商户在同一银行开户，特约商户开户行根据签购单转账。其会计分录如下：

借：银行卡存款——持卡人户

贷：××存款——特约商户户

（2）发卡行为异地同系统银行的处理。这是持卡人与特约商户在同系统异地开户的情况。其会计分录如下：

借：清算资金往来——电子汇划款项户

贷：××存款——特约商户户

（3）发卡行为同城跨系统银行的处理。这是持卡人与特约商户在不同银行开户的情况。其会计分录如下：

借：存放中央银行款项（或待清算票据款项）

贷：××存款——特约商户户

2. 发卡行的处理

（1）发卡行收到异地同系统银行发来的银行卡签购单的处理。发卡行审核报单及签购单无误，或收到清算行的电子汇划凭证后，办理转账。其会计分录如下：

借：银行卡存款——持卡人户

贷：清算资金往来——电子汇划款项户

（2）发卡行从票据交换所提回信用卡签购单的处理。发卡行审核签购单无误，办理转账。其会计分录如下：

借：银行卡存款——持卡人户

贷：存放中央银行款项（或待清算票据款项）

思考与练习

一、名词解释

1. 支付结算
2. 支票
3. 银行本票
4. 银行汇票
5. 商业汇票
6. 汇兑
7. 委托收款

8. 托收承付

9. 银行卡

二、填空题

1. 票据结算方式包括（　　）、汇票、（　　）三种。

2. 商业汇票按承兑人的不同，分为（　　）和（　　）两种。

3. 支票分为（　　）、（　　）、（　　）三种。

4. 支付结算的三原则为（　　）、（　　）、（　　）。

5. 托收承付的承付方式分为（　　）付款和（　　）付款。

6. 银行卡一般具有（　　）、（　　）、（　　）三大功能。

7. 银行卡按载体材料可分为（　　）和（　　）；按信誉等级可分为（　　）和（　　）；按清偿方式可分为（　　）和（　　）。

8. 结算方式包括（　　）、委托收款、（　　）三种。

9. 托收承付结算的金额起点一般为（　　）元。

10. 根据出票人的不同，本票分为（　　）和（　　）两种。

三、单选题

1.支票的提示付款期为（　　）。

A. 10 天　　B. 15 天　　C. 1 个月　　D. 2 个月

2. 银行汇票的提示付款期为（　　）。

A. 1 个月　　B. 2 个月　　C. 3 个月　　D. 6 个月

3. 银行汇票的付款人为（　　）。

A. 汇票申请人　　B. 出票银行　　C. 承兑人　　D. 持票人

4. 承兑是（　　）的特有行为。

A. 支票　　B. 本票　　C. 银行汇票　　D. 商业汇票

5. 商业汇票的付款期最长不得超过（　　）。

A. 3 个月　　B. 6 个月　　C. 9 个月　　D. 1 年

6. 托收承付结算的金额起点为（　　）元。

A. 500　　B. 1 000　　C. 20 000　　D. 10 000

7. 托收承付结算中，验单付款的承付期为（　　），验货付款的承付期为（　　）。

A. 3 天　　B. 7 天　　C. 10 天　　D. 1 个月

8. 可以“先消费，后还款”的银行卡属于（　　）；可以“先存款，后消费”的银行卡属于（　　）。

A. 借记卡　　B. 贷记卡　　C. 金卡　　D. 普通卡

9. 银行承兑汇票的承兑人是（　　）。

A. 付款人　　B. 收款人　　C. 持票人　　D. 银行

10. 签发现金银行汇票，要求（　　）。

A. 收款人为个人　　B.申请人为个人

C. 收款人和申请人均为个人　　D. 收款人和申请人有一人为个人

11. 出票银行签发银行汇票时，使用（　　）科目核算。

A.“应解汇款”　　B.“汇出汇款”　　C.“定期存款”　　D.“短期贷款”

12. 银行承兑汇票到期，出票人不能足额付款，其不足款项记入（　　）科目。

A.“短期贷款”　　B.“逾期贷款”　　C.“其他应收款”　　D.“营业外支出”

四、多选题

1. 下列结算方式中，适用于同城的有（　　）。

A. 支票　　B. 本票　　C. 委托收款　　D. 托收承付

2. 下列结算方式中，适用于异地的有（　　）。

A. 银行汇票　　B. 商业汇票　　C. 支票　　D. 本票

3. 票据具有(　　)功能。

A. 信用　　B. 支付　　C. 汇兑　　D. 结算

4. 现行支付结算体系中的票据包括(　　)。

A. 商业汇票　　B. 银行汇票　　C. 银行本票　　D. 支票

5. 银行的结算原则有(　　)。

A. 恪守信用,履约付款　　B. 不准多头开户转移资金

C. 谁的钱进谁的账,由谁支配　　D. 银行不垫款

6. 可以用于支取现金的支票包括(　　)。

A. 现金支票　　B. 转账支票　　C. 普通支票　　D. 空白支票

7. 可以用于转账的支票包括(　　)。

A. 现金支票　　B. 转账支票　　C. 普通支票　　D. 空白支票

8. 使用托收承付结算方式应满足的条件有(　　)。

A. 银行的开户单位　　B. 国有企业或银行同意的企业

C. 收付款双方签有购销合同　　D. 款项必须是商品交易款

五、实务题

(一)支票业务的核算

1. 收到开户单位汽车厂送交的支票和两联进账单,金额80 000元,该支票的签发人在同城他行开户,当日退票时间过后未被退票,银行办理转账。

2. 开户单位制药厂签发转账支票,支付在同一银行的开户单位塑料厂货款70 000元,经审核无误后办理转账。

3. 开户单位服装厂签发现金支票,支取现金90 000元以备发放工资,经审核无误后付给现金。

4. 提入支票一张,金额45 000元,系本行开户单位蓝天贸易公司支付货款,审核支付票款。

5. 将开户单位新兴百货送交的支票提出交换,金额120 000元,退票时间已过未被退票,作收账处理。

(二)银行汇票业务的核算

1. 客户李清提交银行汇票申请书及现金40 000元,委托银行签发银行汇票持往异地购货,经审查无误予以受理,办理转账。

2. 开户单位新兴百货持异地工商银行汇票及解讫通知和两联进账单来行办理入账手续,原汇票金额200 000元,实际结算金额19 000元,经审核无误办理转账。

3. 开户单位汽车厂提交银行汇票申请书,金额900 000元,该厂要去外地购买设备,经银行审查无误后予以受理,办理转账。

4. 接到异地本系统银行的划款信息,结算金额45 000元,原汇票金额50 000元,原汇票申请人为红星乳品厂,银行审核无误后办理转账。

5. 李明持异地本系统银行签发的银行汇票及解讫通知来行办理支取现金手续,并提供个人身份证明,经审核无误后付给现金5 000元。

6. 接到异地本系统银行的划款信息,金额13 000元,原汇票金额13 000元,原汇款单位是开户单位服装厂。

7. 李宏持银行汇票申请书第一联及个人身份证明来行领取银行汇票的多余款8 000元,经审核无误后付给现金。

8. 接到异地本系统银行的划款信息,金额150 000元,原汇票申请人是开户单位通信公司。

9. 开户单位制药厂申请的银行汇票因故未用,申请退回,金额10 000元,作转账处理。

10. 开户单位油漆厂持异地本系统银行签发的银行汇票要求兑付,金额65 000元,经审核无误后办理转账。

(三)商业汇票业务的核算

1. 根据承兑协议,向承兑申请人制药厂收取到期的银行承兑汇票款30 000元,办理转账。

2. 收到异地本系统银行寄来的委托收款凭证及银行承兑汇票，金额95 000元，经审核无误后于当日将款划出，办理转账。

3. 异地本系统银行寄来的商业承兑汇票及委托收款凭证本日到期，金额40 000元，承兑人为开户单位服装厂，经审核无误后办理划款手续。

4. 根据承兑协议，向承兑申请人新兴百货收取到期的银行承兑汇票款，金额800 000元，由于该单位账户资金不足，只能支付700 000元。

5. 收到异地本系统银行划回银行承兑汇票款，金额63 000元，收款人为开户单位服装厂，经审核无误后办理转账。

6.收到异地本系统银行划回商业承兑汇票款，金额66 000元，此款系开户单位油漆厂的商业承兑汇票款，经审核无误后予以收账。

(四)汇兑业务的核算

1. 开户单位汽车厂提交汇兑凭证一份，金额550 000元，汇往异地同系统银行的开户单位清理旧欠款，银行审核无误后办理转账。

2. 李明提交汇兑凭证及现金10 000元，汇给异地本系统银行李刚，归还欠款。

3. 收到异地本系统银行的划款信息，汇给开户单位服装厂货款90 000元，审核无误后办理收账。

4. 收到异地本系统银行的划款信息，汇给李宏现金50 000元，银行审核无误后办理收账。

5. 黄江持通知及个人身份证来行领取其汇款20 000元，银行审核无误后付现。

6. 将李刚的汇款3 000元退回原汇出行。

7. 收到异地本系统银行划回的退汇款4 000元，原汇款人张翔。汇款人来行支取现金。

8. 收到异地本系统银行的划款800 000元，为开户单位汽车厂收取货款。

(五)委托收款和托收承付业务的核算

1. 收到异地本系统银行寄来的委托收款凭证，向本行开户单位新兴百货收取货款500 000元，经审核无误后办理转账付款。

2. 收到异地本系统银行的划款信息，金额100 000元，经审核无误后为开户单位乳品厂收账。

3. 收到异地本系统银行寄来的托收承付结算凭证，通知开户单位服装厂付款，金额95 000元，3 天承付期满，办理划款手续。

4. 开户单位塑料厂的托收款划回，金额30 000元。

5. 本系统银行划来委托收款600 000元，为开户单位汽车厂收取到期银行承兑票款。

六、思考题

1. 什么是支付结算？支付结算的基本原则和规定有哪些？

2. 现行的结算方式有哪些？

3. 什么是支票？有哪些基本规定？核算手续如何？

4. 什么是银行汇票？有哪些基本规定？核算手续如何？

5. 什么是银行本票？有哪些基本规定？核算手续如何？

6. 商业承兑汇票和银行承兑汇票在核算上有何不同？

7. 委托收款结算与托收承付结算方式的异同点是什么？

8. 什么是银行卡？种类如何划分？

9. 银行卡存取款和转账购物消费的核算手续如何？

第六章　联行往来业务的核算

银行是社会资金活动的枢纽，是连接国民经济的纽带。国民经济各部门、各单位之间的资金结算，当收付款双方不在同一银行开户时，就会涉及不同银行之间的资金往来。如果资金往来发生在同一银行系统内的两家银行，则称为联行往来。

第一节　联行往来业务概述

一、联行往来的基本概念和分类

社会资金往来运动最终要体现在银行间的划拨上，当资金结算业务发生时，必然要通过两个或两个以上的银行机构往来才能完成，同一银行系统内的不同分支机构之间彼此互称联行。联行往来是同一银行系统内所属各行处间由于办理结算业务以及资金调拨等，相互代收、代付所发生的资金账务往来，是实现资金划拨的工具。联行往来主要通过寄发邮件、电报及网上传输信息的形式来办理对由于办理结算业务或系统内上缴下拨款项、汇差资金、联行利息、拆借资金及有关专项资金等的调拨而引起的资金账务往来进行转账。它通常分为全国联行往来和辖内联行往来。

全国联行往来是指在全国范围内异省（区）各行处之间的资金账务往来。由各家银行自行组织本系统的全国联行往来。参加全国联行往来的各行处，由各自总行发给全国联行行号和联行专用章，按照各行自己制定的全国联行往来制度办理资金清算，并由总行负责监督管理。

辖内联行往来是指同一管辖行范围内各行处之间的资金账务往来。由各管辖行组织本行的辖内往来。参加辖内联行往来的各行处，由各管辖行核准后使用各自的联行行号和联行专用章，按照各管辖行制定的辖内联行往来制度办理资金清算，并由各管辖行进行监督管理。

联行往来按处理技术可分为手工联行和电子联行。其中，手工联行是通过联行报单及无线电波发送信息，电子联行是运用计算机在网上传输信息。联行往来根据往来货币的不同，可分为人民币联行往来和外币联行往来。

随着银行经营的国际化，一家银行在其他国家设立分支机构，这样同一家银行的国内分支机构与国外分支机构之间的资金账务往来，可称为“国外联行往来”；而通常意义上所说的联行往来则可称为“国内联行往来”。

与联行对比，不同系统的各银行之间则互称代理行或同业，人们习惯上把国内不同系统的金融机构称为同业。

二、联行往来的特点

联行往来涉及异地各行处之间的业务往来，所以账务处理手续错综复杂，与其他业务比较，主要具有以下特点：

（一）既执行会计基本制度，又执行联行往来制度

联行往来的账务核算是银行会计核算的重要组成部分，是一个相互联系、相互制约的有机整体，必须与其他账务一样严格执行会计基本制度；每发生一笔划拨业务，一方面是收付款单位之间的结算，一方面是收付款单位开户银行之间的资金往来，所以必须严格执行其自身的联行往来制度，才能保证在这些错综复杂的结算过程中核算系统的最终平衡和安全运转。

（二）与国内、国际支付结算及内部资金调拨结合进行

联行往来核算与银行支付结算和资金调拨等业务核算紧密相连。从支付结算业务角度看，银行只起到了收、付款人之间的媒介作用。但从银行的权责角度看，联行往来是银行办理支付结算业务的继续，是货币的无形运输，在付款人付给收款人每笔资金的同时，银行之间也同时、同步、同额、同向转移资金，实质上也就是付款银行付给了收款银行一笔等量资金。

（三）定时结清汇差

联行往来的实质是联行间款项的代收、代付。在一定时期内，代收、代付的款项只作账面划转（俗称"挂账"），并不进行实体资金的转移，从而形成联行间占用或被占用款项。某行在一定时期内代收、代付联行款项的净差额称为联行汇差。当代付金额大于代收金额时，表明本行资金被他行占用，形成应收汇差；反之，则形成应付汇差。为了减少联行之间资金占用的矛盾，加快联行运行速度，必须及时核对并结清汇差（即进行汇差的实体资金转移）。汇差结清的速度取决于联行对账的速度和信息传递的速度。手工联行一般按年结清汇差，电子联行则可按日结清汇差，而中国工商银行的电子联行在一级分行的大额划转中做到了同步划转，实时结清汇差。

（四）有一套完善的安全控制措施和工具

银行的代收、代付业务，不论金额多寡，都仅凭一份委托书、报单或电报、电传办理，如有差错、失误，银行都将遭受损失。因此，为了保证银行资金的安全和汇路的畅通，银行要有一套行之有效的安全控制措施和工具，如联行报单、联行专用章、专用信封、联行密押、压数机等，而且对这些印、押、凭证的保管、使用，都有严格的管理制度。

三、联行往来的组织体系

由于我国银行在全国范围内分支机构众多，跨越地区众多，所以我国联行往来管理体制按照"统一领导，分级管理"的原则进行，由中国人民银行和各商业银行各自建立系统内联行往来制度。银行的联行往来均划分为总行（全国）、分行、支行三级管理的联行往来体制。

（一）全国联行往来

全国联行往来，适用于全国系统范围内不同省、市、自治区、直辖市各行处之间的资金账务往来。凡参加全国联行往来的行处，经总行核准，由总行发给全国联行行号和联行专用章，按总行规定的全国联行往来制度办理联行账务，并由总行负责监督结清。

（二）分行辖内往来

分行辖内往来，适用于同一省、市、自治区、直辖市范围内各行处之间的资金账务往来。凡参加分行辖内往来的行处，经分行核准，由管辖分行发给分行辖内往来行号和专用章，按分行辖内往来制度办理联行账务，并由分行负责监督结清。

（三）支行辖内往来

支行辖内往来，适用于同一县（区）范围内各行处之间的资金账务往来。凡参加支行辖内往来的行处，由管辖支行核准，然后发给支行辖内往来行号和专用章，按支行辖内往来制度办理联行账务，并由管辖支行负责监督管理和资金清算。

四、联行往来的基本形式

联行往来主要采取集中制和分散制两种核算形式。境内联行往来主要采取集中制核算形式，其特点是联行各行处不以对方的名义开立账户，由总行集中开户、集中记账、集中对账销账、对联行资金实行集中统一管理，账务由总行（或分行）监督管理。港澳地区及国外联行往来主要采取分散制核算形式，其特点是各关系行之间，互以对方行的名义开立账户进行往来，直接寄送对账单对账销账。

集中制适用于规模较大、网点较多的银行机构使用；而规模较小的商业银行以及信用社则采用分散制较合适。

五、联行往来的核算要求

联行往来是由国民经济中的各项经济活动引起的，它的核算质量直接影响国民经济资金的周转，以及生产和流通的顺利进行。所以，在制定有关制度的时候，必须遵循一定的要求，这样才能够保证资金往来顺利进行。

（一）树立全局观念

各联行业务的经办行要以整体工作的全局为重，在做好本职联行工作的同时，关心、支持、积极配合其他各方做好联行管理与核算工作；对他行的查询要认真办理，及时答复，必须补办的手续应尽快办理；对上存备付金应及时补足，汇差及时清算；对联行业务中存在的问题应及时反馈，深入研究，提出合理化建议，促进联行制度的改革与完善。只有全行树立一盘棋、顾大局的思想作风和工作作风，才能保证联行系统发挥其整体经济效益和社会效益。

（二）严格执行联行制度

联行规章制度是开展联行业务的依据和做好联行工作的保证，尤其在电子汇划条件下，信息传递的速度非常之快，可能会使支付命令落后于支付行为，只有严格遵守联行规章制度，才能保持统一的核算口径、统一的转账核算速度及统一的资金清算进程，减少联行业务差错和未达账项查询，提高联行业务的质量。

（三）科学组织凭证传递

联行凭证的传递是在不同行处进行的，因此凭证要规范化、统一化，以便于传递处理。另外，联行凭证传递快慢将直接影响单位的资金周转速度，所以各行处必须科学地组织凭证传递，做到准确、及时、不积压、不迂回，加速资金周转。

（四）加强联行队伍建设

办理联行往来的行处必须配备一定数量、质量的专职人员，并保持相对稳定。平时要加强业务培训和思想品德教育，以提高联行工作人员的思想、业务水平。

第二节　电子联行往来

电子联行往来是指经总行批准参加全国联行往来的机构之间，通过计算机网络，进行异地资金汇划；各级行在上一级行开立活期备付金存款户，向下级行逐级清算往来汇差资金。

为了适应我国经济发展的需要，实现银行清算手段的现代化，银行实现了电子联行往来，即以本行系统内的清算中心代替行外的邮政部门，直接传输电子汇划信息，并清算当天的汇差资金，这对于实现汇划款项与资金清算同步、加速社会资金周转和使用效益，都具有十分重要的意义。

一、电子联行核算模式

根据联行业务“统一管理，分级负责”的组织原则，全国联行往来系统在总行设置总清算中心；一级分行（一般为省、自治区、直辖市行）设置分清算中心；二级分行（一般为地、市分行）设置清算中心。各级中心分别负责辖属经办行业务信息的收发、记载、清分、清算、监督等事项，也称联行业务的管辖行。经总行批准参加全国往来业务的银行通称为经办行。按业务范围划分为清算行和经办行。清算行办理各种联行业务，清算资金，对经办的联行业务做成标准格式业务信息发往清算中心，并且按照接收的联行业务信息处理结算业务，清算行具体又可分为发报清算行和收报清算行。经办行发行和兑付全国银行汇票，具体办理清算资金和内部资金汇划业务，但其支付指令收发和资金清算等，通过其清算行办理，是联行往来业务的间接参加。经办行具体又可分为发报经办行和收报经办行。为适应集约化经营的需要，各行普遍强化了联行业务的集中管理。目前主要有两种核算模式：

（一）集中核算模式

清算行设立往账和来账账务系统，对经办行经办的发报业务和收报业务集中进行账务处理，即对于经办的发报业务，由发报经办行将联行汇划报单传递至发报清算中心，由发报清算中心集中记账后做成标准格式业务信息发往收报清算中心；对于经办的收报业务，收报清算中心收到发报清算中心的标准格式业务信息，及时（收到的借记业务信息经收报经办行确认）记账后，将机制汇划报单传递至收报经办行留存。经办行将汇划凭证进行专夹保管，不作账务处理。

（二）分散核算模式

清算行和经办行均设立往账和来账账务系统，对经办行经办的发报业务和收报业务逐笔、分别进行账务处理，清算行与经办行之间通过“内部往来”账务系统连接。分散核算模式与集中核算模式的相同之处是经办行的汇划业务都要经过清算行进行信息格式的转化，主要区别在于二者都是账户行。分散核算模式适用于经办行是手工或单机操作的情况。

二、电子联行往来的原理

电子联行是由中央银行管理的联行系统。电子联行系统在央行的总行设立资金清算总中心，在央行的各省分支机构设立资金清算分中心，各分中心受理的联行汇划业务，直接发送总中心，各中心之间不发生直接的横向关系，由总中心负责各分中心之间汇划业务的转收转发。总中心和分中心之间的信息交换，必须经过当地确认之后才作为有效信息。

每日营业终了，总中心和各分中心核对无误后，结平当日电子联行账务，以上存或借用反映资金存欠关系。电子联行归纳起来，即采用“星形结构，纵向往来、随发随收、当时核对、每日结平、存欠反映”的基本做法。

电子联行仍然保留手工联行的基本原理，同样划分为联行往账和联行来账两个系统。办理电子联行往账的行处称为电子发报行，办理电子联行来账的行处称为电子收报行。清算总中心称为电子联行转发行。

各家商业银行委托央行电子联行汇划时，发出汇划业务的行处称为汇出行，收到汇划业务的行处称为汇入行。汇出行委托中央银行转汇时，汇出款项与中央银行当即办理清算。电子发报行通过转发行划转收报行时，电子收报行也应与汇入行办理清算，实现汇划款项与资金清算同步进行（指商业银行与中央银行之间）。

三、电子联行汇划程序

全国联行往来的基本运行方式为:上存头寸控制,差额集中清算;信息纵向传递,往来集中转换;逐级平衡检查,事后监督核对。

(一) 上存头寸控制,差额集中清算

以清算行为单位,在其管辖行的清算中心开立备付金存款账户,用于资金汇划时的资金清算。该账户必须保持足够的存款。清算中心对清算行的往来账务、汇出汇款,按每日借贷发生额轧差,自上而下逐级清算其差额。清算行备付金不足时,需向其管辖行借入资金,补足备付金。头寸控制由各级资金计划部门办理。

(二)信息纵向传递,往来集中转换

汇划款项信息始发于发报行发出的汇划信息,终于收报经办行对汇划信息的确认接收。各级清算中心和清算行、经办行发出的支付指令、收付汇差、查询查复和对账数据等信息按照上下级管辖关系纵向传递。发报经办行不直接向收报经办行传递有关纸质凭证,收报经办行直接接受发报经办行发出的有关纸质凭证,而由发报清算行将复核无误的汇划款项信息通过电子网络传送收报清算行,收报清算行将其接收的电子汇划信息按规定转换为有关纸质凭证及电子文件,经审核无误后,代替有关的原始凭证并作账务处理。办理联行业务中属于需要提交收报经办行的有关其他非记账凭证,如有关通知、清单、证明和单据等,由发报经办行按银行挂号信直接邮寄收报经办行;属于需要提交清算行的有关原始结算凭证专用凭证、清单等,由清算行按其有关规定管理。

(三)逐级平衡检查,事后监督核对

各级核算中心对上报的数据进行合法性、衔接性、平衡性检查,总行清算中心对各经办行的往来数据和来账结账数据各要素进行逐笔核对,监督支付指令的真实正确性。

四、会计科目与凭证

(一)会计科目

1.“清算资金往来”科目

该科目用以核算清算行办理划收款、划付款业务的往来款项。该科目以往来清算中心设户。办理划付款业务时记借方,办理划收款业务时记贷方。当日汇差资金结清后,该科目的余额为零。使用该科目需要注意的是,该科目并不核算清算行与清算中心之间的实质性资金往来。因为办理电子汇划业务,清算行不向清算中心缴存清算备付金;清算行与清算中心之间不存在实质性的资金往来关系;上下级清算中心之间也不存在缴存清算备付金问题。

2.“待汇出电子汇划款项”科目

该科目用以核算当天因故未能发出的电子汇划款项,是发报清算行的专用科目。发报清算行在发生未发出的划款时记贷方,发生未发出的划付款时记借方。次日在汇划信息发出后应予以转销。本科目下设“待发报经办户”。

3.“存放联行款项”科目

该科目用以核算各级行存放在上级行或系统内其他行的备付金。存入备付金或结转应收汇差时记借方,调减备付金或结转应付汇差时记贷方,期末余额一般记在借方,便是本行在上级行或系统内其他行的实有存款。该科目按对方行设户进行明细核算。

4.“联行存放款项”科目

该科目用以核算下级或系统内其他行在本行存放的备付金。收到存入的备付金时记贷方，退汇备付金时记借方，期末余额一般在贷方，表示下级行或系统内其他行实际结存的备付金。该科目按对方行设户进行明细核算。

(二)专用清单和凭证

办理联行汇划资金业务，必须使用总行统一规定的清单和专用凭证，这些清单和专用凭证包括：

1. 委托电子汇划款项划收(付)款清单

“委托电子汇划款项划收(付)款清单”一式两联(见表6—1)。该凭证专用于异地汇划贷记业务和借记业务。划拨代收款的，填制“委托电子汇划款项划收款清单”；划拨代付款的，填制“委托电子汇划款项划付款清单”。其中“汇划款项编号”项按发报清算行与对应经办行的汇划款项逐笔编号，一年一清。划收款的，发报清算行填列付款人账号。“发报清算行联行账号”项按签发本清单的发报清算行的联行账号填列。“收报清算行联行账号”项按接收汇划信息(本清单)的收报清算行联行账号填列。“附单张数”项按该汇划信息需要附寄的通知、清单、证明等张数填列。

表6—1　　**委托电子汇划款项划收(付)款清单**

行名(分签行)：　　　　报表日期：

序号	流水号	应用类型	收报行号	发报日期	借方账号户名	贷方账号户名	用途	汇总业务	经办柜员	复核柜员
		传输类型	业务种类				金额	延付指令	补输柜员	授权柜员
合计				笔数：		金额：				

2. 电子清算划收(付)款专用凭证

该凭证是专门用于异地划拨代收款和代付款的资金清算专用凭证，为一式两联。“电子清算划收款专用凭证”根据“委托电子汇划款项划收款清单”填制；“电子清算划付款专用凭证”根据“委托电子汇划款项划付款清单”填制。

五、电子联行往来业务核算

电子联行汇划业务及其资金清算业务的日常核算包括上存联行备付金、汇划款项处理及日终汇差资金清算三部分。

(一)上存联行备付金

各级行一般都会将一定数量的资金存放在上级行处，用于清算电子汇划款项汇差。在银行的会计核算中，通过“联行存放款项”和“存放联行款项”科目来予以反映。上、下级之间交存、退回的备付金应通过人民银行实汇资金核算。

1. 上存备付金的会计核算

(1)下级行向上级行交存备付金时，首先由银行的资金计划部门填制汇款书面通知，然后会计部门根据汇款书面通知，再填制汇款凭证送人民银行办理汇款手续。以人民银行的回单作贷方记账凭证，另填制特种转账借方凭证一式两联，其中一联作借方记账凭证，一联加盖转讫章后送资金计划部门，书面通知作贷方记账凭证附件。其会计分录为：

借：存放联行款项——存上级行备付金户

贷：存放中央银行款项——备付金存款户

(2)上级行会计部门收到下级行交付的备付金，以开户人民银行的收账通知作借方记账凭证，另填制特种转账贷方凭证一式两联，其中一联作贷方记账凭证，另一联加盖转讫章后作收账通知送资金计划部门。其会计分录为：

借：存放中央银行款项——备付金存款户

贷：联行存放款项——××行备付金存款户

2. 上级行退回备付金的核算

下级行某一时期备付金账户余额过多，需要调回资金时应由其资金计划部门向上级资金计划部门发出调回部分资金的申请，经上级资金计划部门审核同意后办理有关退回手续。

(1)上级行资金计划部门填制汇款书面通知，然后交给会计部门，由会计部门据以填制汇款凭证送人民银行办理汇款手续。以人民银行签回的回单作贷方记账凭证，另填制特种转账借方凭证一式两联，其中一联作借方记账凭证，一联加盖转讫章后送资金计划部门，书面通知作贷方记账凭证附件，其会计分录为：

借：联行存放款项——××行备付金存款户

贷：存放中央银行款项——存款户

(2)下级行会计部门收到退回的备付金，以开户人民银行的收账通知作借方记账凭证，另填制特种转账贷方记账凭证一式两联，其中一联作贷方记账凭证，另一联加盖转讫章后作收账通知送资金计划部门。其会计分录为：

借：存放中央银行款项——备付金存款户

贷：存放联行款项——存上级行备付金户

(二)汇划款项业务的核算

1. 划收款业务的核算

(1)发报经办行的处理。发报行是联行往来账务的发生行，是保证联行账务正确进行的基础，对整个联行工作质量起着重要作用。发报行的业务内容包括：报单的编制；报单的审查与寄发；联行往账报告表的编制。

首先由经办人员根据客户填写的汇划凭证按规定逐笔填制“委托电子汇划款项划收款清单”，连同有关原始结算凭证一式两联，加盖业务专用章，并经登记“电子汇划业务收(发)登记簿”后送发报清算行。对于批量业务金额在10万元(含)以上的业务须经各经办行会计主管授权，金额在1亿元(含)以上的业务，经办行必须将原始凭证送交或使用加押传真送至管辖清算行，由清算行会计主管用“特大额汇划发报授权系统”办理特大额发报授权。原应寄收报经办行的通知、清单、证明等非记账凭证，发报经办行应作为电子汇划信息的附件按规定寄收报经办行或收款人开户行。

分散核算时，发报经办行以“委托电子汇划款项划收款清单”和留存的有关原始结算凭证作记账凭证，办理转账。其会计分录为：

借：活期存款——付款人户

(或：××科目——××户)

贷：内部往来——××清算行

集中核算时，每日营业终了，根据“委托电子汇划款项划收款清单”和留存的原始结算凭证核对数据，编制“会计凭证整理单”，装订保管。

(2)发报清算行的处理。发报清算行收到发报经办行传输过来的纸质凭证、清单，应在“电子汇划业务收(发)登记簿”上签收，并按规定进行审核，无误后编制“电子汇划款项划收款清单”并逐笔加编业务密码后将电子汇划信息上传至总行清算中心。在“委托电子汇划款项划收款清单”上加盖清算中心电子汇划专用章后退回发报经办行。发报经办行采用传送纸质凭证方式的，应逐笔录入计算机转换为电子汇划信息，经复核无误后发出；传送电子文件同时传达纸质凭证、清单的，还应按规定将“委托电子汇划款项划收款清单”和原始结算凭证上的要素转换为电子文件(其中分次付款、多承付、赔偿金、汇兑“取现、转汇、退汇”等在摘要栏注明；托收承付、委托收款原始凭证金额、原凭证号码在有关项目内注明)。日终汇总编制“电子汇划款项划收款专用凭证”加盖电子汇划专用章作贷方记账凭证(“电子汇划款项划收款清单”作附件)，“委托电子汇划款项划收款清单”作借方记账凭证，办理转账。其会计分录为：

借：活期存款——××存款人户(集中核算)

　[或：内部往来——××往来户(分散核算)]

　贷：清算资金往来——××清算中心户

(3)收报清算行的处理。收报清算行接到总行清算中心的清算信息，经计算机自动审核无误后按行处自动清分，并打印“委托电子汇划款项划收款清单”一式两联、“电子汇划收款补充报单”一式三联。将“委托电子汇划款项划收款清单”第二联和“电子汇划收款补充报单”第二、三联加盖清算行电子汇划专用章，经登记“电子汇划业务收(发)登记簿”后送收报经办行作账务处理。日终根据留存的“委托电子汇划款项划收款清单”汇总编制“电子清算划收款专用凭证”作借方记账凭证(“委托电子汇划款项划收款清单”作附件)，留存的“电子汇划收款补充报单”第一联作贷方记账凭证办理转账，其会计分录为：

借：清算资金往来——××清算中心户

　贷：活期存款——××存款人户(集中核算)

　　[或：内部往来——××往来户(分散核算)]

(4)收报经办行的处理。收报经办行接到收报清算行送来的“委托电子汇划款项划收款清单”第二联和“电子清算划收款补充凭证”第二联，经在“电子汇划业务收(发)登记簿”上签收后应严格审核以下内容：“委托电子汇划款项划收款清单”和“电子汇划收款补充报单”清算收报行是否加盖电子汇划专用章；“委托电子汇划款项划收款清单”上的金额合计汇划款项笔数、金额是否与其所附的“电子汇划收款补充报单”的笔数、金额相符；逐笔核对业务密押是否正确；“电子汇划收款补充报单”上的凭证编号是否正确；“电子汇划收款补充报单”备注栏内原凭证种类、原凭证号码、原凭证金额是否按规定填列；属托收承付或委托收款的原凭证号码、原凭证金额是否与存根联上的原凭证号码、原凭证金额相符；部分拒付的，是否填写拒付理由；分次付款、多承付、赔偿金、汇兑取现、转汇、退汇等，是否在用途栏注明。传送电子文件同时传送纸质凭证、清单的，还应根据清单、凭证与电子文件的有关内容进行核对。审查无误后，分散核算时以“委托电子汇划款项划收款清单”作借方记账凭证，以“电子汇划收款补充报单”第二联作贷方记账凭证，第三联加盖转讫章后作收款通知送收款单位。其会计分录为：

借：内部往来——××清算行

　贷：活期存款——××存款户

　　(或：××科目——××户)

集中核算时，日终根据“委托电子汇划款项划收款清单”和“电子汇划收款补充报单”第二联编制“会计凭证整理单”，装订保管。

2. 划付款业务的核算

(1)发报经办行的处理。发报经办行应根据原始结算凭证按规定逐笔填制“委托电子汇划款项划付款清单”，连同有关原始结算凭证一式两联，加盖业务专用章，并经登记“电子汇划业务收(发)登记簿”后送发报清算行。原应寄收报经办行的通知、清单、证明等非记账凭证，发报经办行应作为电子汇划信息的附件按规定寄收报经办行或收款人开户行。

分散核算时，发报经办行以“委托电子汇划款项划付款清单”和留存的有关原始结算凭证作记账凭证，办理转账。其会计分录为：

借：内部往来——××清算行

　　贷：活期存款——付款人户

　　　　(或：××科目——××户)

集中核算时，日终根据“委托电子汇划款项划付款清单”和留存的有关原始结算凭证编制“会计凭证整理单”，装订保管。

(2)发报清算行的处理。发报清算行收到发报经办行的纸质凭证、清单，应在“电子汇划业务收(发)登记簿”上签收，并按规定进行审核，无误后编制“电子汇划款项划付款清单”并逐笔加编业务密码后将电子汇划信息上传至总行清算中心。在“委托电子汇划款项划付款清单”上加盖清算中心电子汇划专用章后退回发报经办行。发报经办行采用传送纸质凭证方式的，应逐笔录入计算机转换为电子汇划信息，经复核无误后发出；传送电子文件同时传送纸质凭证、清单的，还应按规定将“委托电子汇划款项划付款清单”和原始结算凭证上的要素转换为电子文件。日终汇总编制“电子汇划款项划付款专用凭证”，加盖电子汇划专用章作贷方记账凭证(“电子汇划款项划付款清单”作附件)，“委托电子汇划款项划付款清单”作借方记账凭证，办理转账。其会计分录为：

借：清算资金往来——××清算中心户

　　贷：内部往来——××往来户(分散核算)

　　　　[或：活期存款——××存款人户(集中核算)]

(3)收报清算行的处理。收报清算行接到总行清算中心的清算信息，经计算机自动审核无误后按行处自动清分，并打印“委托电子汇划款项划付款清单”一式两联、“电子汇划付款补充报单”一式三联。将“委托电子汇划款项划付款清单”第二联和“电子汇划付款补充报单”第二、三联加盖清算行电子汇划专用章，经登记“电子汇划业务收(发)登记簿”后送收报经办行作账务处理。日终根据留存的“委托电子汇划款项划付款清单”汇总编制“电子清算划付款专用凭证”作借方记账凭证(“委托电子汇划款项划付款清单”作附件)，留存的“电子汇划付款补充报单”第一联作贷方记账凭证办理转账。其会计分录为：

借：活期存款——××存款人户(集中核算)

　　[或：内部往来——××往来户(分散核算)]

　　贷：清算资金往来——××清算中心户

(4)收报经办行的处理。收报经办行接到收报清算中心送来的“委托电子汇划款项划付清单”第二联和“电子清算划付款补充凭证”第二、三联，经在“电子汇划业务收(发)登记簿”上签收后应严格审核以下内容：“委托电子汇划款项划付款清单”和“电子汇划付款补充报单”清算收报行是否加盖电子汇划专用章；“委托电子汇划款项划付款清单”上汇划款项笔数、金额是否与其所附的“电子汇划付款补充报单”的笔数、金额相符；逐笔核对业务密押是否正确；“电子汇划付款补充报单”上的凭证编号是否正确；“电子汇划付款补充报单”备注栏内原凭证种类、原凭证号码、原凭证金额是否按规定填列；传送电子文件同时传送纸质凭证、清单的，还应根据清单、凭证与电子文件的有关内容进行核对。审查无误后，分散核算时以“委托电子汇划款项划付款清单”作借方记账凭证，以“电子汇划付款补充报单”第二联作贷方记账凭证，第三联加盖转讫章后作收款通知送收款单位。其会计分录为：

借：活期存款——××存款户

（或：××科目——××户）

贷：内部往来——××清算行

集中核算时，日终根据“委托电子汇划款项划付款清单”和“电子汇划付款补充报单”第二联编制“会计凭证整理单”，装订保管。

（三）清算汇差资金的核算

各级清算中心在当日电子汇划业务结束后，应填制“清算信息收（发）报日报表”一式三联，两联加盖电子汇划专用章后分别送资金汇划部门、会计部门，另一联留存；有待发报经办电子汇划款项的，填制“清算行待发报经办统计表”三联，两联加盖电子汇划专用章后分别送资金汇划部门、会计部门，另一联留存。

各级管辖行在接到清算中心的“清算信息收（发）报日报表”后应立即清算汇差资金。清算汇差资金时应根据“清算信息收（发）报日报表”所列汇差金额的借方或贷方逐行填制“特种转账借（贷）方凭证”一式两联，一联作为“存放联行款项”或“联行存放款项”科目的记账凭证，一联加盖转讫章后送资金计划部门。

发报清算行、收报清算行在收到“清算信息收（发）报日报表”经与“清算资金往来”账户余额核对无误后，要根据“清算资金往来”账户的贷方余额（贷差）填制“特种转账借（贷）方凭证”一式两联，其中一联为特种转账借方凭证，一联为特种转账贷方凭证，分别作“清算资金往来”和“存放联行款项”科目的记账凭证，一联特种转账贷方凭证加盖转讫章后送资金计划部门；根据“清算资金往来”借方余额（借差）填制“特种转账贷方凭证”一联、“特种转账借方凭证”一式两联，其中一联“特种转账贷方凭证”、一联“特种转账借方凭证”分别作“清算资金往来”和“存放联行款项”科目的记账凭证，一联“特种转账借方凭证”加盖转讫章后送资金计划部门。发报清算行、收报清算行需要对下属清算资金的，比照各级管辖行会计部门的处理方法办理。

有待发报经办电子汇划款项的会计部门应根据“清算中心待发报经办统计表”填制特种转账凭证。特种转账凭证的填制方法如下：

根据“新增待汇”计算的借方金额（正数）（计算方法：“新增待汇”合计栏的加急借记金额＋普通借记金额－加急贷记金额－普通贷记金额）填制“特种转账借方凭证”一式两联，一联加盖转讫章后送资金计划部门，一联作“待汇电子汇划款项”科目的借方记账凭证；根据“新增待汇”计算的贷方金额（计算方法同上，结果为负数，按正数填列）填制“特种转账贷方凭证”一式两联，一联加盖转讫章后送资金计划部门，一联作“待汇电子汇划款项”科目的贷方记账凭证；“摘要”栏注明“新增待汇”字样。

根据“待汇转出”计算的借方金额（正数）（计算方法：待汇转出合计栏的加急借记金额＋普通借记金额＋加急贷记金额－普通贷记金额）填制“特种转账贷方凭证”一式两联，一联加盖转讫章后送资金计划部门，一联作“待发报经办电子汇划款项”科目的贷方记账凭证；根据“待汇转出”计算的贷方金额（计算方法同上，结果为负数，按正数填列）填制“特种转账借方凭证”一式两联，一联加盖转讫章后送资金计划部门，一联作“待发报经办电子汇划款项”科目的借方记账凭证；“摘要”栏注明“待汇转出”字样。

1. 总行汇差资金清算

总行会计部门根据同级资金清算中心提交的“清算信息收(发)报日报表”办理转账，调增借差行的备付金存款，调减贷差行的备付金存款。其会计分录为：

借：联行存放款项——××分行户(总行为借差行)

　　贷：联行存放款项——××分行户(总行为贷差行)

2.分行汇差资金清算

(1)对总行汇差为贷方差的核算。若本行对总行的汇差为贷方差，即占用总行的资金，则应调划出本行在总行的备付金存款。同时，对所属下级各行进行资金清算。其会计分录为：

借：联行存放款项——××支行备付金户(本行为借差行)

　　贷：存放联行款项——存总行备付金户

　　　　联行存放款项——××支行备付金户(本行为贷差行)

(2)对总行汇差为借方差的核算。若本行对总行的汇差为借方差，即被总行占用资金，则应调整本行在总行的备付金存款。同时，对所辖行处进行资金清算。其会计分录为：

借：存放联行款项——存总行备付金户

　　联行存放款项——××支行备付金户(本行为借差行)

　　贷：联行存放款项——××支行备付金户(本行为贷差行)

3. 中心支行汇差资金清算

地(市)中心支行既要根据本行对分行的汇差方向进行汇差资金的清算，又要对本行所辖行处的汇差资金进行清算，其编制转账分录原理与分行的原理相同。其会计分录为：

(1)对分行汇差为贷差的核算。

借：联行存放款项——××支行备付金户(本行为借差行)

　　贷：存放联行款项——存分行备付金户

　　　　联行存放款项——××支行备付金户(本行为贷差行)

(2)对分行汇差为借差的核算。

借：存放联行款项——存分行备付金户

　　联行存放款项——××支行备付金户(本行为借差行)

　　贷：联行存放款项——××支行备付金户(本行为贷差行)

4.清算行汇差处理

清算行接到本级清算中心或委托清算中心提交的当日“清算信息收(发)报日报表”，核对无误后办理当日汇差清算的账务处理。若当日“清算资金往来”科目为贷方余额(贷差)，则本行占用他行汇差，应划出本行上存的备付金存款。其会计分录为：

借：清算资金往来——××清算组往来户

　　贷：存放联行款项——存××支行备付金户

若当日“清算资金往来”科目为借方余额(借差)，则他行占用本行资金，应由上级行退回本行上存的备付金存款。其会计分录为：

借：存放联行款项——存××支行备付金户

　　贷：清算资金往来——××清算组往来户

经联行各分支机构逐级清算汇差后，联行业务全部结平，由总行通过电子系统统一下达关机命令，结束全天联行汇划业务。

六、年终汇差的核算

联行年度为1月1日至12月31日。12月31日为联行年度终了日，清算中心必须将昨日待发报经办汇划款项和当日接收的汇划款项全部发送完毕，确认待发报经办汇划款项经核对无误后，填制"清算信息收（发）报日报表"，分别送会计部门和资金计划部门，进行当天的汇差资金清算并结束全年的联行汇划业务。

此外，在电子汇划系统开通后，实现了汇划款项的全国联网。省辖往来和支行辖内往来业务发生时，发报经办行发生的汇划信息经电子系统自动分解后直接发送至收报经办行，并分别在省级资金清算中心和地市支行资金清算中心自动核对、汇总、结计、汇差。因此，其核算方法与全国联行往来核算方法是一致的。每日营业终了，省级清算中心对全国联行汇差进行清算结束以后，组织对省辖往来各地市支行的汇差资金清算。其后，地市支行的清算中心组织对本级所辖县支行、分理处的汇差资金清算。

七、电子汇划与清算业务举例

[例6—1]建设银行青岛分行（清算行）2009年8月1日发生以下经济业务，据以编制会计分录：

（1）开户单位迅达贸易公司提交汇兑凭证，向建设银行北京市分行开户单位发报经办货款50 000元，经审核无误，办理转账手续。其会计分录为：

借：活期存款——迅达贸易公司存款户　　50 000
　贷：清算资金往来　　50 000

（2）开户单位诚信百货公司提交建行成都市分行签发的银行汇票，金额18 000元，要求全额兑付，经审核无误，办理转账手续。其会计分录为：

借：清算资金往来　　18 000
　贷：活期存款——诚信百货公司存款户　　18 000

（3）收到建设银行烟台市分行寄来委托收款凭证，金额8 000元，系本行开户单位市百货公司向烟台市建材公司支付货款，承付期已到，办理转账手续。其会计分录为：

借：活期存款——市百货公司存款户　　8 000
　贷：清算资金往来　　8 000

[例6—2]承[例6—1]，建设银行北京市分行收到本行清算中心转来电子汇划信息，开户单位市服装公司收到货款50 000元，经审核无误，办理转账手续。其会计分录为：

借：清算资金往来　　50 000
　贷：活期存款——市服装公司存款户　　50 000

[例6—3]承[例6—2]，建设银行成都市分行收到本行清算中心转来的电子汇划信息，建行青岛市分行已兑付本行签发的银行汇票，金额18 000元，经审核无误，办理转账手续。其会计分录为：

借：汇出汇款　　18 000
　贷：清算资金往来　　18 000

[例6—4]承[例6—3]，建设银行烟台市分行收到本行清算中心转来电子汇划信息，青岛市分行已划回本行开户单位市建材公司托收的货款8 000元，经审核无误，办理转账手续。其

会计分录为：

借：清算资金往来 8 000

贷：活期存款——市建材公司存款户 8 000

建设银行总行会计部门收到了本行清算中心提交的“清算信息收(支)日报表”，据以编制8月1日汇差资金清算的会计分录：

借：联行存放款项——四川分行存款户 18 000

联行存放款项——山东分行存款户 32 000

贷：联行存放款项——北京分行存款户 50 000

[例 6—5]建设银行山东省分行会计部门收到本行清算中心提交的“清算信息收(发)报日报表”，据以编制8月1日汇差资金清算的会计分录：

借：联行存放款项——青岛分行存款户 40 000

贷：联行存放款项——烟台分行存款户 8 000

存放中央银行款项 32 000

[例 6—6]建设银行青岛分行会计部门收到本行清算中心提交的“清算信息收(发)报日报表”，经与“清算资金往来”账户8月1日余额核对无误，编制当日汇差资金清算的会计分录为：

借：清算资金往来 40 000

贷：存放联行款项 40 000

八、联行汇划款项业务的查询、查复

电子汇划款项时没有相应的纸质凭证在发报经办行与收报经办行之间直接进行传递，因此，款项汇划过程中出现差错或汇款客户要求查询时，发报经办行、收报经办行及各资金清算行应坚持“有疑必查，有查必复，复必详尽，切实处理”的原则，及时组织查询、查复。有关汇划资金的查询、查复通过资金清算中心办理，其他需要查询的事项，由收报经办行用账务联系书直接向发报经办行进行查询。

第三节 中央电子银行

一、基本做法

根据加强资金管理、加速资金周转、严密联行监督、简化业务手续的原则，电子联行采用“星形结构、纵向往来、随发随收、当时核对、每日结平、存欠反映”的基本做法。

(1)电子联行系统在总行设立资金清算总中心，在各省(自治区、直辖市、计划单列城市)一级分行和地(市)分行设立资金清算分中心。各分中心受理的联行汇划业务，直接发送总中心。各分中心之间不发生直接的横向联系，由总中心负责各分中心之间汇划业务的转收、转发，总中心和各分中心之间的信息交换，必须经过当时确认之后才能作为有效信息。每日营业终了，总中心和各分中心核对无误后，结平当日电子联行账务，以上存或借用反映资金存欠关系。

(2)办理电子联行往账的行称电子发报行(简称发报行)，办理电子联行来账的行称电子收报行(简称收报行)；清算总中心称电子联行转发行(简称转发行)。各金融机构受理异地汇划业务，发出汇划业务的行称汇出行，收到汇划业务的行称汇入行，汇出、汇入资金由中央银行当即清算，汇划款项与清算资金同步进行。

(3)电子联行的账务处理以电子计算机网络系统传递的资金收付信息为依据，但必须通过计算机确认和会计部门审核，以切实防止产生差错和可能产生的弊端。

二、会计科目与会计凭证

(一)会计科目

1."电子联行往账"

发报行通过转发行向收报行进行资金汇划业务时用本科目核算，本科目余额双方反映，不得轧差。在正常情况下与转发行核对后，当日结平。

2."电子联行来账"

收报行收到转发行转来发报行的资金汇划业务时用本科目核算，本科目余额双方反映，不得轧差。与转发行核对后，当日结平。

3."电子清算资金往来"

各清算分中心与总中心之间的电子联行资金存欠用本科目核算。每日电子联行往账、来账科目余额分别结清后全额转入本科目。本科目余额轧差反映在中央银行会计报表全国汇总后，本科目借、贷方金额应相等。

(二)会计凭证

(1)电子联行转汇贷方(借方)清单(一式三联)。

(2)电子联行往账贷方(借方)清单(一式两联)。

(3)电子联行来账贷方(借方)清单(一式三联)。

(4)电划贷方(借方)补充报单(一式三联)。

三、账务处理

(一)汇出行的账务处理

汇出行根据开户单位提交应转汇的汇划凭证，按规定审核无误，并确认开户单位存款账户余额足够支付时分别划收或划付业务，逐笔填制转汇清单各一式三联，并汇总填制两联划款凭证办理转账。对于贷记业务，会计分录为：

借:活期存款

　　贷:存放中央银行款项

如系借记业务，则会计分录相反。

转账后，将一联划款凭证连同三联转汇清单和有关汇划凭证一并提交开户的发报行。

(二)发报行的账务处理

发报行收到汇出行提交的划款凭证、三联转汇清单及有关汇划凭证，经审核无误并确认汇出行账户中存款足够支付时，在第三联汇划清单上加盖转讫章退汇出行，将划款凭证代转账传票(转汇清单第二联及汇划凭证作附件)进行账务处理。对于往账贷记业务，会计分录为：

借:××商业银行存款

　　贷:电子联行往账

如系转账借记业务，则会计分录相反。

转账后，在转汇清单第一、二联上逐笔加盖收报行行号和加编密押，第二联作有关传票附件留存，将第一联用签收簿提交录入人员签收后凭以输入电子联行计算机系统，输入后由电子计算机打印出电子联行往账清单交会计部门。录入计算机的往账信息，经审核无误后，通过通信网络发往转发行，并根据转发行发回的收电回执，由电子计算机累计已发妥往账贷、借记业务笔数与余额。

每日营业终了，发报行发出往账结束包与转发行对清当日往账笔数及金额累计数，收到正确回执后，即打印电子联行往账日计表；核对无误后，根据表中转账数填制转账传票，办理转账，将“电子联行往账”科目的余额转入“电子清算资金往来”科目。对于往账贷记业务，会计分录为：

借：电子联行往账

　　贷：电子清算资金往来

如系借记业务，则会计分录相反。

（三）转发行的账务处理

转发行收到发报行送来的往账信息，经确认无误后，向发报行发送收电回执，然后再按收报行行号清分，分批将其连同贷、借业务笔数、金额的合计数转发收报行，并验证收报行的收电回执。

每日营业终了，通过往账、来账结束包，转发行与发、收报行对清账务，轧平之后即打印电子联行往来平衡表。电子联行的上存、借用资金余额合计数每日应当相等。电子清算资金往来各账户的余额每月由转发行与各发、收报行使用传真或邮寄对账表的方式核对，发现不符应立即查明更正。

（四）收报行的账务处理

收报行收到来账信息，经审核无误后，向转发行发送收电回执，并按汇入行打印电子联行来账清单一式三联或逐笔打印来账补充报单及汇总单各一式三联，经逐笔核押，即按总数填制两联划款凭证进行账务处理。对于贷记业务，会计分录为：

借：电子联行来账

　　贷：××商业银行存款

如系借记业务，则会计分录相反。

转账后，将来账清单第一、二联（或汇总单第一联、补充报单第一联）分别作有关商业银行存款科目传票附件和电子联行来账卡片账，在第三联（或汇总单第三联）上加盖转讫章及有关人员名章后连同一联划款凭证和补充报单第二、三联转交汇入行，汇总单第二联作电子联行来账科目传票附件。

每日营业终了，收报行对清当日来账后，即根据当日联行来账累计收到数（即本日发生额）及转账数打印电子联行来账日计表，凭表中转账数编制转账传票，将电子联行来账科目余额转入“电子清算资金往来”科目。对于贷记业务，会计分录为：

借：电子清算资金往来

　　贷：电子联行来账

如系借记业务，则会计分录相反。

（五）汇入行的账务处理

汇入行接到收报行转来的电子联行来账清单第三联及划款凭证，经审核无误后自行编制转账凭证和收（付）款通知，进行账务处理。对于贷记业务，会计分录为：

借：存放中央银行款项

　　贷：活期存款

如系借记业务，则会计分录相反。

转账后，将收(付)款通知盖转讫章送交收(付)款人。

第四节　内部往来

内部往来的会计核算是派出行与被派出行以及内部核算单位之间代收、代付业务的核算。

一、内部往来的核算

1. 内部往来代收业务的核算

派出行(或被派出行)根据有关业务凭证填制“内部往来划收款报单”一式两联，在通知联上加盖业务公章及经办人、复核人名章，连同有关业务凭证内部传送到被派出行(或派出行)，“内部往来划收款报单”存根联和有关业务凭证加盖转讫章后，分别作借、贷方记账凭证办理转账。其会计分录为：

借：××科目——××户

　　贷：内部往来——××行往来户

派出行(或被派出行)接到转来的内部往来划收款报单通知联及有关业务凭证，经审查无误以通知联代替借方记账凭证，与有关贷方记账凭证办理转账。其会计分录为：

借：内部往来——××行往来户

　　贷：××科目——××户

2. 内部往来代付业务

按规定范围需办理代付款业务时，根据有关业务凭证，填制“内部往来划付款报单”一式两联，比照代收业务手续处理。记账时作相反的会计分录。

二、内部往来的账目核对及凭证传递

(一)账目核对

内部往来的账目核对应采取每天核对和按月定期签证对账的办法。

(1)每天营业终了前，处、所应主动用电话向派出行核对内部往来余额是否一致，如发现不符，应以账务联系书或电话查询，派出行接到查询后，及时查明原因，答复处、所，由错账方更正。

(2)按月定期签证对账是指每月后 2 日内，由处、所根据记载“内部往账”月底余额，逐户填列“内部往来对账单”一式两联，并注明最后一笔账目的划款报单号码，逐联加盖业务公章一并寄派出行。派出行收到对账签证单后，在 2 日内核对完毕。核对相符的，在两联上加盖业务公章寄回有关行、处一联；不符的，应以账务联系书或电话向对方查询，待双方查对相符后，再办理签证。年终对账按年终决算的规定办理。

(二)内部往来报单的传递

(1)为防止未达账项，对于同城镇的派出行与处、所之间“内部往来划款报单”，派出行可将当天“划款报单”及附件次日随押送钱箱的专车送各处、所；各处、所将当天的“划款报单”及附件随下午收钱箱的专车送派出行，同时必须建立登记手续。

(2)内部往来核算，年末不得留有未达账项。

思考与练习

一、名词解释

1. 联行
2. 联行往来
3. 联行汇差
4. 发报行
5. 收报行

二、填空题

1. (　　)是指同一银行系统内有资金往来关系的各行处之间的互称。
2. (　　)是指同一银行系统内各行处之间办理相互代收代付业务而发生的资金和账务往来。
3. 电子联行业务的专用科目包括(　　)、(　　)、(　　)、(　　)。
4. 划付款业务发报行会计部门应记入"清算资金往来"科目的(　　)方。
5. 经办行在日终清算时结转应收汇差,应记入(　　)科目的借方。

三、单选题

1. 汇出行对外划转收款业务时,会计分录为(　　)。

A. 借:科目
　贷:清算资金往来

B. 借:清算资金往来
　贷:科目

C. 借:科目
　贷:待清算票据款项

D. 借:待清算票据款项
　贷:科目

2. 兑付银行汇票业务,属于电子汇划(　　)业务。

A. 划收款　B. 划付款　C. 汇出行　D. 汇入行

3. 日终,某商业银行"清算资金往来"科目的余额结计在借方,联行的分录为(　　)。

A. 借:存放联行款项
　贷:清算资金往来

B. 借:清算资金往来
　贷:存放联行款项

C. 借:存放中央银行款项
　贷:清算资金往来

D. 借:清算资金往来
　贷:存放中央银行款项

四、多选题

1. 联行电子汇划业务的专用科目有(　　)。

A."清算资金往来"　B."待汇出电子汇划款项"

C."存放联行款项"　D."联行存放款项"

2.联行往来包括(　　)三级管理的联行往来体制。

A. 全国联行往来　B. 国外联行往来　C. 分行辖内往来　D. 支行辖内往来

3. 为了保证联行往来电子汇划资金的安全,采取的技术措施有(　　)。

A. 联行行号　B. 联行报单

C. 联行密押　D. 电子汇划专用章

五、实务题

练习商业银行电子联行汇划款业务的核算。

2008 年 8 月 1 日,中国工商银行北京朝阳某支行发生以下业务:

1. 开户单位信达贸易公司提交汇兑凭证,向中国工商银行广州白云支行的开户单位纺织有限公司汇出货款100 000元。假定两行均为会计主体行,可以直接进行电子汇划,试编制两行的会计分录。

2. 2008 年 8 月 10 日,中国工商银行北京朝阳支行收到开户单位有色金属公司提交的两联进账单及中国工商银行大连滨江支行于 8 月 5 日签发的银行汇票第二、三联,金额 200 000 元,经审核无误,办理全部解付转账手续。假定两行均为会计主体行，可以直接进行电子汇划，试编制两行的会计分录。

六、思考题

1. 简述联行往来的特点、实质及基本做法。
2. 电子联行的汇划程序如何？
3. 简述电子汇划款项业务的核算。
4. 什么是汇差？如何进行汇差资金清算的核算？

第七章　金融机构往来的核算

金融机构往来是金融系统之间的资金往来，包括金融机构之间由于互相办理存贷款、拆借资金、解缴现金、调拨现金、跨系统结算等发生的资金往来。

第一节　金融机构往来的概述

一、金融机构往来的概念及内容

国民经济各部门之间因商品交易、劳务供应而产生的资金划拨和清算必须通过银行才能完成。由于各单位开户的商业银行不尽相同，结算资金的划拨和清算需要在不同系统银行之间进行，以及各商业银行之间相互融通、拆借资金，这就形成了商业银行之间的往来。中央银行是银行的银行，各商业银行向中央银行存、取款项，为了业务需要，向中央银行进行再贴现、再贷款，从而形成了商业银行与中央银行之间的往来。金融机构往来是指商业银行与商业银行之间、商业银行与中国人民银行之间、商业银行与非银行金融机构之间，由于办理资金划拨、结算等业务而引起的资金账务往来。

目前，金融机构往来核算的内容有：商业银行之间的往来包括同城票据交换及清算、异地跨系统汇划款项相互转汇、同业拆借及转贴现等；商业银行与中央银行的往来包括商业银行向中央银行送存或提取现金、缴存存款准备金、向中央银行借款、办理再贴现及通过中央银行汇划款项等。金融机构往来的核算，对商业银行的独立核算、加强信贷资金管理、提高经济效益和充分发挥中央银行宏观调控作用都有重要的现实意义。

二、金融机构往来的核算要求

金融机构往来的核算，既涉及中央银行的核算，又涉及各金融机构的核算，所以在核算过程中应该遵循以下要求：

(1)及时办理跨系统的结算业务，加速企业资金周转，要有利于畅通汇路。商业银行应及时、准确、快捷地办理金融机构往来的核算，及时清算各商业银行之间的资金占用，迅速传递结算凭证，及时办理转账手续，以保持汇路畅通，提高社会资金的周转速度和使用效益。

(2)商业银行跨系统汇划款项和商业银行系统内50万元(含)以上的汇划款项，一律通过人民银行办理转汇并清算资金。

(3)商业银行到人民银行取款不得透支；计划内借款不得超过人民银行核定的贷款额度；同业拆借应通过双方在人民银行的存款户办理转账，不得支取现金。

(4)各商业银行在中央银行开立的往来账户应严格掌握，不能透支，并要求留足备付金，如备付金不足，则应及时调度资金。

第二节 商业银行之间往来的核算

一、商业银行之间往来的概念

商业银行之间往来，也称同业往来，是指商业银行与有关跨系统行处之间，由于办理结算、资金拆借及代理业务等，而发生的资金账务往来。它既与结算等业务有着密切的联系，又关系到跨系统资金清偿，而跨系统资金清偿最终还是要通过各自在人民银行开立的准备金存款账户来办理商业银行之间的往来，主要包括同城票据清算、跨系统划款相互转汇和各商业银行之间的资金拆借等往来。

二、同城票据交换(清算)的核算

(一)同城票据交换(清算)的概念、作用及相关组织程序

1. 同城票据交换(清算)的概念

同城票据交换(清算)是指对同一城市在同一银行开户的收、付款之间的转账结算，为加快凭证传递，加速资金周转，其开户行(必须发有同城交换号)按统一的时间，到规定的场所交换结算凭证进行资金清算的方式。在大中城市，由于各个单位的开户银行可能各不相同，它们之间的经济往来、资金清算不可能在一个银行内部完成，这就需要通过同城票据交换来处理。

2. 同城票据交换(清算)的作用

在同一城市和毗邻地区范围内由人民银行(或委托银行)统一组织各商业银行进行票据交换清算的意义在于：

(1)可以加速有关银行间的凭证传递，加速资金周转，提高结算效率。

(2)可以简化各商业银行间的往来核算手续，及时清算银行间的往来占款，有利于各行处的业务经营。

3. 同城票据交换的组织

同城有关商业银行间进行的票据交换清算，一般由人民银行通过设立票据交换所统一组织；当地未有人民银行机构的，一般由人民银行委托当地某商业银行组织。

参加票据交换清算的行处一般是同城内的有关商业银行，但交通方便的地区，也可吸收毗邻市县的有关行处参加本市的票据交换。

进行票据交换的具体场次和时间，需根据各地的具体情况而定。一般在大中城市，每天进行两次；在中小城市进行一次。

(二)同城票据交换(清算)的基本规定

(1)对参加交换的行处，核定交换号码。参加票据交换的银行营业机构，必须向人民银行交换(清算)的部门申请交换号码，经审查同意后，核发该行交换号码，并通报全市各参加交换的银行，自哪一天起参加交换。

(2)确定交换场次和时间。

(3)票据交换分“提出行”和“提入行”两个系统处理，一般参加交换的行处，既是“提出行”，又是“提入行”。提出行提出交换的票据凭证，主要有以下几类：

①作为收款行向付款行提出的有支票、银行汇票、本票及商业汇票等。

②作为付款行向收款行提出的有进账单、贷记凭证等。提入行通过交换提回应属于本行

受理的上述票据和凭证。

③提出交换的票据分借方票据(代付/应收票据)和贷方票据(代收/应付票据)两种。提出的借方票据和提入的贷方票据是指付款单位在他行开户、收款单位在本行开户的票据;提出的贷方票据和提入的借方票据是指收款单位在他行开户、付款单位在本行开户的票据。

(三)同城票据交换的具体做法(计算机处理交换票据的做法)

(1)严格统一交换票据(凭证)格式,用打码机处理提出票据。

①特制统一的交换票据(凭证)。由于这些票据(凭证)仍系签发人手写,为此需经打码机处理后才能提出交换。

②打码机在每张票据(凭证)末端,用磁性油墨打印一行数码。这行数码根据票据(凭证)填写的有关要素打印,其中包括票据号码、交换行号、单位账号、借(贷)方代码及金额五项内容(前三项内容,当支票发售时已予打上),以供计算机输入打印提出交换的逐笔清单。为了便于分批处理提出交换票据(凭证),在每批(不超过 100 张)打码机处理后,另打印一张"批控卡",以控制分批金额。

(2)填制"交换提出报告单",连同票据凭证提出交换。提出行根据"批控卡"的借方(贷方)总额填入"交换提出报告单",结计合计总数,并与打码机的总数核对相符,连同本场交换提出的全部票据和贷记凭证以及逐笔清单,一并装袋送交换所。

(3)交换所清分、打印及提回交换凭证。交换所工作人员在柜面与提出交换行送达的票据、凭证办理交接手续,按规定必须在每场交换规定时间前送达办妥。然后将交换票据、凭证送交机房,由工作人员陆续输入计算机运行,自动按提回行进行清分、读数,打出明细清单,直至最后把提回票据、凭证输进各提回行的箱夹,整个交换工作即告完成。

(4)根据提出、提回票据。凭证的借、贷方总金额轧计,打制"交换差额报告单"送人民银行营业部门办理转账。

(5)提入行将票据及凭证处理入账。提入行提回的票据及凭证,通过终端机输入,记入各单位账户,有关票据的审核、验印手续,按转账支付核算办理。这批票据、凭证的输入总金额应与提回清单的总金额相符,如有差异,应逐一查对处理。

(四)同城票据交换的账务处理

理论上,提出提入的票据、凭证每笔资金清算都要通过人民银行办理,即逐笔与"存放中央银行款项"对转,而实务上却是汇总轧差的一套分录。为了使各行处与人民银行账务相符一致,不能直接使用"存放中央银行款项"科目,而需通过相应的过渡科目列账,最终根据过渡科目与交换差额通过"存放中央银行款项"科学进行核算。

三、同城票据交换的基本做法及会计核算

(一)提出行的账务处理

各参加票据交换的银行应设置交换组或清算柜,配备专门的交换员对本行代收的他行票据集中办理交换,提出交换前,提出行将提出交换的票据,按代收票据和代付票据分别登记"代收票据交换登记簿"和"代付票据交换登记簿",并结出金额合计数,然后按照代收票据和代付票据所属行处的交换号(即对方提入行处的交换代号),加以整理和汇总,加计票据张数、金额,然后将这些业务数据分别输入计算机录成软盘,通过互联网将软盘数据传给该清算中心(将录好的软盘交给清算中心),并由计算机按提入行行号分别打印"提出借方票据清单"和"提出贷方票据清单"一式两联,一联留存备查,另一联随待交换的票据,由交换员带至交换所进行交

换。最后，将所有的借方票据清单和贷方票据清单分别汇总，编制“提出票据汇总计数单”代记账凭证办理转账。

(1)提出贷方票据的核算。根据“提出票据贷方汇总计数单”和所附“提出贷方票据清单”，作会计分录：

借：活期存款——各付款人户

　　贷：待清算票据款项

(2)提出借方票据的核算。根据“提出票据借方汇总计数单”和所附“提出借方票据清单”，作会计分录：

借：待清算票据款项

　　贷：其他应付款——提出交换专户

待超过退票时间，而票据没有被退回，则提出借方票据的银行据此为收款人进账，其会计分录为：

借：其他应付款——提出交换专户

　　贷：活期存款——各收款人户

对他行退回的借方票据，应就已退回的票据及收款人的其他有关凭证(如进账单等)一并退给收款人。其会计分录为：

借：其他应付款——提出交换专户

　　贷：待清算票据款项

(二)交换票据时的处理

各个参加票据交换的行处持应该提出的票据与汇总表，在规定的时间内到票据交换所。在交换所内，各行的交换员将提出的票据按票据清单上列明的提入行的交换号码，分发到各交换行在交换所的固定位置上，然后回到本行所在的固定位置，点收他行送来的票据，其处理程序如下：

(1)核对他行提交的借(贷)方票据清单的笔数、金额是否与所附票据相符，核对提入票据是否属于本行票据。

(2)分别计算本场本行提入借方票据和贷方票据的笔数、金额合计，反方向填写“提入借(贷)票据汇总计数单”，然后计算本场本次交换本行应收金额和应付金额。其中，应收金额等于提出借方票据金额与提入贷方票据金额之和；应付金额等于提出贷方票据金额与提入借方票据金额之和。如果应收金额大于应付金额即为应收差额，反之为应付差额。

(3)交换所收齐各行输(交)来的数据，通过计算机进行分类汇总，并轧计出交换行本场票据交换中应收金额、应付金额及应收或应付差额，然后将有关数据打印出来交给各行的交换员进行复核。

(4)本行交换员将已汇总的应收金额、应付金额及应收或应付差额与人民银行清算员打印的相应数据核对一致后，填写“同城票据清算划收(划付)专用转账凭证”一式四联，其中两联交票据交换所划拨转账清算差额，另两联带回本行进行账务处理。

(5)人民银行清算员收齐各提出行交来的“同城票据清算划收(划付)专用转账凭证”后进行审查平衡。计算公式为：

提出应付金额合计＝提回应付金额合计

提出应收金额合计＝提回应收金额合计

应付差额合计＝应收差额合计

审查、平衡无误后将转账专用凭证中的一联加盖转账专用章后退给提出行作转账回单，一联本所留存，一联转交本行会计部门据以进行资金清算。其会计分录为：

借：××银行存款——备付金存款户（应付差额行户）

　　贷：××银行存款——备付金存款户（应收差额行户）

（三）提入行的账务处理

通过票据交换，通常提回两种票据：一种是提入借方票据，即付款单位在本行开户的票据；一种是提入贷方票据，即收款单位在本行开户的票据。

提入行根据从票据交换所提回的借、贷方票据以及“提入借（贷）票据汇总计数单”，然后将票据和计数单分开，分别按照代收、代付汇总加计票据笔数和金额，经核对无误后，分别登记“清算总结表”中的“收回代收款”和“收回代付款”栏，最后结出收入和付出的合计，办理转账。

(1)提回借方票据的处理。要求在银行开户的付款单位进行付款，如果付款单位账户有足够的余额进行支付，其会计分录为：

借：活期存款——各付款人户

　　贷：待清算票据款项

如果付款单位账户没有足够的余额进行支付，则银行不能进行划款，而需要将提入的借方票据办理退票，其会计分录为：

借：其他应收款——退票专户

　　贷：待清算票据款项

并将待退回的票据专夹保管，以便下场交换时退交原提出行，再提出交换时冲销上述分录。

(2)提回贷方票据的处理。提回贷方票据时，一般不会发生退票，可以直接办理转账，其会计分录为：

借：待清算票据款项

　　贷：活期存款——各收款人户

对于提回的贷方票据，因票据要素错误或其他原因不能进账的，应列入退票处理，其会计分录为：

借：待清算票据款项

　　贷：其他应付款——退票专户

并将待退票的票据专夹保管，以便下场交换时退交原提出行，再提出交换时冲销上述分录。

（四）清算差额的处理

参加票据交换的行处，根据本行的“清算总结表”收入和付出合计数，轧算出应收或应付差额，若收入金额大于付出金额，则为应收差额；如果收入金额小于付出金额，则为应付差额。提回票据的银行以提回的“同城票据清算划收（划付）转账凭证”，分别代替借方或贷方记账凭证办理转账，结清过渡性科目“待清算票据款项”的余额。如果本次交换后本行为应收差额，其会计分录为：

借：存放中央银行存款——备付金存款户

　　贷：待清算票据款项

如果本次交换后本行为应付差额，其会计分录为：

借：待清算票据款项

　　贷：存放中央银行存款——备付金存款户

四、同城票据退换处理

票据交换业务要坚持“先付后收，收妥抵用，银行不予垫款”的原则。当提入行提入有错误（如账号、户名不符，大小写金额不符等）的票据或属于付款透支的票据，要办理退票手续时，将提入的有关票据退回原提出行，各行办理退票时，除要及时通知对方行外，应于下场交换时作为退票提出，其处理方法如下：

（一）退出行的账务处理

退出行即提出退票的行处（原提入行）当提入的票据由于各种原因不能办理转账，需要退票时，应在规定的退票时间内电话通知退入行，并将待退票据视同提出票据列入下次清算。由于待退票据款已列入本次清算差额，为保持本次“待清算票据款项”余额与清算差额一致，便于账务平衡和核查，对待退票款项应列入应收或应付科目清算。退票时，填制“退票理由书”一式三联，一联留作应收或应付科目的转账凭证，另两联附退票票据于下次票据交换时退回原退出行。退回借方票据的会计分录为：

借：待清算票据款项

　　贷：其他应收款——退票专户

（二）退入行的账务处理

退入行（原提出行）接到退出行的电话通知或退回的票据后，根据票据交换登记簿查明确属本行提出的票据，在登记簿中注明退票的理由和时间再作账务处理，退回的票据视同提入票据处理。根据退出行提交的“退票理由书”填制特种转账凭证办理转账。对于退回的借方票据，其会计分录为：

借：其他应付款——退票专户

　　贷：待清算票据款项

对于退回的贷方票据，其会计分录为：

借：待清算票据款项

　　贷：活期存款——原付款人户

五、异地跨系统汇划款项转汇的核算

异地跨系统汇划款项转汇是指不在同一系统的商业银行开户的客户办理异地结算业务时，各商业银行之间因此而需要在相互之间汇划款项所发生的业务。目前，商业银行跨系统汇划款项对于10万元以下的款项通过同业进行核算，通过商业银行相互之间开立的存款账户转汇的办法办理。对于超过10万元的大额款项，应通过人民银行转汇和清算资金。通过各商业银行间跨系统汇划款项的办法，根据银行机构设置的不同情况，分别采用下列不同的转汇方式。

（一）“先横后直”方式的账务处理

该种方式适用于汇出行所在地为双设机构的地区，即该地区既有汇出行，又有人民银行或与汇入行相同系统的银行机构。当跨系统汇划款项发生时，由汇出行根据客户提交的跨系统汇划凭证，按不同系统逐笔填写“转汇清单”，汇总“划收（付）凭证”，通过“存放同业款项”或“同业存放款项”科目划转或通过同城票据交换，将转汇清单连同有关汇划款项的凭证等一起通过交换送交跨系统的转汇行。转汇行再通过系统内联行电子汇划清算系统将款项划入收款人开户行。其核算程序如图7—1所示：

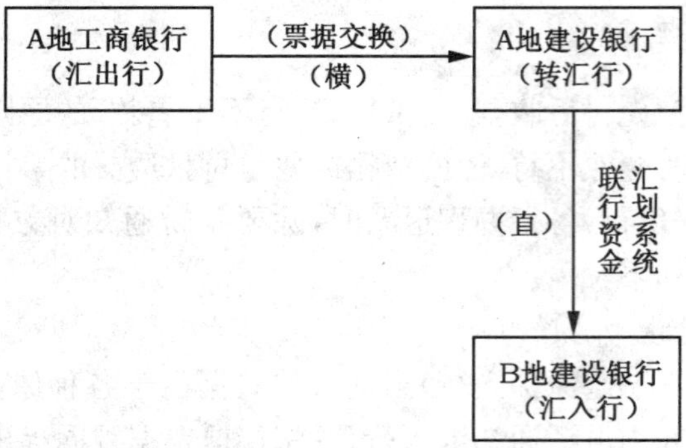

图 7—1 汇出地为双设机构地区的核算程序

这种转汇方式涉及汇出行、汇出地跨系统转汇行及异地汇入行三方的核算。其账务处理分别为：

1. 汇出行的核算

借：活期存款——汇款人户

[或：××科目]

贷：同业存放款项——同城转汇行户

[或：存放中央银行款项——备付金存款（票据交换地区）]

2. 汇出地跨系统转汇行的核算

借：存放同业款项——同城汇出行户

[或：存放中央银行款项——备付金存款（票据交换地区）]

贷：清算资金往来——××清算中心户

3. 异地汇入行的核算

借：清算资金往来——××清算中心户

贷：活期存款——收款人户

（或：应解汇款——××户）

（二）"先直后横"方式的账务处理

该方式适用于汇出行所在地为单设机构地区而汇入行所在地为双设机构地区的款项汇划。即在汇出地没有汇入行系统的银行机构，只有汇出行，当异地跨系统转汇业务发生时，汇出行首先通过本系统的联行将跨系统汇划款项划转给汇入行所在地区的本系统分支行，作为转汇行，然后再由转汇行将资金通过票据交换提交汇入行转入收款人账户。其核算程序如图 7—2 所示。

这种转汇方式涉及汇出行、异地跨系统转汇行和异地汇入行三方的核算。其账务处理分别为：

1. 汇出行的核算

借：活期存款——汇出人户

贷：清算资金往来——清算中心户

2. 异地跨系统转汇行的核算

借：清算资金往来——清算中心户

贷：同业存放款项

（或：待清算票据款项）

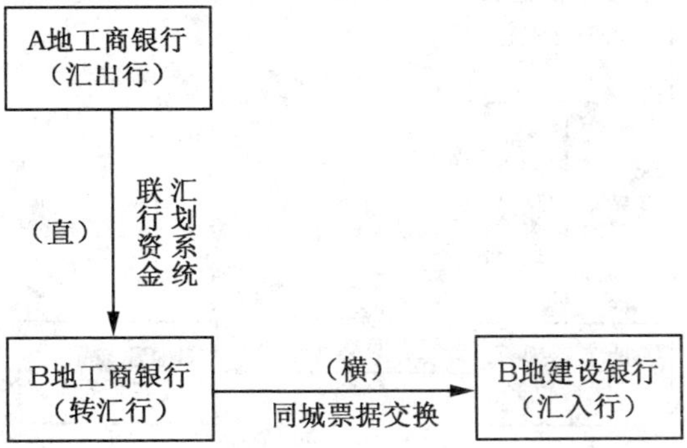

图 7—2　汇出地为单设机构地区的核算程序

3. 异地汇入行的核算

借:同业存放款项——同城转汇行户

（或:待清算票据款项）

贷:活期存款——收款人户

（或:应解汇款——××户）

(三)“先直后横再直”方式的账务处理

该方式适用于汇出行和汇入行所在地均为单设机构地区时的款项汇划,即在汇出地和汇入地均未设其他系统的银行机构,一般是乡、镇所在地银行的基层处所。在这种情况下,需要先选择一个双设机构的地区代为划转。所选的这个地区应距汇出行距离较近或距汇出行的管辖行所在地较近,先由汇出行凭客户提交的结算凭证填制本系统联行报单,通过联行往来将款项划至代为中转地区的本系统联行机构(代转行),代转行收到单据审核无误后,直接通过同城票据交换,将款项划转给中转地区的汇入行系统的联行机构(转汇行),转汇行收到本地区跨系统代转行划转的款项,审核无误后,填制本系统联行报单,通过联行往来将资金划转给汇入行,汇入行为收款单位入账。其核算程序如图 7—3 所示。

其账务处理分别为:

1. 汇出行的核算

借:活期存款——汇出行

贷:清算资金往来——清算中心户

2. 双设机构地区本系统转汇行的核算

借:清算资金往来——清算中心(组)户

贷:同业存放款项

［或:存放中央银行款项——备付金存款户(票据交换地区)］

3. 双设机构地区其他系统转汇行的核算

借:同业存放款项

（或:存放中央银行款项——备付金存款户）

贷:清算资金往来——清算中心户

4. 汇入行的核算

借:清算资金往来——清算中心户

贷:活期存款——收款单位户

（或:应解汇款——××户）

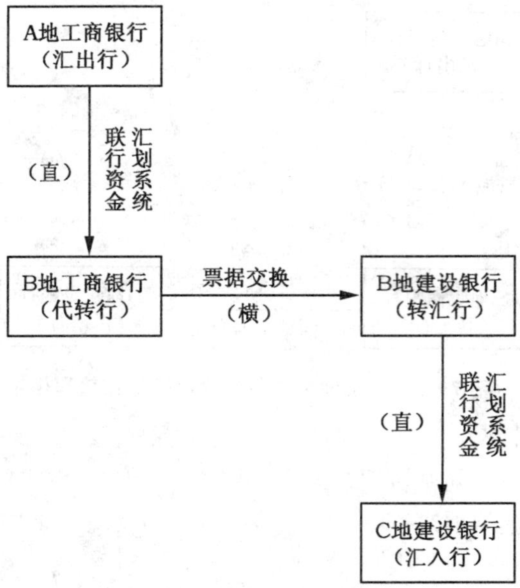

图 7—3 汇出地、汇入地均为单设机构地区的核算程序

六、同业拆借的核算

(一)同业拆借的概念

同业拆借是指商业银行之间临时融通资金的一种短期信贷行为,是解决因转汇或票据交换等业务而产生的资金不足的一种有效方法。其特点是:拆借时间短,定期归还;拆借资金均要通过双方在人民银行的存款账户办理转账。跨地区拆借资金须报管辖行批准,跨省拆借应报总行审批。

(二)同业拆借的会计科目

1.“拆放同业”科目

该科目属于资产类科目,由拆出行使用。拆出资金时,记本科目的借方;收回资金时,记本科目的贷方,余额在借方,表明该行拆出尚未收回的款项。该科目应按拆入行设明细账进行核算。

2.“同业拆入”科目

该科目属于负债类科目,由拆入行使用。拆入资金时,记本科目的贷方;归还资金时,记本科目的借方,余额在贷方,表明该行拆入尚未归还的款项。该科目应按拆出行设明细账进行核算。

(三)资金拆借的核算

1. 拆出行的核算

拆出行经计划部门批准,与拆入行签订拆借合同后,应签发其在人民银行存款账户的转账付款凭证(一般以转账支票代替),办理转账手续。其会计分录为:

借:拆放同业——拆入行户

　　贷:存放中央银行备用金

　　　(或:存放中央银行款项)

转账后，将转账支票连同进账单一起交拆入行或开户行(即人民银行)。

2. 人民银行的核算

人民银行收到拆出行签发的转账支票和进账单，应据以办理转账。其会计分录为：

借：××银行存款(拆出行户)

　　贷：××银行存款(拆入行户)

3. 拆入行的核算

拆入行收到进账单回单联，应据以办理转账。其会计分录为：

借：存放中央银行备用金

　　(或：存放中央银行款项)

　　贷：同业拆入——拆出行户

(四)拆借资金归还的核算

1. 拆入行的核算

借：同业拆入——拆出行户

　　金融企业往来支出——同业拆借利息支出户

　　贷：存放中央银行备用金

　　　　(或：存放中央银行款项)

转账后，将支票和进账单一起交人民银行。

2. 人民银行的核算

人民银行收到拆入行签发的转账支票和进账单，应据以办理转账。其会计分录为：

借：××银行存款(拆入行户)

　　贷：××银行存款(拆出行户)

转账后，将进账单第一联盖转讫章交拆出行。

3. 拆出行的核算

拆出行收到进账单回单联，应据以办理转账。其会计分录为：

借：存放中央银行备用金

　　(或：存放中央银行款项)

　　贷：拆放同业——拆入行户

　　　　金融企业往来收入

第三节 商业银行与中央银行往来的核算

一、概述

(一)商业银行与中国人民银行的往来关系

中国人民银行是国家领导管理全国金融事业的中央银行，它是各商业银行的银行。商业银行与中央银行往来是指商业银行与中央银行由于办理缴存(支取)现金和存款、再贷款、再贴现，以及必须通过中央银行开立的存款户进行清算的资金往来等业务往来。

具体来说，商业银行在日常经营中与开户人民银行主要存在如下往来关系：

(1)在当地人民银行开立存款户，将业务资金存入人民银行，与人民银行建立收支往来关系。

(2)商业银行上下级行、处之间的业务资金调拨，可通过开户人民银行汇拨。

(3)商业银行与其他商业银行的资金清算，要通过人民银行办理。

(4)商业银行的业务现金，要向人民银行发行库或发行保管库办理存取。

(5)商业银行要按规定向人民银行缴存法定的存款准备金。

(6)商业银行可以在核定额度内向人民银行借入资金；商业银行按规定通过人民银行办理资金的拆出与拆入、再贴现。

(7)商业银行可以接受人民银行的委托，办理人民银行的委托贷款业务等。

(二)会计科目

为了适应办理与人民银行往来业务的需要，商业银行设置以下科目和账户：

1.“存放中央银行款项”科目

该科目是资产类科目，用于核算本行在人民银行的存款。在人民银行的存款增加，记入借方，存款的减少记入贷方。余额反映在借方，表示尚可支用的款项。核算原则为先存后用，不得透支。该科目下设“备付金存款”和“财政性存款”两个明细账户，分别用于核算商业银行的备付金存款和缴存的财政性存款。

2.“向中央银行借款”科目

该科目是负债类科目 ，用于核算本行向人民银行借入的款项。本行向中央银行借入资金时记入贷方，归还借款人时记入借方。余额反映在贷方，表示向中央银行借入的尚未归还的借款。

3.“金融机构往来收入”科目

该科目是收入类科目，用于核算本行在人民银行或其他商业银行的存款利息和向其他金融机构拆出资金的利息收入。发生利息收入时记入贷方，冲减或结转利息收入时记入借方。期末将余额结转到“本年利润”科目。

4.“金融机构往来支出”科目

该科目是支出类科目，用于核算其他商业银行在本行存款的利息支出和从其他金融机构拆入资金的利息支出。发生利息支出时记入借方，冲减或结转利息支出时记入贷方。期末将余额结转到“本年利润”科目。

二、商业银行在中央银行开立存款准备金账户

存款准备金是商业银行现金资产的重要组成部分。存款准备金包括两个部分：一是按照中央银行规定的比例上缴的法定存款准备金；二是准备金账户中超过了法定存款准备金的超额准备金。法定存款准备金是根据商业银行存款余额，按照法定的比例向中央银行缴存的准备金。商业银行通过“存放中央银行款项”科目进行核算，中央银行通过“××银行存款”科目进行核算。

(1)商业银行存入中央银行款项时，会计分录为：

借：存放中央银行款项

　　贷：××科目

(2)中央银行受理时，会计分录为：

借：××科目

　　贷：××银行存款

(3)商业银行从中央银行支取款项时，会计分录为：

借:××科目

　　贷:存放中央银行款项

(4)中央银行受理时,会计分录为:

借:××银行存款

　　贷:××科目

三、商业银行缴存(支取)现金的核算

(一)向中央银行存入现金的会计核算

商业银行根据存款准备金制度的规定,向人民银行发行库缴存现金时,填制人民银行“现金入库单”一式两联。根据交款单填制“现金出库单”一式两联,经出纳负责人和主管行长审查,在出库单上签章,据以办理现金出库手续。现金和两联交款单一并交给交款人。交款人持单押款到人民银行发行库办理现金缴存手续。

中国人民银行经点收无误后,填制发行库入库单办理入库手续,其会计分录如下:

借:发行基金往来

　　贷:××银行存款

然后在现金缴款单上加盖现金收讫章和经办员名章后,回单联退还给交款人,交款人应立即将人民银行签章退回的“现金交款单”回单交管库员,管库员审查无误后,一联出库单凭以登记“库存现金登记簿”,另一联出库单连同现金交款单交出纳人员。出纳人员凭以登记“现金付出登记簿”后,现金交款单回单联交会计部门作借方凭证,现金付出日记簿和一联出库单作贷方记账凭证,办理转账。其会计分录为:

借:存放中央银行款项——备付金存款户

　　贷:库存现金

(二)向中央银行支取现金的会计核算

商业银行向人民银行发行库提取现金时,由出纳人员签开填写现金支票,经出纳负责人和主管行长审批同意,在现金支票存根联上签字,交给中国人民银行,人民银行会计部门审核无误后,填制发行库出库单办理出库手续。人民银行的会计分录如下:

借:××银行存款

　　贷:发行基金往来

商业银行取回现金后,由库管员清点核对现金无误后,填制“现金入库单”一式两联,一联留存,凭以登记“库存现金登记簿”,一联递交出纳人员,出纳人员根据现金支票存根和入库单登记“现金收入日记簿”,并加盖“现金收讫”章及经办人员名章之后,将现金支票存根联交会计部门作贷方记账凭证,另集中编制借方记账凭证(现金科目账留待营业终了结账时集中记账),登记现金收入日记簿,一联现金入库单作借方凭证附件,办理转账。其会计分录为:

借:库存现金

　　贷:存放中央银行款项——备付金存款户

四、商业银行缴存存款业务的核算

为了充分发挥存款准备金作为货币政策工具的作用,理顺中央银行与商业银行之间的资金关系,增强商业银行资金水平的能力,现行制度规定,商业银行吸收的非经费性财政性存款应全部划缴人民银行,吸收的一般性存款应按人民银行规定的比例缴存。

(一)有关规定

(1)商业银行和其他金融机构缴存存款分为两种:财政性存款和一般性存款。财政性存款主要指金融企业的各分支机构代办的国库业务吸收的中央预算收入,地方金库款和代理发行的国债等存款。一般性存款主要指金融企业纳入法定存款准备金范围考核的存款,主要包括吸收的机关团体存款、财政预算外存款、个人储蓄存款、单位存款和其他各项存款。

(2)财政性存款划缴的比例为100%,应全部划缴。

(3)一般性存款按规定比例缴纳,现行比例为21.5%。

(4)根据中国人民银行颁发的《关于改革存款准备金制度的通知》,人民银行对商业银行的存款准备金按法人在规定时间考核;存款准备金制度是中央银行宏观调控实施的货币政策之一,也是中央银行对金融业实施监督管理的一种手段。我国实行准备金制度是通过缴存存款的办法来进行的,即商业银行和其他金融机构应按规定的比例向中央银行缴存存款准备金,由中央银行集中管理和统一使用。

(5)以独立核算的支行为缴存单位,下属处、所由上级行代缴。

(6)为了简化手续,在调整期内,调增或调减数不足10万元者,可并入下次调整,应划缴的金额计至千元,千元以下四舍五入。

(7)缴存财政性存款的商业银行各分支行每旬调整一次,于旬后5日内办理,县支行及其以下处所,每月调整一次,于月后8日以内办理;期限内遇节假日不顺延,期满日为节假日可顺延;缴存的一般性存款准备金账户与备付金存款账户合并,每日考核,即每日备付金存款余额不得低于一般性存款余额的21.5%,因而无需单独进行账务处理。下面只介绍财政性存款。

(二)商业银行缴存存款业务核算手续及账务处理

商业银行向人民银行缴存存款,分为缴存财政性存款和缴存法定存款准备金两种。关于缴存法定存款准备金的会计核算在前面已经讲过,在此不再重复,此处重点讲述向人民银行缴存财政存款时的会计处理。

1. 初次缴存

商业银行向人民银行缴存财政存款时,应按规定的比例计算出应缴存金额,填制一式四联调整缴存存款划拨凭证,第一联贷方凭证和第二联借方凭证缴存银行,作为记账凭证;第三联贷方凭证和第四联借方凭证送交人民银行办理手续,其会计分录为:

借:缴存中央银行财政性存款

　　贷:存放中央银行款项——备付金存款户

中国人民银行收到商业银行送来的缴存存款划拨凭证和科目余额表,经审核无误后,以第三联贷方凭证和第四联借方凭证分别代转账贷方、借方凭证办理转账。其会计分录如下:

借:××银行存款

　　贷:××银行缴存财政性存款

2. 调整划缴存款的会计核算

银行初次缴存存款以后,要按照规定时间对已划缴的存款进行调整。调整时,应该根据有关存款科目余额,填制一式两份“缴存存款各科目余额表”,根据余额表填制本次应调增金额或调减金额,然后再填制一式四联划拨凭证,以第一联和第二联凭证代转账贷方和借方凭证办理转账。如果本次应缴数大于已缴款,则为调增,将应调增数划缴人民银行,会计分录与初缴时相同;如果本次应缴数小于已缴数,则为调减,调减会计分录与缴存时相反。

转账后,商业银行将第三联和第四联凭证连同缴存存款各科目余额表一份送交中国人民银行,另一份余额表留存备查。

3. 欠缴与补缴存款

调整过程中,如在人民银行存款账户余额不足,则造成部分欠缴款,应在规定时间内设法调入资金,办理缴存手续,如在期限内未能调入资金,应按本期可实缴的金额和欠缴金额分别填制"调整缴存存款划拨凭证"和"欠缴凭证"各一式四联。以划拨凭证一、二联办理转账,欠缴凭证一、二联留存,并在表外科目记录:

收入:待清算凭证

两套凭证的三、四联连同缴存存款各科目余额表送交中国人民银行,由中央银行按规定的比率计收罚金。对欠缴的存款,商业银行应积极筹集调度资金,及时补缴。补缴存款手续由中国人民银行主动采取扣收方法办理。待商业银行在中国人民银行的准备金存款户有足够款项时,中国人民银行即以保管的欠缴凭证为记账凭证办理欠缴款项的全额收回,同时编制特种转账借方、贷方凭证各两联,以其中借、贷方各一联作罚款凭证办理转账,剩余两联加盖业务公章后交给商业银行。

商业银行收到中国人民银行交来的特种转账借方、贷方凭证后,抽出原保管的欠缴凭证第一、二联,一并办理转账。同时编制表外科目付出凭证,销记"待清算凭证"表外科目。其会计分录为:

借:缴存中央银行财政性存款

　　贷:存放中央银行款项——备付金存款户

付出:待清算凭证

4. 迟缴存款

商业银行调整补缴存款未在规定的时间办理缴存的,即为迟缴。对于迟缴的金额,中国人民银行应按逾期天数,根据应补缴金额收取每日6‰的罚款。对迟缴的补缴手续,商业银行及中国人民银行的处理手续同正常调增手续相同。

五、商业银行向中央银行借款的会计核算

(一)再贷款的种类

中央银行向商业银行发放的贷款,也称再贷款。它是解决商业银行临时资金不足,发挥中央银行宏观调控作用的工具。

目前人民银行对商业银行发放的贷款,按期限划分,主要分为年度性贷款、季节性贷款和日拆性贷款。

(二)再贷款的核算

1.商业银行从中央银行借入款项时的会计核算

当商业银行向中央银行申请再贷款时,首先向人民银行提交"人民银行贷款申请书",经人民银行审查同意后,填写一式五联借款凭证,并在第一联加盖预留的人民银行存款户印鉴,送交人民银行办理手续。待收到人民银行退回的第三联借款凭证(即收账通知联),凭以编制转账借、贷方凭证,办理转账。其会计分录为:

借:存放中央银行款项——××人民银行存款户

　　贷:向中央银行借款——××人民银行借款户

人民银行收到商业银行提交的一式五联借款凭证,经审查无误后,以第一联借款凭证代转账借方传票,第二联借款凭证代转账贷方传票,凭以办理转账手续。其会计分录为:

借:××银行贷款——××贷款户

贷:××银行存款准备金——××行户

转账后,将借款凭证第五联留存,作再贷款卡片账,第四联作贷款通知送人民银行计划部门,第三联作收账通知送交借款的商业银行。

2. 商业银行向中央银行归还再贷款时的会计核算

商业银行向人民银行归还借款时,应填写一式四联的还款凭证,并在第二联上加盖预留人民银行存款户的印鉴,送交开户的人民银行办理还款手续。

待收到人民银行退回的还款凭证第四联(支款通知)和借据,以还款凭证代转账凭证(借据作附件)办理转账。其会计分录为:

借:向中央银行借款——××人民银行借款户

金融企业往来支出——向人民银行借款利息支出户

贷:存放中央银行款项——××人民银行存款户

人民银行收到借款的商业银行提交的还款凭证,经审查无误后,根据还款凭证第一、二联办理转账。其会计分录为:

借:××银行存款准备金——××行户

贷:××银行贷款——××贷款户

金融企业往来支出——向人民银行借款利息支出户

转账后,将还款凭证第三联作收回贷款通知送人民银行会计部门,第四联作支款通知退回借款的商业银行。

六、再贴现的核算

(一)再贴现的概念

商业银行持未到期的已贴现票据(商业汇票),向中央银行办理的贴现,也称再贴现。再贴现是解决商业银行因办理票据贴现引起资金不足的一条途径。

(二)再贴现的账务处理

1. 办理再贴现的处理

(1)商业银行的处理。商业银行持未到期的商业汇票向人民银行申请再贴现时,应填制一式五联再贴现凭证(以贴现凭证代),连同承兑汇票一起交人民银行。

待收到人民银行退回的第四联再贴现凭证(收账通知)和承兑汇票,据以编制特种转账借、贷方传票办理转账。其会计分录为:

借:存放中央银行款项(实付再贴现全额)

金融企业往来支出——再贴现利息支出户

贷:贴现——再贴现票据户

(2)人民银行的处理。人民银行计划资金部门收到商业银行提交的再贴现凭证及承兑汇票,经审核同意再贴现后,由人民银行会计部门根据汇票金额、再贴现日期及利率计算人民银行应扣除的再贴现利息和实付再贴现金额(计算方法同商业银行贴现利息的计算),填入再贴现凭证,并据再贴现凭证第一、二、三联办理转账。其会计分录为:

借:再贴现——××银行汇票户

贷:××银行存款准备金——金融机构存款——再贴现申请行户

利息收入——再贴现利息收入户

转账后，将加盖再贴现凭证第四联退交申请再贴现的商业银行，将再贴现凭证第五联专夹保管。

2. 再贴现到期的会计核算

再贴现到期时，由人民银行作为持票人填制委托收款凭证，连同再贴现票据向付款行办理收款。收到款项划回后的会计处理程序与银行贴现收回的会计核算相似，在此不再赘述。

思考与练习

一、名词解释

1. 金融机构往来
2. 同城票据交换
3. 同业拆借
4. 跨系统转汇
5. 法定存款准备金
6. 再贴现

二、填空题

1. 商业银行向中国人民银行缴存的存款准备金包括(　　)和(　　)两类。
2. 商业银行跨系统转汇业务包括(　　)、(　　)、(　　)三种方法。
3. 同业拆借业务设置“(　　)”和“(　　)”两个专用科目。
4. 同业拆借的利息收入记入“(　　)”科目。
5. 同城票据清算中轧算差额为应收差额时，记入“(　　)”科目的借方。

三、单选题

1. 财政性存款的缴存比例为(　　)。

A. 10%　　B. 12.5%　　C. 50%　　D. 100%

2. 拆入行拆入资金的应计利息记入(　　)科目。

A.“利息收入”　　B.“利息支出”

C.“金融企业往来收入”　　D.“金融企业往来支出”

3. 商业银行向其开户的人民银行支取现金的会计分录为(　　)。

A. 借:库存现金
　贷:存放中央银行款项

B. 借:存放中央银行款项
　贷:库存现金

C. 借:××科目
　贷:存放中央银行款项

D. 借:存放中央银行款项
　贷:××科目

4.2006年5月30日，某商业银行“待清算票据款项”科目的余额在借方，本月清算当日交换资金差额的会计分录为(　　)。

A. 借:待清算票据款项
　贷:存放中央银行款项

B. 借:存放中央银行款项
　贷:待清算票据款项

C. 借:待清算票据款项
　贷:存放同业款项

D. 借:存放同业款项
　贷:待清算票据款项

四、多选题

1. 商业银行与人民银行往来的业务有(　　)。

A. 商业银行业务现金的收支　　B. 缴存存款准备金

C. 与其他商业银行的资金清算　　D. 拆借资金

E. 再贴现　　F. 转贴现

2. 同城票据交换的意义在于(　　)。

A. 加速银行间的凭证传递　　B. 提高结算业务的效率

C. 及时清算银行间的往来占款　　D. 交换行可获得不足的经营资金

3. 商业银行交换的下列票据中,属于应收款的票据有(　　)。

A. 提出交换的借方票据　　B. 提出交换的贷方票据

C. 提回的借方票据　　D. 提回的贷方票据

4. 异地跨系统转汇的方式有(　　)。

A. 先横后直　　B. 先直后横

C. 先横后直再横　　D. 先直后横再直

5. 商业银行向中国人民银行的借款包括(　　)。

A. 年度性贷款　　B. 季节性贷款　　C. 日拆性贷款　　D. 再贴现

五、业务题

2009 年 12 月 1 日,建设银行北京安华支行第一次票据交换情况如下:

1. 提出转账支票 15 张,金额 125 000 元;提出进账单 2 张,金额 18 500 元。

2. 提回转账支票 12 张,金额 161 000 元;提回进账单 4 张,金额 32 000 元。

3. 假设交换后,在统一规定的入账时间入账,未发生退票且有足够资金清算票据交换差额。

要求:计算本场交换差额并进行清算。

六、思考题

1. 什么是同城票据交换?票据交换的程序及核算方法如何?

2. 跨系统转划款项的方法及核算方法如何?

3. 什么是再贷款、再贴现?核算手续如何?

第八章　代理与委托业务核算

代理与委托业务是商业银行重要的中间业务，是商业银行利用自己的机构网点、清算系统，代理或受托完成某项业务。在不引起商业银行资产负债增减变化的前提下，既可以为各单位提供便利和服务，又可以从中收取手续费，扩大经营效益。

第一节　代理债券业务的核算

商业银行代理债券业务是商业银行作为债券代理人，根据客户委托代理发行、兑付各种债券的业务。商业银行必须与发行方签订代理发行与兑付协议，包括代理发行及兑付的数量、期限、资金清算的方式和时间、手续费标准及结算方法等。

一、代理债券业务的种类

商业银行代理发行和代理兑付的债券主要有：(1)国家债券，包括国库券、国家重点建设债券等；(2)金融债券，包括各家政策性银行、商业银行及非银行金融公司发行的债券等；(3)企业债券，包括重点企业债券、企业短期债券、企业内部集资债券等。

二、代理发行债券业务的核算

代理发行债券业务是指商业银行代理债券发行单位发售债券的业务。

代理发行债券业务按发行的过程分为全过程代理和某一阶段代理；按发售方式分为代销方式、全额承购包销方式和余额承购包销方式。

(一)代销方式的核算

代销就是商业银行受发行单位委托，代理销售发行的债券。债券售出后所筹集的款项交给发行单位，代销债券的银行向委托人收取手续费。

商业银行收到发行单位交来的代销债券，在发行期开始前，可作为重要凭证保管。对收到的债券，其会计分录为：

收入：有价单证——债券户

发售债券后，收到款项时，根据不同的收款方式转账，其会计分录为：

　借：库存现金

　　（或：活期存款——存款人户）

　　　贷：代理发行债券款项

付出：有价单证——债券户

发行结束，将代销债券款交给委托代销单位，同时应由委托代销单位付给手续费。手续费可以从发行证券款中扣除，也可以单独结算收取，由双方协商。

如果从发行债券款中扣留，其会计分录为：

借:代理发行债券款项

　　贷:存放中央银行款项

　　　　手续费收入——代理发行债券手续费

如单独结算手续费,则代理发行债券款全部划给委托代销单位,再由委托代销单位将手续费划给代销债券的银行。

(二)全额承购包销方式的核算

全额承购包销就是商业银行与债券发行单位签订合同或协议,由商业银行按合同或协议确定的价格将债券从发行单位那里买下来,并按一定的价格在债券一级市场发售的一种代理发行方式。

商业银行向发行单位承购债券的价格可能等于也可能高于或低于债券的面值,由双方在协议中确定,但发售价格由银行确定,发行单位原则上不干预。商业银行收到债券并在发行开始时按承购价记账。其会计分录为:

借:代理发行债券款项

　　贷:存放中央银行款项

按发售价销售债券后,按售价处理账务。其会计分录为:

借:存放中央银行款项

　　贷:代理发行债券款项

收到承购手续费的会计分录为:

借:存放中央银行款项

　　贷:手续费收入

发行期满后,如有尚未售出的债券,应按承购价转作“自营库存债券”或“长期债券投资”科目。其会计分录为:

借:自营库存债券

　(或:长期债券投资)

　　贷:代理发行债券款项

(三)余额承购包销方式的核算

余额承购包销方式就是商业银行与债券发行单位事先签订合同或协议,确定由商业银行代理发行该单位的债券数量,在发行期内如果商业银行承担发售的债券没有全部售出,则剩余部分由商业银行购入。

采用余额包销方式,在会计核算上分为两个阶段:一是发行期内收到发行单位交来债券及代售债券的核算,与代销方式相同;二是发行期结束后,对尚未售出的债券,与全额承购包销剩余债券的处理相同,作为自营库存债券或长期债券投资处理。

三、代理兑付债券业务的核算

代理兑付债券业务是商业银行接受国家或企业等债券发行单位的委托,兑付到期债券,兑付结束后,将已兑付债券集中交给发行单位,同时向发行单位收取手续费的业务。

为了不使代理兑付债券的商业银行垫付资金,债券发行单位应向代理兑付债券的商业银行拨付兑付债券款。

商业银行收到拨来的兑付债券款时,其会计分录为:

借:存放中央银行款项

贷:代兑付债券款

兑付债券时,收回债券,支付资金。其会计分录为:

借:代兑付债券款

贷:库存现金

(或:存放中央银行款项)

兑付期结束,应将已兑付的债券集中交给发行单位,同时收取手续费。手续费可以从代兑付债券款中扣留,也可以单独结算。其会计分录为:

借:存放中央银行款项

贷:手续费收入

第二节　代保管业务的核算

代保管业务是指商业银行接受单位或个人委托,代为保管贵重物品、有价证券、重要文件的业务。商业银行开展代保管业务,可以方便客户,为单位和个人提供服务,同时也能增加手续费收入。代保管业务需设置表外科目核算。

一、受理代保管业务的核算

客户委托商业银行代理保管贵重物品和有价证券时,需要持有效证件,填委托保管申请书一式四联。其中,第一联为申请书,作表外科目收入传票;第二联为存查联,由经办行留存备查;第三联为收据联,交委托人作到期领取保管物品的凭据;第四联为卡片联,与代保管物品一并入库保管。如凭印鉴领取的,则必须在存查联和卡片联上预留印鉴。

经办员审查证件无误,申请书各栏内容填写正确齐全,代保管物品数量与申请书填写相等后,登记代保管登记簿,将代保管物品入库保管。其会计分录为:

收入:代保管有价单证

(或:代保管贵重物品)

商业银行对于代保管业务,应向委托人收取保管手续费,手续费按规定标准以现金或转账方式收取。其会计分录为:

借:库存现金

(或:活期存款)

贷:手续费收入——代保管手续费

二、委托人领取代保管品的核算

委托人对于代保管品,可以在保管期满时领取,也可以提前领取,但提前领取的不退手续费。如果超过保管期领取的,应加收手续费。

委托人领取代保管品时,应持商业银行开具的代保管收据,并出示有效身份证件;凭印鉴支取的,应在收据上加盖预留印鉴。

经办员抽出申请书的存查联,经审核印鉴无误后,销记代保管登记簿,其会计分录为:

付出:代保管有价单证

(或:代保管贵重物品)

第三节　委托贷款业务的核算

一、委托贷款的概念

委托贷款是指受托银行接受委托单位的委托，按委托单位指定的对象、范围或用途发放的贷款。

银行办理委托贷款，要求委托单位事先将委托贷款资金存入受托行，建立委托贷款基金，由受托行按委托单位的要求，办理贷款的审查、发放、管理、监督、计算利息以及按期收回等事项。

商业银行发放的委托贷款主要包括政府部门委托贷款、企事业单位委托贷款、人民银行委托贷款。

二、委托贷款的核算

(一)存入委托贷款基金的核算

委托人与银行商定办理委托业务后，要将资金存入银行，双方应签订“委托贷款协议书”。银行根据协议书为委托人开立委托贷款基金账户，由委托人将资金存入账户。按贷款基金的不同来源渠道，根据有关凭证编制借方、贷方记账凭证。其会计分录为：

借：存放中央银行款项

　　贷：委托贷款基金

(二)委托贷款发放的核算

发放委托贷款时，银行应与借款人签订委托贷款合同，由借款人填写借款借据提交银行。借款借据一式五联，第一联回单由借款单位留存；第二联借据联银行留存，贷款归还后，退还借款单位；第三联借据副本，代委托贷款户借方凭证；第四联贷方凭证，交借款单位开户行作借款单位存款账户的贷方凭证；第五联收账通知，由借款单位开户行交借款单位。其会计分录为：

借：委托贷款

　　贷：活期存款

(三)收取手续费与结息的核算

银行按委托人的要求发放贷款应收取手续费作为收入。手续费率根据银行所承担的责任大小，按贷款额的一定比例确定。

委托贷款的利率一般由委托单位确定，或者由委托单位和用款单位协商确定，由银行负责按季收取，在贷款到期时付给委托单位。银行收取手续费时，其会计分录为：

借：活期存款

　　贷：手续费收入

银行收取利息时，其会计分录为：

借：活期存款

　　贷：代收贷款利息

(四)贷款到期收回的核算

贷款到期，由银行负责收回贷款。其会计分录为：

借：活期存款

贷:委托贷款

如果协议规定在贷款收回后终止委托行为,应将委托贷款基金及利息划给委托人。其会计分录为:

借:委托贷款基金

　代收贷款利息

　　贷:存放中央银行款项

思考与练习

一、名词解释

1. 代理发行债券
2. 代销债券方式
3. 全额承购包销方式
4. 余额承购包销方式
5. 代理兑付债券
6. 代保管业务
7. 委托贷款

二、填空题

1. 代理发行债券业务按发售方式,有(　　)方式、(　　)方式和(　　)方式。

2. 债券代销方式在债券售出后所筹集的款项交给(　　),代销债券的银行向委托人收取(　　)。

3. 商业银行按委托人的要求发放贷款,应收取手续费作为收入。手续费率根据(　　)的大小,按(　　)的一定比例确定。

三、思考题

1. 代理与委托业务有哪些特点?其收益来源如何?
2. 全额承购包销的特点与会计核算方法如何?
3. 委托贷款的会计核算方法如何?

第九章　外汇业务的核算

中国加入世界贸易组织以后，与世界经济的联系越来越紧密，而外汇作为国际支付手段的作用也就非同寻常。同时经营外汇业务也是商业银行业务经营的重要组成部分，是各单位之间办理转账结算的前提。因此，银行的外汇业务核算，不仅关系到银行的利润来源，而且对于保证国民经济持续、稳定、健康发展具有十分重要的意义。

第一节　外汇业务核算概述

一、外汇与汇率

(一)外汇

1. 外汇的概念

外汇是国际汇兑的简称，它有动态和静态之分。动态意义上的外汇，是指将一种货币兑换成另一种货币，清偿国际债权债务关系的行为。而静态意义上的外汇有广义和狭义之分。广义的静态外汇泛指一切以外国货币表示的资产。狭义的静态外汇是指以外币表示的、用于进行国际结算的支付手段。这种支付手段包括以外币表示的信用工具和有价证券。按照我国外汇管理条例的规定，外汇包括外国货币(纸币、铸币)、外币有价证券(政府债券、公司债券、股票等)、外币支付凭证(票据、银行存款凭证、邮政储蓄凭证等)、特别提款权以及其他外汇资产等。

2. 外汇的分类

外汇根据能否自由兑换可分为自由外汇和记账外汇两类。自由外汇，是指无需货币发行国批准，可以随时动用，自由兑换为其他货币，或可以向第三者办理支付的外汇。记账外汇是指未经货币发行国批准，不能自由兑换为其他货币或对第三者进行支付的外汇。

3. 外汇的特点

外汇的特点主要有以下几个方面：

(1)外汇必须是以外币表示的资产，用本币表示的信用工具和有价证券不能视为外汇。

(2)外汇必须是在国外能得到补偿的债权，而空头支票和拒付的汇票不能视为外汇。

(3)外汇必须是能兑换成其他支付手段的货币资产，即用可兑换货币表示的支付手段，不可兑换货币表示的支付手段不能视为外汇。

4. 外汇的作用

作为国际结算的支付手段，外汇的作用突出表现在以下三个方面：

(1)转移国际购买力，使国与国之间的货币流通成为可能。

各国的货币制度不同，国际间的债权、债务关系发生在不同的国家，本国货币不能在对方国内流通，除了运用国际公认的清偿手段——黄金以外，不同国家的货币购买力是不可能转移的。随着银行经营外汇业务的发展，在国际上大量运用代表外汇的各种信用工具，使不同国家货币购买力的转移成为可能。

(2)促进了国际贸易的发展。

以外汇清算国际上的债权、债务关系，不仅大大节约了输送现金的费用，可以避免风险，重要的是通过各种信用工具的运送，使国际贸易中进出口商之间的信用授受成为可能，因而促进了国际商品交换的发展。

(3)便利了国际资金供需之间的调剂。

世界各国经济发展不平衡，资金余缺情况不同，客观上存在调剂资金余缺的需要。外汇作为国际支付手段，可以发挥重要的作用。

(二)汇率

1. 汇率的概念

汇率，简言之是指两个国家不同货币之间的比价或交换比率，或者说，是一国货币以另一国货币表示的价格。

2. 汇率的分类

常见的汇率标价方法有直接标价法、间接标价法和美元标价法三种类型。

(1)直接标价法，简单地说，就是用若干数量的本币表示一定单位的外币，或是以一定单位的外币为标准，折算成若干单位本币的一种汇率表示方法。在这一标价法下，外国货币好似"商品"，称为单位货币；本国货币好似货币，称为计价货币。两者对比后的直接标价法，则表示银行买卖一定单位的外币应付或应收多少本币。如果一定单位的外币折算成本币的数额比原来多，则说明外币汇率上升，本币汇率下跌。目前，世界上绝大多数国家都采用直接标价法。我国国家外汇管理局公布的外汇牌价，就是采用直接标价法。

(2)间接标价法，是指用若干数量的外币表示一定单位的本币，或是以一定单位的本币为标准，折算成若干单位外币的一种汇率表示方法。在这一方式下，本币好似"商品"，作为单位货币，外币好似"货币"，作为计价货币，两者对比后的汇率，表示银行买卖一定单位的本币应收或应付多少外汇。如果一定单位的本币折成外币的数量比原来多，则说明本币汇率上升，外币汇率下跌。目前只有极少数国家，比如美国、英国等采用该标价法。

(3)美元标价法，是以一定单位的美元为标准来计算应兑换多少其他货币的汇率表示方法。美元的单位始终不变，美元与其他货币的比值是通过其他货币量的变化体现出来的。它是随着国际金融市场之间外汇交易量的猛增，为了便于国际交易，而在银行之间报价时采用的一种汇率表示法。目前，各大国际金融中心已普遍使用该标价法。

汇率从不同的角度出发，可以划分为不同的种类。按国际货币制度演变划分，可分为固定汇率和浮动汇率；按汇率计算方法划分，可分为基本汇率和套算汇率；按银行买卖外汇的角度划分，可分为买入汇率、中间汇率和卖出汇率；按对外汇管理的宽严程度划分，可分为官方汇率和市场汇率；按银行外汇汇付方式划分，可分为电汇汇率、信汇汇率和票汇汇率；按外汇买卖交割期限划分，可分为即期汇率和远期汇率；按外汇银行营业起讫时间划分，可分为开盘汇率和收盘汇率；按汇率在经贸金融往来中的重要性划分，可分为实际汇率和有效汇率。

二、外汇业务核算的意义

外汇存款是银行以信用方式吸收的自由兑换或在国际上获得偿付的外币资金存款。

我国对外汇实行严格管制，国家设立外汇管理局，颁布外汇管理条例，公布外汇牌价，实行外汇集中管理，授权外汇指定银行专门经营外汇业务，以加强外汇管理，促进外汇业务的发展。

我国目前外汇管理体制实行外汇收入结汇制，取消外汇分成，实行银行售汇制，允许人民币在经常项目下可兑换，建立银行间外汇市场，改进汇率形成机制，保持合理及相对稳定的人民币汇率。

随着我国金融体制改革的进一步深入，各商业银行和其他金融机构经国家外汇管理局批准，先后开办了外汇业务，改变了由中国银行一家经营外汇业务的局面。我国银行的外汇业务主要是为国家的进出口贸易服务，包括：对外贸易和非贸易的国际结算业务；筹集组织国外资金业务；国际汇兑业务；外币存款、贷款业务，以及经中国人民银行批准的与外汇业务有关的人民币存款、贷款业务，信托和咨询，以及其他银行业务等。

三、外汇业务核算的基本规定

(1)外汇业务的会计核算，是银行会计核算的重要组成部分，应按照银行一般会计制度的规定组织核算。

(2)办理外汇业务的行处，均实行外币分账制。即以外国货币为记账单位，按每一种货币单位，各设置一套明细账和总账，平时的外币收付应按照不同原币分别填制凭证，记载账簿，编制报表。外汇业务涉及两种货币时，应按照国家外汇牌价通过人民币套算和“外汇买卖”科目进行转账。外汇业务资金收、付发生额和收、付方余额必须平衡。

(3)对于港澳及国外代理行签订协议、相互开户等事宜，由各特区分行根据业务需要，报经总行及外汇管理部门批准。有关代理行账户往来，对外办理国际业务结算均由各特区分行集中进行核算。分行所属行处办理外汇业务收付，一般通过特区分行“辖内往来”划转分行核算。

四、外汇分账制的内容

所谓外汇分账制，是指银行在办理各项外汇业务时，所有账务组织和处理都以原币作为记账单位的外汇业务记账方法，也称为原币记账法。与之相对应的是本币统账制，也称为本位币记账法，是指外汇业务均以本位币进行账务核算。我国商业银行在对外汇业务进行处理的过程中，一般均采用外汇分账制的记账方法。

外汇分账制的内容主要有以下几点：

(1)人民币和外币分账核算。在外汇分账制下，对发生的外汇业务进行核算时，需要按照业务发生的计价货币来填制会计凭证、登记账簿和编制报表。各种货币自成一套独立的账务系统，账务互不混淆，如实反映各外币的数额。

(2)记账外汇与现汇分账。记账外汇，是根据两国政府有关贸易清算协定所开立的清算账户下的外汇。此种外汇不能兑换成其他货币，也不能支付给第三国，只能用于支付协定规定的两个国家之间贸易货款、从属费用和双方政府同意的其他付款。而现汇是指在国际金融市场上可以自由买卖，在国际结算中广泛使用，在国际上得到偿付，并可以自由兑换其他国家货币的外汇。记账外汇和现汇是在不同的清算方式下分别使用的。由于它们的性质不同，必须严格区分，分账核算。

(3)“外汇买卖”科目的使用。买入或卖出外汇时，为了保持各自账务系统的完整和相对独立，必须使用“外汇买卖”科目进行核算。通过外汇买卖凭证的填写，套写成外币计量单位和人民币计量单位并列的两张转账凭证，记录货币兑换的比率和不同货币折合的金额。

(4) 年终决算时，各种分账外汇货币，首先应分别按照货币种类编制外币和人民币业务决算表。其次，根据各外汇货币决算表，按总行规定的年终决算汇率折合成人民币后再汇总编制成汇总人民币决算表，其借贷双方相抵后的差额即为当年的外汇收益。

第二节　外汇买卖业务的核算

一、外汇买卖概述

(一)外汇买卖的概念

国际经济往来，需要用货币进行清算，这就涉及不同国家的货币之间的买卖。外汇买卖，又称外汇兑换，它是指外汇银行在日常业务中，由于使用货币种类不同，经常产生因一种货币的需要卖出一种货币、买入一种货币的业务。银行办理外汇买卖时，通过“外汇买卖”科目核算，使用特定的外汇买卖凭证和“外汇买卖”科目分户账。

我国现行的外汇管理体制规定，银行对各单位的外汇收入和外汇支出实行结汇、售汇制，即除按规定可以保留的外汇外，各单位的外汇收入应该卖给外汇指定银行。按规定需要对外付汇的，应该向指定的外汇银行购买。这样，外汇指定银行办理的外汇业务都需要通过外汇买卖进行。因此，外汇买卖是外汇业务中的一项基础业务，是实现结汇、售汇的手段。

(二)“外汇买卖”科目

“外汇买卖”科目，是在实行外币分账制情况下的一个特定科目，属于资产负债共同类科目。它用于核算银行发生的外币与人民币或者一种外币与另一种外币之间进行兑换时的金额。当买入外汇时，银行借记有关外币科目，贷记“外汇买卖”科目；相应地，付出人民币时，借记“外汇买卖”科目，贷记有关人民币科目。当卖出外汇时，银行借记“外汇买卖”科目，贷记有关外币科目；相应地，收入人民币时，借记有关人民币科目，贷记“外汇买卖”科目。

(三)外汇买卖凭证

银行进行外汇买卖业务时，需要填制外汇买卖凭证，并凭以入账。外汇买卖凭证分为外汇买卖借方凭证(见表 9－1、表 9－2)、外汇买卖贷方凭证(见表 9－3、表 9－4)和外汇买卖套汇凭证(见表 9－5)三种。外汇买卖借方凭证和外汇买卖贷方凭证一般分别由三联组成：一联是外币的外汇买卖凭证，一联是人民币的外汇买卖凭证，一联是外汇买卖统计卡。

外汇买卖套汇凭证一般由五联组成：两联是外币的外汇买卖凭证，两联是人民币的外汇买卖凭证，一联是两种外币套汇的统计卡。它们共同反映了一笔外汇买卖业务的全部情况。

对同一货币、同一牌价、同一借贷方、同一结汇单位的多笔业务，可以汇总填制外汇买卖凭证，凭以转账。

表 9－1　　**外汇买卖借方传票(外币)**

年　月　日　　　　传票编号

全称		(借)外汇买卖
账号或地址		(对方科目：)
外汇金额	牌价	人民币金额
		￥
摘　要		会计 复核 记账 制票

表 9—2　外汇买卖借方传票(人民币)

年　月　日

传票编号

全称		(借)外汇买卖 (对方科目:)
账号或地址		
外汇金额	牌价	人民币金额
		¥
摘　要		会计 复核 记账 制票

表 9—3　外汇买卖贷方传票(外币)

年　月　日

传票编号

全称		(贷)外汇买卖 (对方科目:)
账号或地址		
外汇金额	牌价	人民币金额
		¥
摘　要		会计 复核 记账 制票

表 9—4　外汇买卖贷方传票(人民币)

年　月　日

传票编号

全称		(贷)外汇买卖 (对方科目:)
账号或地址		
外汇金额	牌价	人民币金额
		¥
摘　要		会计 复核 记账 制票

表 9—5　外汇买卖套汇贷方传票(外币)

(外币)日期______

(贷)______外汇买卖______

(对方科目)

摘要

外汇金额	人民币金额	牌价	外汇金额

会计　　复核　　记账　　制票

(四)“外汇买卖”科目的账簿

“外汇买卖”科目设置总账和分户账两类账簿。“外汇买卖”科目分户账，是一种特定格式的账簿。它以每一种外币立账，将人民币金额和外币金额记在一张账页上，账簿格式通常由买入、卖出、结余三栏组成，买入、卖出栏各由外币、牌价、人民币三部分组成。

如果买入外币数大于卖出外币数，则外币结余是以买入外币(贷方)项数减去外币(借方)项数，余额为贷方外币结余数。而人民币余额则是将买入外币人民币借方数减去卖出外币人民币贷方数，余额为借方人民币结余数。结余额以外币和人民币同时反映。

买入外币(贷方)牌价＝人民币(借方)

卖出外币(借方)牌价＝人民币(贷方)

“外汇买卖”科目总账采用一般总账格式，将外币和人民币分开填列，外币科目总账应于营业终了时，根据各种货币的“外汇买卖”科目日结单借贷方发生额填记，然后根据上日余额分别求出本日外币和人民币的余额，记入余额栏。如果某种外币买卖的外币余额反映在贷方，表示该种外汇买入多于卖出，即有结余，称为多头；反之，则称为空头。

目前，银行根据业务经营的需要，“外汇买卖”科目一般下设两个分户账(见表9－6)，即外汇结售汇户、外汇调剂户。外汇结售汇户在银行为企业结售汇时使用；外汇调剂户在汇率并轨后，外汇经办银行为达到国家规定的外汇限额，在外汇交易市场调剂外汇时使用。

表9－6　　**外汇买卖科目账**

货币：　　账户：

公元年	摘要	买入			卖出			结余			
		外币(贷)(十亿位)	牌价	外币(借)(十亿位)	外币(借)(十亿位)	牌价	人民币(贷)(十亿位)	借或贷	人民币(十亿位)	借或贷	人民币(十亿位)

会计　　记账

二、外汇买卖业务的核算

外汇银行经营外汇买卖业务，主要有以下几种类型：

(一)结汇业务的核算

结汇是指境内企事业单位和机关团体将各种外汇收入按当日汇价卖给外汇指定银行，外汇指定银行付给相应的人民币。银行在受理客户结汇业务或买入外汇时，应填制外汇买卖贷方凭证，根据第二联贷记“外汇买卖”科目，根据第三联借记“人民币外汇买卖”科目。其会计分录如下：

借：××存款——××单位户(外汇)

　　贷：外汇买卖——汇买价(外汇)

借：外汇买卖——汇买价(本币)

　　贷：××存款——××单位户(本币)

[例9－1]银行从某出口单位买进5 000美元，买入价为RMB￥680/US＄100。

借：库存现金　　US＄5 000

　　贷：外汇买卖　　US＄5 000

借：外汇买卖　　RMB￥34 000

　　贷：外汇专户活期存款——××单位户　　RMB￥34 000

(二)售付汇业务的核算

售汇是指境内企事业单位和机关团体需要外汇时，持有效凭证，用人民币到外汇指定银行办理兑付，外汇指定银行收进人民币、付给等值外汇的行为。

向企业售付汇时，其会计分录为：

借：××存款——××单位户(本币)

　　贷：外汇买卖——汇卖价(本币)

借：外汇买卖——汇卖价(外汇)

　　贷：××存款——××单位户(外汇)

　　　［或：汇出汇款(外汇)］

[例 9-2]银行向客户卖出2 000美元，卖出价为 RMB¥700/US$100。

借：库存现金　RMB¥14 000

　　贷：外汇买卖　RMB¥14 000

借：外汇买卖　US$2 000

　　贷：库存现金　US$2 000

(三)套汇业务的核算

套汇是指外汇银行按挂牌人民币汇率，以一种外汇通过人民币折算，兑换成另一种外汇的业务活动。它包括两种情况：

(1)两种外币之间的套算，即一种外币兑换成另一种外币，中间以人民币进行套汇，也就是先用一种外币按买入价兑换成人民币，再将人民币兑换成另一种外币。其会计处理方法如下：

借：××存款——××单位户(外汇)

　　贷：外汇买卖——汇买价(外汇)

借：外汇买卖——汇买价(本币)

　　贷：外汇买卖——汇卖价(本币)

借：外汇买卖——汇卖价(外汇)

　　贷：××存款——××单位户(外汇)

[例 9-3]某企业拥有现汇活期存款 US$10 000，要求兑换成港币现汇，港币现汇存入该企业活期存款账户，当日人民币牌价为：美元汇买价 US$7.000，港币汇卖价 HK$1.000，会计分录为：

借：外汇专户活期存款——××单位户　US$10 000

　　贷：外汇买卖——汇买价　US$10 000

借：外汇买卖——汇买价　RMB¥70 000

　　贷：外汇买卖——汇卖价　RMB¥70 000

借：外汇买卖——汇卖价　HK$70 000

　　贷：外汇专户活期存款——××单位户　HK$70 000

(2)同种货币现钞与现汇之间的套算，包括钞兑汇和汇兑钞两种。其会计处理方法如下：

借：现金

　　贷：外汇买卖——套汇户(外汇)

借：外汇买卖——现汇套汇户(本币)

　　贷：外汇买卖——现钞套汇户(本币)

借：外汇买卖——套汇户(外汇)

贷：××存款——××单位户(外汇)

(或：汇出汇款)

[例9－4]某客户持现钞3 000美元来行，要求存入其“活期外汇存款”港汇户(美元现钞RMB￥680/US＄100，港币汇卖价RMB￥101/HK＄100)。

借：现金	US＄3 000
贷：外汇买卖——套汇户	US＄3 000
借：外汇买卖——现汇套汇户	RMB￥20 400
贷：外汇买卖——现钞套汇户	RMB￥20 400
借：外汇买卖——套汇户	HK＄20 198
贷：活期外汇存款——存款户	HK＄20 198

第三节　外汇存款业务的核算

一、外汇存款

(一)外汇存款的概念

外汇存款是银行以信用方式吸收的国内外单位和个人在经济活动中暂时闲置的并能自由兑换或在国际上获得偿付的外币资金。外汇存款是银行存款业务的重要组成部分，是外汇信贷资金的主要来源。

(二)外汇存款业务核算的要求

银行吸收外汇存款涉及面广、政策性强。因此，在核算中会计人员必须满足以下要求：

1. 严格遵守外汇管理制度，加强柜面监督

一个国家的外汇收支，对发展本国经济及平衡国际收支都有十分重要的影响。我国目前是实行外汇管制的国家，根据当前的形势要求，商业银行以及经批准经营外汇业务的其他非银行金融机构，都必须严格遵守国家的有关外汇管理制度，高质量、高效率地办好单位或个人的各种外汇资金的存、取款核算工作，并进行必要的柜面监督，特别是对“三资”企业等单位外汇存款，更需要严格监督。

2. 认真执行外币存款章程，贯彻有关方针政策

银行制定的外币存款章程，是办理外币存款业务的具体规定和要求，它对外币存款不同的存款对象以及不同性质种类的存款资金都作了具体规定，体现了我国的经济、金融方针和政策，较好地体现了外汇管理精神。例如，对企事业单位的外汇存款资金的吸收带有强制性，要求企业外汇资金及时存入开户银行等；对于吸收国内居民或国内外的外国人、外籍华人、华侨、港澳台同胞等的资金，则遵循“存款自愿、取款自由、原币计息、为储户保密”的原则。

3. 正确组织外汇存款核算，提高服务质量

正确组织外汇存款核算，提高服务质量，是发展外汇存款业务的关键。要做好这项工作，必须正确使用科目与账户，及时地进行核算，以反映各单位和个人外币资金的存入和支取情况，监督各单位按照有关规定存、取外币资金。在具体处理业务时，应注意下列各点：

(1)防止串户，以免影响单位或个人资金使用；

(2)防止存款透支，避免银行垫付资金；

(3)正确选用汇率和正确计算利息，以维护国家、单位及个人的合法权益；

(4)做好内外账务的核对,保证国家资金的安全。

除此之外,在组织存款工作中,还应该力求做到服务态度热情周到,业务处理迅速及时,存取手续简便,扩大存储品种,不断改进和提高服务质量,以赢得客户的信赖,促进外汇存款业务不断发展。

(三)外汇存款的种类

目前外汇存款分为甲种外汇存款、乙种外汇存款、丙种外汇存款三类。

甲种外汇存款的主要对象为:各国驻华外交代表机构、领事机构、商务机构、国际组织机构和民间机构,在中国境内的侨资、外资、合资经营企业,以及我国机关、团体、企业等。

乙种外汇存款的主要对象为:居住在国外或港澳地区的外国人、外籍华人、华侨、港澳同胞以及按国家规定有个人留成外汇的中国人等。

丙种外汇存款的主要对象为:中国境内的居民,包括归侨、华眷、港澳台胞的亲属。甲、乙、丙三种外汇存款,均分为定期和活期两种。定期存款为记名式存单,整存整取;活期存款分支票和存折两种方式,可随时存取。

外币存款不论是定期还是活期,存款时存款人均需提出存款开户申请书,办理存款开户手续。

二、单位外汇存款业务的核算

(一)单位外汇存款的对象

单位外汇存款的主要对象是以单位或经济组织的名义存入的外汇资金。其来源范围根据国家外汇管理条例规定,境内机构下列外汇可向人民银行外汇管理局申请,凭外汇账户使用证到外汇银行开立外汇存款账户,按规定办理结汇:(1)经营境外承包工程,向境外提供劳务、技术合作及其他服务业务的公司在经营业务中收到的业务往来外汇。(2)从事代理对外或境外业务的机构代收代付的外汇。(3)暂收待付或暂收待结汇项下的外汇。如境外汇入的投标保证金、铁路局办理境外保险运输业务收取的外汇以及海关收取的外汇保证金、抵押金等。(4)保险机构受理外汇保险,需向外分保或尚未结算的保费。上述各项外汇,按结算实现收入,全部结售给外汇银行。

(二)单位外汇存款账户的管理

(1)银行必须凭“外汇账户使用证”、“外债登记证”、“外汇(转)贷款登记证”开立外汇存款账户,按规定的收支范围办理外汇收支,如超出规定范围的收付,须逐笔报外汇管理局审批。

(2)银行对境内机构及驻华机构应按规定币种、收支范围、使用期限办理外汇收付,不得超过批准的收支范围使用外汇存款账户。

(3)外汇银行为单位开立外汇存款账户后,应在登记证或使用证上相应栏目中注明开户行名称、账户币种、账号及收支范围,加盖“已开立外汇账户”戳记。

(4)凡外汇管理局对开户银行及开户单位下达“撤销外汇账户通知书”,并按规定对该账户余额作出明确处理的,限期办理撤户手续。

(5)开户单位不得出租、出借、串用外汇存款账户,不得利用外汇存款账户非法代其他单位或个人收付、保存或转让外汇。

(6)境内机构的外汇账户按规定关闭的,其外汇余额全部结汇。其中属于外商投资企业、外商投资者的,允许外方转移或者汇出,账户关闭后,登记证或使用证退回外汇管理局。

(7)开户单位通过外汇账户对外支付时,开户银行应当根据规定的外汇账户收支范围和结汇、售汇及付汇管理暂行规定审核，办理收付。

(8)驻华机构的外汇账户按规定关闭的，其外汇余额允许转移或汇出。

(9)开户银行每月7日前向外汇管理局报送上月末外汇账户余额。

(三)单位外汇存款的核算

1. 科目的设置

目前，我国外汇银行对单位外汇存款通过“活期外汇存款”、“外侨合资企业存款”、“外事企业存款”、“驻华机构活期存款”、“外债专户存款”和“单位定期外汇存款”等科目核算。

2. 单位活期外汇存款的核算

单位活期外汇存款，是客户以单位名义存入的外币资金(起存金额必须大于或等于银行规定的一定数额人民币的等值外汇)，不固定期限，可随时存取的一种外汇存款。该种存款根据款项的性质不同，分为支票户和存折户。

(1)存入款项的核算。开立活期外汇存款存折户的，存款时填制存款凭条；开立支票户的，存入时填制存款单一式两联；如果存款者通过汇入或汇出款项、国内外联行划入或划出款项等方式办理现汇存取款的，审核、编制收款凭证一式两联，办理存款手续。

单位以外币现钞存入的，因单位外汇存款只有现汇户，所以应通过“外汇买卖”科目进行钞买汇卖处理。其会计分录如下：

借:库存现金(外汇)

　　贷:外汇买卖——钞买价(外汇)

借:外汇买卖——钞买价(本币)

　　贷:外汇买卖——汇卖价(本币)

借:外汇买卖——汇卖价(外汇)

　　贷:活期外汇存款——××存款人户(外汇)

如果国外汇入外汇，应根据结算专用凭证办理存入核算：

借:汇入汇款(外汇)

　　贷:活期外汇存款——××存款人户(外汇)

以不同货币开户的外币存入时，通过套汇处理，会计分录前面已经讲过。

(2)支取款项的处理。支取存款时，存折户填取款凭条，支票户填写支票，加盖预留印鉴，经银行审查后，办理取款。

支取外钞时，单位外汇存款最多只能支取50 000美元，50 000美元以上现金支取必须经外汇管理局批准，其会计分录如下：

借:活期外汇存款——外汇户(外汇)

　　贷:外汇买卖——汇买价(外汇)

借:外汇买卖(人民币)

　　贷:外汇买卖——钞卖价(人民币)

借:外汇买卖(外汇)

　　贷:库存现金(外汇)

支取原币汇往境外或国内异地，其会计分录如下：

借:活期外汇存款——××外汇户(外汇)

　　贷:汇出汇款(外汇)

支取货币与原货币不同时通过套汇处理，会计分录前面有所讲述。

(3)利息计算。

计息范围:除国库款项和属于财政预算拨款性质的预算单位经费存款不计息外,其他性质的单位存款均计付利息。

计息方法:与人民币相同,按不同币种活期存款利息采用积数计息法计算利息。

3. 单位定期外汇存款的核算

单位定期外汇存款是指一次存入、约定期限、到期一次支取本息的存款。各存款单位可将自己长期待用的外币资金,以定期存款方式存入银行。这样,既有利于银行吸收更多的外汇资金,稳定和扩大外汇信贷资金来源;又有利于存款单位取得较多的利息,提高资金使用效益,同时还能保证资金的安全。因此,办理定期外汇存款业务是一项于银行和存款单位均有利的业务。

(1)存款的核算。单位申请开立定期存款账户,凡是由该单位的活期外汇存款账户转存的,或是由汇入款或其他来源款项转存的,银行可按单位要求办理开户手续,开立定期存款账户;若单位直接存入款项,应按照有关开户规定,申请办理开户手续,经银行审查同意后,开设账户。根据现行制度规定,单位定期存款取消存单式的做法,一律采取账户式。若存款单位需要,银行可开给单位定期存款证明书。银行凭存款凭条或进账单进账后,必须同时登记"开销户登记簿"。其会计分录如下:

借:有关科目(外汇)

　　贷:定期外汇存款(外汇)

(2)取款的核算。单位到银行取款或转账,银行应认真审核预留印鉴、取款凭条或支票,审核无误后,办理取款或转账。其会计分录如下:

借:定期外汇存款(外汇)

　　贷:有关科目(外汇)

若单位将定期存款用于汇往港、澳地区或国外,或支付其他款项,银行经办人员应根据结算凭证或其他有关凭证办理取款业务。其会计分录如下:

借:定期外汇存款(外汇)

　　贷:汇出汇款

4. 七天通知存款及协定存款

七天通知存款及协定存款均属定期存款。七天通知存款的存款人提取款项时,必须提前7天以书面通知银行。利息是根据实存余额、实存天数和人民银行公布的"七天通知存款利率"计算,不足7天的不计息;超过7天,未在7天前办理通知手续,或虽已办理通知手续而又需提前支取的,须扣除7天的利息;已办理通知手续到期不取的,逾期部分不计息。存期内若遇利率调整,按原存入日利率计算。

协定存款是由存户将外汇按与银行约定的存款期限、金额、利率存入银行,到期支取本息。这种存款开户时双方签订协定存款书,注明利率和存款到期日。存期不得少于1个月,起存金额不低于人民币300万元的等值外汇,利率高于同档次存款利率0.25%～0.5%。提前支取或过期部分均按活期利率计息,到期转存按转存日利率计息。以上两种存款均通过"定期外汇存款"科目核算。存入时,会计分录为:

借:××科目(外汇)

　　贷:定期外汇存款(外汇)

支取时,会计分录为:

借:定期外汇存款(外汇)

贷:汇出汇款(外汇)

[或:××科目(外汇)]

三、个人外汇存款业务的核算

个人外汇存款分现汇户和现钞户。凡从港澳地区或国外汇入、携入和国内居民持有的可自由兑换的外汇,均可存入现汇存款户。对不能立即付款的外币票据,经外汇银行托收收妥后方能存入。现汇户存款可支取外币现钞,也可汇往港澳地区或国外。凡从港澳地区或国外携入或国内居民持有的可自由兑换的外币现钞,均可存入现钞存款户。现钞户存款可支取外币现钞,也可汇往港澳地区或国外。境内居民个人的外汇户支取同币种现钞同一天在1万美元以内(或等值外汇)免收买卖差价,同一天支取1万美元以上的部分(或等值外汇)按汇买钞卖价折算;现钞户存款资金汇出时,要按中间价折算计收人民币手续费;丙种外钞户存款汇出境外金额较大时,须经国家外汇管理局批准。存款本息可兑换成人民币;存款支取的货币应与原存款货币相同,如兑换其他货币,按支取日外汇牌价折算;丙种外币存款无论是外汇户还是外钞户,支取外币现钞时,单位货币以下的辅币均支取人民币。

(一)个人活期外汇存款的核算

1. 存入

借:库存现金(外汇)

贷:活期外汇存款(外汇)

存款人以汇入汇款、收妥的票据或国内联行划来的款项存入时,其会计分录为:

借:汇入汇款

贷:活期外汇存款(外汇)

2. 续存

存户续存应填写存款凭条。若是存折户,则应将存款凭条连同存折、外币票据或外币现钞交银行。银行经审核认可后办理续存,其会计分录与开户时分录相同。

3. 支取

存户支取存款,支票户应填写支票,存折户应填写取款凭条,然后将存折、取款凭条或支票交银行办理取款。

(1)支取外币现钞。存款人从外币现钞户支取同币种现钞,直接根据取款凭条或支票办理取款。其会计分录如下:

借:活期外汇存款——现钞户(外汇)

贷:库存现金(外汇)

同时,登记分户账和存折,经复核无误后,付现并退回存折。

(2)支取款项汇往港澳地区或国外。存款人从其现汇户支取款项汇往港澳地区或国外,需填制汇款凭证,银行依据汇款凭证和取款凭条或支票,办理汇款手续。其会计分录如下:

借:活期外汇存款——现汇户(外汇)

贷:汇出汇款(外汇)

同时,按规定费率,计收汇费及邮费。

(3)兑取人民币现金。存款人要求从现汇户或现钞户取款并兑换成人民币现金,应按当日牌价折算,其会计分录如下:

借:活期外汇存款——现钞户(外汇)

　　贷:外汇买卖(外汇)

借:外汇买卖(人民币)

　　贷:库存现金(人民币)

4. 计息

个人外汇存款的利息计算方法与人民币相同。

(二)个人定期外汇存款的核算

个人定期外汇存款是存款人以个人名义将外币资金存入银行,事先约定存期,到期一次支取本息的一种外币存款。有1个月、3个月、半年、1年和2年期5个档次,规定起存金额,通过"定期外汇存款"科目核算。

1. 开户

存款人申请开立外汇存款账户,要求和手续与开立个人活期外汇存款账户相同,经银行审核后,开立定期存款存折或外汇定期存款存单一式三联,经复核后,将存折或第二联存单交存款人,第三联存单代分户账,凭以登记"开销户登记簿"后专夹保管,第一联代转账贷方凭证凭以记账,其会计分录为:

借:库存现金

　　贷:定期外汇存款(外汇)

2. 支取

存款人支取到期外汇存款时,存单式存款凭经本人签字的到期存单办理,存折式存款凭存折和取款凭条办理。银行审核无误后,要求存款人输入密码,相符后办理付款手续,定期存单加盖"结清"字样,其会计分录为:

借:定期外汇存款(外汇)

　　应付利息(外汇)

　　贷:库存现金(外汇)

　　　　[或:定期(活期)外汇存款(本利转存)(外汇)]

定期外汇存款无特殊情况不能提前支取。因特殊情况需要提前支取的,必须提供身份证明,银行审核同意后,可办理全部或部分提前支取手续。对部分提前支取后的留存部分,按原存款的存入日利率开立新户处理。

3. 计息

个人定期外汇存款要计付利息。银行会计人员要按照总行规定,结合存款种类、币种、期限及其他因素,正确选用利率和计算存期,其具体核算方法与单位外汇存款相同,这里不再赘述。

(三)七天通知存款

七天通知存款是一次性存入本金,存期不少于7天,起存金额不低于人民币5 000元的等值外币存款,支取存款需在7天前书面通知银行。其开户和支取的核算手续参照前述个人定期外汇存款核算的开户和支取办理,这里主要介绍其利息计算的有关规定和方法。

(1)七天通知存款按实存天数和总行公布的外币"七天通知存款利率"计息。期间遇利率调整的,如1998年2月1日前存入的,按原存入日利率计息;如1998年2月1日后存入的,按支取日利率计息,两者均不分段计息。

(2)七天通知存款,存款时间最短为7天(以日历制自然天数计算,即实际天数非每月均以

30 天计，但计息方法不变），存满 7 天方予计息，未存满 7 天者不计息。

(3)存期超过 7 天，未在 7 天前（以日历制自然天数计算）办理通知手续或虽已办理通知手续而需提前支取的，须扣除 7 天利息。

(4)已办理通知手续，到期不取的，逾期部分不予计息。

(四)人民币特种存款

凡经外汇管理部门允许的各国驻华外交代表机构、领事机构、商务机构，驻华的国际组织和民间机构，外国或港澳地区的团体、企业，在中国境内的“三资”企业，居住在中国境内的外国人、海外华侨、港澳同胞，按国家规定允许将外汇留存给个人的中国人等，可将外汇开立人民币特种存款。

人民币特种存款用于人民币列账核算，但其性质与一般人民币不同，存款资金来源必须是可以自由兑换的外汇，按中国人民银行公布的外汇牌价兑换为人民币存款后存入。人民币特种存款户视同自由外汇，存款人需用外汇时，仍可通过“外汇买卖”科目，兑换为外汇，汇往国外、境内异地，该账户的人民币也可转存人民币存款账户或支取人民币现钞，但存款已经转入人民币存款账户或支取人民币现钞后，则不得再转入本账户。

人民币特种存款分为往来户和存折户两种。人民币特种存款的开户、存入、支取、计息等，均比照外币存款进行。

(五)外汇专户存款

国家机关、企业等单位，由于业务发展的需要，可以经国家外汇管理局核准申请开立外汇专户存款账户，并按批准的范围办理。

单位在申请开户时，必须预留银行印鉴，存入款项时，存款单位应填制存入凭单一式两份；付出时，由单位在支款凭单上加盖原预留印鉴，经核对无误，凭支款凭单记账，支款凭单代“外汇专户存款”科目借方凭证。存入时，会计分录为：

借：汇入汇款或其他科目（外汇）

　　贷：外汇专户活期存款（外汇）

支取时，如支取外汇汇往国外，会计分录为：

借：外汇专户活期存款（外汇）

　　贷：汇出汇款（外汇）

同时应扣收原币结算手续费和汇费。

支取外汇，若结汇人民币时，会计分录为：

借：外汇专户活期存款（外汇）

　　贷：外汇买卖——汇买价（外汇）

借：外汇买卖——汇买价（本币）

　　贷：××科目（本币）

第四节　外汇贷款业务的核算

外汇贷款，按贷款的期限可分为短期贷款和中长期贷款，按贷款的发放方式可分为现汇贷款、买方信贷、抵押贷款等。外汇贷款除具备人民币贷款的各种特性外，还有借外汇还外汇，以及政策性、选择性更强的特点。

一、短期外汇贷款的核算

短期外汇贷款,是外汇银行为了充分利用国外资金,进口国内短缺的原材料和先进设备,发展出口商品生产,增加外汇收入,将外汇资金贷给有外汇偿还能力并具备贷款条件的企业单位一种贷款。

1. 短期外汇贷款的发放

借款单位使用外汇贷款时,必须先向银行提出申请使用的贷款额度,经批准后,即应订立借款契约,据以开立外汇贷款账户。银行放款时,使用“短期外汇贷款”科目核算,按借款单位的不同契约分设账户,借款时,还需由代办进口的外贸公司填具外汇贷款借款凭证,银行应审核借款凭证的有关内容,并与借款契约规定核对相符,区别各种情况,办理发放手续,会计分录为:

借:短期外汇贷款——××贷款户(外汇)
　　贷:活期存款——××存款户(外汇)

如以非贷款货币的其他货币对外付汇,会计分录为:

借:短期外汇贷款——××贷款户(外汇)
　　贷:外汇买卖——汇买价(外汇)
借:外汇买卖——汇买价(本币)
　　贷:外汇买卖——汇卖价(本币)
借:外汇买卖——汇卖价(外汇)
　　贷:活期存款——××存款户(外汇)

2. 贷款的还本付息

短期外汇贷款必须按期偿还,借款单位还款时,必须由外贸公司发还款凭证。还款凭证一式两份,一份交借款单位持往银行办理还款手续,一份由签证的外贸公司送交银行,一式七联,同时按贷款实际使用天数计收利息,一并归还本利。短期外汇贷款的利息,实行浮动利率核算。每月应收利息,记入贷款账户的利息栏内,每季向借款单位收息一次,每季末月20日为结息日,贷款期限按实际天数计算,计首不计尾。

[例9-5]某单位于2009年6月5日借入半年期10万美元浮动利率贷款,浮动期3个月,设借款日美元3个月期浮动利率为9%,6月17日变为9.25%,7月8日变为9.5%,9月3日变为9.75%,10月5日变为9.5%,各结息日的利息转入贷款本金。这笔贷款的到期日为该年12月5日,计息时,6月5日至9月4日按借款日的利率9%计算;9月5日至12月4日按9月3日的利率9.75%计算。该笔贷款的计息日为6月20日、9月20日和12月4日。

①6月5日至6月20日计息。

应收利息=100 000×16×9%÷360=400(美元)

②6月21日至9月4日计息。

应收利息=(100 000+400)×76×9%÷360=1 907.60(美元)

③9月5日至9月20日按9.75%计息。

应收利息=100 400×16×9.75%÷360=435.07(美元)

④9月21日至12月4日按9.75%计息。

应收利息=(100 400+1 907.60+435.07)×75×9.75%÷360=2 086.96(美元)

结息时,会计分录为:

借:活期存款——××存款户(外汇)　　104 829.63

贷:短期外汇贷款——××贷款户(外汇) 100 000
利息收入——贷款利息收入(外汇) 4 829.63

如果偿还的外币不是原贷款货币,会计分录为:

借:活期存款——××存款户(外汇)
贷:外汇买卖——汇买价(外汇)
借:外汇买卖——汇买价(本币)
贷:外汇买卖——汇卖价(本币)
借:外汇买卖——汇卖价(外汇)
贷:短期外汇贷款(外汇)
利息收入——贷款利息收入(外汇)

二、买方信贷外汇贷款

买方信贷是出口商银行直接向买方或买方的银行提供的信贷,以便买方利用这项贷款向提供贷款的国家购买技术和设备,以及支付有关的劳务费用。该种信贷是出口国为了支持该国商品的出口而通过银行提供的。

买方信贷项下向国外银行的借入款,由总行集中开户,使用“借入买方信贷款”科目核算。各地分行对使用贷款的企业发放买方信贷外汇贷款,由有关分行开户,使用“买方信贷外汇贷款”科目核算。买方信贷项下国外借入款的本息,由总行负责偿还;各分行发放的买方信贷外汇贷款的本息,由分行负责按期收回。

1. 对外签订信贷协议

总行对外谈判签订买方信贷总协议,总协议签订后,有关每个具体项目的具体信贷协议或按贸易合同申请的贷款,由总行对外谈判签订,也可由总行授权分行谈判签订。

总行签订具体协议时,应通过“买方信贷用款限额”表外科目进行核算,使用贷款时,按使用金额逐笔转销表外科目。

2. 支付定金

根据买方信贷协议的规定,对外预付一定比例的定金。

(1)借款单位用现汇支付定金,会计分录为:

借:外汇专户的活期存款或其他科目(外汇)
贷:存放国外同业款
[或:其他科目(外汇)]

(2)如果借款单位向银行申请现汇贷款支付,会计分录为:

借:短期外汇贷款(外汇)
贷:存放国外同业
[或:其他科目(外汇)]

(3)如果借款单位以人民币购入外汇支付定金,会计分录为:

借:活期存款——存款户(本币)
贷:外汇买卖——汇卖价(本币)
借:外汇买卖——汇卖价(外汇)
贷:存放国外同业
[或:其他科目(外汇)]

(4)如果借款单位用于贷款币种不同的外币支付定金,会计分录为:

借:活期存款——存款户(外汇)

贷:外汇买卖——汇买价(外汇)

借:外汇买卖——汇买价(外汇)

贷:外汇买卖——汇卖价(外汇)

借:外汇买卖——汇卖价(外汇)

贷:存放国外同业

[或:其他科目(外汇)]

3. 使用贷款

买方信贷项下进口,动用买方信贷资金对外付款时,应根据不同情况进行转账。

(1)进口商有现汇,按正常手续向银行办理结汇,银行利用买方信贷资金,承担买方信贷项下利息,并按规定收取结汇手续费。

①如果进口商与贷款总行在同一地区,由总行办理结汇。会计分录为:

借:进出口企业活期存款或其他科目(本币)

贷:外汇买卖(本币)

借:外汇买卖(外汇)

贷:借入买方信贷款(外汇)

与此同时,减少买方信贷用款限额。

②如果进口商与贷款总行在异地,由当地分行办理结汇时,以"全国联行外汇往来"科目代替"借入买方信贷款"。总行收到分行报单,转记国外银行账,会计分录为:

借:全国联行外汇往来(外汇)

贷:借入买方信贷款(外汇)

与此同时,减少买方信贷用款限额。

(2)进口商无现汇,必须取得买方信贷外汇贷款,到期时进口商归还贷款本息。

①如果进口商与贷款总行在同地,由总行直接发放买方信贷外汇贷款。会计分录为:

借:买方信贷外汇贷款(外汇)

贷:借入买方信贷款(外汇)

与此同时,冲销表外科目用款限额。

②如果进口商与贷款总行在异地,由分行发放外汇贷款。会计分录为:

借:买方信贷外汇贷款——借款单位(外汇)

贷:全国联行外汇往来(外汇)

③总行接到分行发来报单,会计分录为:

借:全国联行外汇往来(外汇)

贷:借入买方信贷款(外汇)

与此同时,冲销表外科目用款限额。

4. 贷款本息的偿还

买方信贷项下借入国外同业款本息的偿还,由总行统一办理。总行按协议规定计算利息,对国外贷款行寄来的利息清单,应认真核对并按规定及时偿还本息。

总行偿还国外贷款行本息时,会计分录为:

借:借入买方信贷款(外汇)

利息支出——借入买方信贷利息支出(外汇)
　贷:存放国外同业
　　[或:其他科目(外汇)]

5. 向国内借款单位收回买方信贷外汇贷款本息

银行对国内借款单位应按借款契约的规定计算借款利息,并按期收回贷款本息。

(1)如果借款单位有外汇额度或交来外贸还款凭证,以人民币结汇偿还本息。会计分录为:

借:进出口企业活期存款
　[或:其他科目(本币)]
　　贷:外汇买卖(本币)
借:外汇买卖(外汇)
　　贷:买方信贷外汇贷款(外汇)
　　　利息收入——买方信贷外汇贷款利息收入(外汇)

(2)如果借款单位以外汇偿还,会计分录为:

借:外汇专户活期存款
　[或:其他科目(外汇)]
　　贷:买方信贷外汇贷款(外汇)
　　　利息收入——买方信贷外汇贷款利息收入(外汇)

(3)如果借款单位不能按期还款,应按照贷款契约规定的到期日,将贷款本息转入"短期外汇贷款"科目核算,并按规定利率计算到期应收利息。转入"短期外汇贷款"科目后,借款单位逾期仍未能偿还贷款的,应采取有效措施,督促借款单位偿还。

除以上所述的短期贷款及买方信贷外,外汇银行还有抵押贷款、银团贷款等。贷款种类不同,其具体业务处理手续虽有差异,但会计核算大同小异。

第五节　外汇结算业务的核算

由对外贸易而引起的外汇债权债务的结算业务,概括起来可分为记账结算和现汇结算两种方式。记账结算,是按贸易双方政府间签订的支付协定中的有关规定,双方贸易结算都通过两国银行间开立的清算账户记账办理,结算不必动用现汇支付。只有超过协定规定的信用额度、协定年度末的账户差额、协定期满后的账户差额,才根据协定采取相应的清偿办法进行清算。现汇结算是以两国贸易部门签订的贸易合同为依据办理进出口业务,双方贸易结算一律以现汇逐笔结清。

目前进出口贸易业务的结算中,以现汇结算为主,主要采用信用证、汇兑、代收和托收中的一种结算方式。

一、信用证结算方式

信用证,是进口商所在地银行根据进口商的要求,向出口商开出的一种凭证。授权出口商按信用证规定的条件开立汇票,以银行或其指定的银行作为汇票的付款人。只要出口商提供的有关单据同信用证条款相符,银行就保证付款。因此,信用证结算方式是以买卖双方交易合同为基础,由进口方请求进口方银行向出口方银行开出保付凭证,双方根据规定的条款进行发货和结算的一种银行信用支付方式。这是我国对外贸易结算中采用的主要结算方式。

(一)信用证项下进口业务的处理

进口信用证结算方式,是银行根据经批准的进口单位的申请,向国外出口商开立信用证或信用保证书。凭国外寄来信用证的单据,按照信用条款规定对外付款,向进口公司办理结汇的一种结算业务。进口信用证结算主要包括开立信用证、修改信用证以及审单付款三个环节。

1. 开立信用证

进口商同国外出口商签订交易合同,根据合同规定,填具开证申请书,向银行提出申请。银行收到进口商的开证申请书,首先进行审核,并根据不同情况收取开证保证金。银行审核同意后签发的信用证采用套写格式,共六联(第一联正本,其余副本)。第一、第二联通过国外联行或代理行转给出口商,第三联开证行代统计卡,第四、第五联交进口商,第六联信用证留底。

收取开证申请人保证金的会计分录为:

借:进出口企业活期存款——开证人户(外汇)

　　贷:存入保证金——开证人户(外汇)

同时,

借:应收开出信用证款项(外汇)

　　贷:应付开出信用证款项(外汇)

2. 修改信用证

进口商如需修改信用证,应向银行提出申请。银行应该认真审核印鉴。经审核同意后,应即通知国外联行或代理行,同时修改信用证的增减额。增加或减少金额,都应填制"开往国外保证凭证"传票并在信用证留底联上批注,结出余额。信用证到期,应将逾期失效金额同有关合同联系确认后,填制传票予以冲销,并将信用证留底卡余额结平。

3. 审单付款

收到国外寄来信用证项下的单据,应立即送进口商审查。经审核同意后,由银行根据信用证规定,办理付款或承兑,并对进口商办理进口结汇。

信用证付款方式,一般分为即期信用证支付和远期信用证支付两种方式。即期信用证支付方式又分为单到国内审单付款、国外审单主动借记、国外审单后电报向我索汇、授权国外议付行向我账户行索汇四种。即期信用证支付方式的特点是:单证相符,见单即付。远期信用证支付方式又分为由国外付款行承兑和国内开证行承兑两种。远期信用证支付方式的特点是:单证相符,到期付款。

(1)即期信用证付款方式大多采用单到国内审单付款。单到国内,进口商确认付款后,银行即办理对外付款。如企业采用现汇开证,会计分录为:

借:外汇专户活期存款——开证人户(外汇)

　存入保证金——开证人户(外汇)

　　贷:港澳及国外联行往来

　　　[或:其他科目(外汇)]

同时,

借:应付开出信用证款项(外汇)

　　贷:应收开出信用证款项(外汇)

(2)远期信用证的付款核算处理手续分两个阶段进行,即承兑和到期付款。承兑时,开证行向议付行开出承兑通知书,说明承兑时间、付款方式等。到期付款时的会计分录为:

借:存入保证金——开证人户

外汇专户活期存款——开证人户

贷:存放国外同业

（或:其他科目）

同时,

借:应付开出信用证款项

贷:应收开出信用证款项

(二)信用证项下出口业务的处理

出口信用证结算,是出口商根据国外进口商通过国外银行开来的信用证和保证书,按照其条款规定,将出口单据送交国内银行,由银行办理审单议付,并向国外银行收取外汇后向出口商办理结汇的一种结算方式。

出口信用证结算的处理,包括受理国外开来信用证、交单议付、结汇三个环节。

1. 受理国外开来信用证

银行接到国外银行开来信用证时,首先应对开证银行的资信、进口商的偿付能力和保险条款进行全面审查,并明确表示信用证能否接受、如何修改。经审核并核对印鉴认为可以受理的,当即编列信用证通知流水号,即将信用证正本通知有关出口商,以便发货,然后将信用证副本及银行留底联严格保管,并及时登记"国外开来保证凭证"记录卡,以便随时查考。

以后若接到开证行的信用证修改通知书,要求修改金额,或信用证受益人因故申请将信用证金额的一部分或全部转往其他行时,除按规定办理信用证修改和通知或转让手续外,其增减金额还应在表外科目"国外开来保证凭证"中核算。

另外,对开证行汇入的信用证押金,授权本行在议付单据后进行抵扣,应在信用证以及其他有关凭证上做好记录。会计分录为:

借:存放国外同业(外汇)

贷:存入保证金(外汇)

2. 交单议付

议付银行为了确保安全、及时收汇,避免遭受经济上的损失,首先应对出口商交来的办理议付的信用证和全套单据,按信用证条款认真审核,保证单证一致、单单相符。审核无误后,应在信用证上批注议付日期并编列银行出口押汇编号,填制出口寄单议付通知书,按一定的索汇方法向国外银行寄单收取款项。

每日营业终了时,对当天议付笔数,同寄发索汇电信笔数进行核对,防止漏寄议付单据和漏寄索汇电信等事故,以保证向国外银行索汇工作的顺利进行。

3. 结汇

议付行在完成以上工作后,等接到国外银行将票款收入我行的账户通知书时,银行应按规定的汇价买入外汇,同时折算成相应的人民币支付给出口商,以结清代收妥的出口外汇。首先销记表外科目,会计分录为:

付出:国外开来保证凭证

结汇时的会计分录为:

借:存放国外同业

[或:其他科目(外汇)]

贷:外汇买卖(外汇)

借:外汇买卖(本币)

贷:进出口企业活期存款——出口单位户(本币)

二、汇兑结算方式

国际汇兑结算,是银行在不需运送现金的原则下,利用汇票或其他信用工具,使处于不同国家的债权人或债务人清算其债权债务的一种方式。汇兑结算,主要分为汇出国外汇款和汇入国外汇款两种。

(一)汇出国外汇款

汇出国外汇款,是银行接受汇款人的委托,以电汇、信汇、票汇等方式,将款项汇往国外收款人开户行的汇款方式。接受汇款人委托、汇出款项的银行,称为汇出行,汇出国外汇款,通常有电汇、信汇、票汇、旅行信用证和旅行支票五种。

1. 电汇、信汇、票汇

电汇,是银行用电报或电传形式,委托汇入行解付汇款,有的银行在发出电报的同时,还航邮一份电报证实书,以供汇入行查对,汇出时,应在电报上加注密押,在电报证实书上加签有权签字人的签字。信汇,是汇出银行根据汇款人的要求,把汇款金额、收款人的姓名和详细地址、汇款人的姓名和地址,以及汇款用途和附言等签具信汇委托书,以邮汇方式,通知汇入行把汇款付给收款人的一种汇款方式。

以上三种方式各有利弊,汇款人可以根据实际需要,灵活选择,银行对三种方式的处理程序基本相似。

(1)汇款的申请。汇款人要求汇款时,必须首先填制“汇款申请书”一式两联,经国家外汇管理局或银行审批同意后,一联作银行传票附件,一联加盖业务公章后退还汇款人,作为汇款回单。

(2)汇款凭证的填制。银行经办人员根据汇款申请书,计算业务手续费后,应按汇款人申请的汇款方式,分别填制不同的汇款凭证,电汇方式应一次套写一式五联的电汇凭证;信汇方式应一次套写一式七联的信汇委托书;票汇方式应填制一式五联的票汇凭证。

(3)汇出汇款的核算。

①若以结汇项下汇出时,会计分录为:

借:进口企业活期存款或其他有关科目(本币)

贷:外汇买卖(本币)

营业收入——其他手续费收入(本币)

借:外汇买卖(外汇)

贷:汇出国外汇款(外汇)

②若以外币存款汇出时,会计分录为:

借:外汇专户活期存款——××户(外汇)

贷:汇出国外汇款(外汇)

借:进出口企业活期存款——××户(本币)

贷:营业收入——其他手续费收入(本币)

(4)汇款解付后的核算。在接到国外银行的借记报单时,汇款行凭借记报单抽出“汇出国外汇款”科目的借方传票,进行核销转账,会计分录为:

借:汇出国外汇款(外汇)

贷:存放国外同业

　　[或:其他科目(外汇)]

2. 旅行信用证

旅行信用证是汇款银行为便利汇款人出国旅行沿途用款而签发的信用证,旅行者到国外各地可以凭旅行信用证,向指定的地点和银行,在信用证规定的金额和有效期内支取款项,付款银行则凭收款人签具的取款收据,向开证行结算款项。旅行信用证也是汇出国外汇款的一种。

汇款人申请开出旅行信用证时,应填具"汇款申请书",填明开证金额和支款地点等项。银行凭汇款申请书,填制旅行信用证。旅行信用证一式三联,第一联旅行信用证正本,第二联旅行信用证副本,第三联旅行信用证留底。

为了方便国外付款行验付,汇款人应在"印鉴证明书"上预留印鉴章样本,经开证行有权签字人员在印鉴证书上签证后,同旅行信用证正本一并交汇款人收执。如与国外付款行已约定或信用证上已注明可以凭护照付款的,可以不填"印鉴证明书",旅行信用证业务通过"开出旅行信用证"科目进行核算,其会计分录与上述信汇、电汇、票汇方式基本相同,只要将"汇出国外汇款"科目改为"开出旅行信用证"科目即可。

3. 旅行支票

旅行支票是银行发行的固定金额,专供旅游者使用的一种支付工具,其取款手续较旅行信用证简便。旅行支票实质上是一种票汇汇款。因此,代售旅行支票也是一种汇出汇款业务。目前,我国外汇银行只是代为出售国外银行委托的旅行支票,国外银行委托我行代为出售旅行支票,在收到空白旅行支票时,应登记"代保管有价值品登记簿",并以"信托资产"和"信托负债"两个对应科目进行核算。

代售行在售出旅行支票时,应在规定位置填写出售日期和代售行名称、地点,并由购买人在票面规定位置预留取款签章印鉴,以便取款时校验。

售出旅行支票后,贷记"汇出汇款"科目,并转销"信托资产"和"信托负债"科目,同时开出以旅行支票的发行行为收款人的汇票并寄发行行。代售行接到有关借记报单后,核销"汇出汇款"科目。

(二)汇入国外汇款

汇入国外汇款,是指港澳和国外联行、代理行委托解付的汇款,包括贸易汇款和非贸易汇款。贸易汇款主要有预收货款,来料加工费和罚金等。非贸易汇款主要有华侨汇款以及来华外宾、侨民、外交人员等汇款。汇入国外汇款,银行根据有关协定和代理合约,一般应以收妥头寸后解付为原则,但是,那些资信好、业务往来多、拨偿汇款头寸及时的汇款行或外国驻我国机构中有影响的国际友人、华侨汇款,可根据情况,经领导批准,以垫款解付。

汇入国外汇款的核算,除汇入的华侨汇款,按侨汇业务办理外,其他汇入款项应根据电汇、信汇、票汇等不同方式,分别办理解付手续。

1. 信汇和电汇

接到国外汇出行的电汇的,应首先核对密押,收到信汇支付委托书时,应核对印鉴,核对相符后,办理汇款登记编号,填制汇款通知书,通知收款人领取汇款,对机关、企业采用一式五联套写的通知书,第一联国外汇入汇款通知书,第二联正收条,第三联副收条,第四联国外汇入汇款科目贷方传票,第五联国外汇入汇款科目卡片账。

①凡同汇出行直接开立有往来账或集中开户分散记账的分行,收到汇款头寸时,会计分录为:

借:港澳及国外联行往来

[或:存放国外同业(外汇)]

贷:汇入汇款(外汇)

②对不实行分散记账的各行或汇出行在总行开立有现汇账户的,汇入行收到汇款头寸时,会计分录为:

借:全国联行外汇往来(外汇)

贷:汇入汇款(外汇)

总行收到上划报单时,会计分录为:

借:港澳及国外联行往来

[或:存放国外同业(外汇)]

贷:全国联行外汇往来(外汇)

③汇款解付时,通过“外汇买卖”科目办理结汇,当人民币收入有关单位或个人的账户,以及支付现金时,会计分录为:

借:汇入汇款——汇买价(外汇)

贷:外汇买卖——汇买价(外汇)

借:外汇买卖——汇买价(本币)

贷:进出口企业活期存款

[或:其他科目(本币)]

④如收款人要求原币存储,经审核同意,会计分录为:

借:汇入汇款(外汇)

贷:外汇专户活期存款

[或:其他科目(外汇)]

对不实行分散记账的解汇行或汇出行在总行开有现汇账户,随附存放国外同业或国外同业存款贷记报单划总行。

2. 票汇

收到国外汇款行寄来的以我行为付款行的票汇通知书,以及汇款头寸,经核对印鉴等无误后,凭以转入“汇入汇款”科目,待持票人前来兑取。会计分录为:

借:存放国外同业

[或:其他科目(外汇)]

贷:汇入汇款(外汇)

当持票人来行取款时,须经持票人在柜面签字背书,并核对汇票通知书,以及出票行印鉴、付款金额、有效期、收款人的姓名等后,才能办理人民币结汇或支付原币,会计分录与信汇相同。

三、代收及托收结算方式

(一)进口代收

进口代收,是出口商根据贸易合同规定,不经开立信用证,在货物发运后委托出口方银行寄单,通过进口方银行向进口商收取货款。因此,对出口商来说,属出口托收;对进口商来说,则属进口代收。

银行收到进口代收单据以后,经编列排序号,填制进口代收单据通知书,将汇票和单据连同代收单据通知书送进口商，同时填制传票记账，会计分录为：

收入：代收外汇托收款项

待进口商确认付款，并交来进口代收单据承认书后，银行应立即办理汇付款的处理手续，从进口商账户汇划转往国外委托银行，会计分录为：

借：进出口企业活期存款——进口企业户（本币）

贷：外汇买卖——汇卖价（本币）

借：外汇买卖——汇卖价（外汇）

贷：存放国外同业

［或：其他科目（外汇）］

与此同时，转销表外科目：

付出：代收外汇托收款项

如进口商不同意承付，应提出拒付理由书，连同单据退回银行，由银行转告国外委托行，如提出部分拒付，在取得国外委托行同意后，按实际付款金额办理付款手续，并按部分付款的金额进行相应的转账，拒付时也应转销表外科目。

（二）出口托收

出口托收，是出口商根据贸易合同的规定，在货物发运后，委托银行向进口商收取货款，可分为光票托收和跟单托收两种，其中跟单托收占较大比重。

出口商委托银行代收货款时，应填制无证出口托收申请书，连同出口单证一并送交银行办理托收，银行审单后，根据托收申请书的要求，套打出口托收委托书，编列出口托收号码，经复核无误后，寄往国外代收银行委托收款，并进行记账，会计分录为：

收入：应收外汇托收款项

当收到国外银行的贷记报单，对委托人即出口商办理结汇，会计分录为：

借：存放国外同业

［或：其他科目（外汇）］

贷：外汇买卖（外汇）

借：外汇买卖（本币）

贷：活期存款——出口商户（本币）

与此同时，转销表外科目：

付出：应收外汇托收款项

思考与练习

一、名词解释

1. 外汇
2. 外汇买卖
3. 汇率
4. 外汇分账制
5. 外汇存款
6. 信用证

二、填空题

1. 外汇按是否可以自由兑换分为（　　）外汇和（　　）外汇两类。

2.“外汇买卖”科目分户账由(　　)、(　　)、(　　)三栏组成;买入、卖出栏各设(　　)、(　　)、(　　)三项。

3.“外汇买卖”科目的外汇余额在贷方时,表示买入外汇(　　)卖出外汇;外汇余额在借方时,表示买入外汇(　　)卖出外汇。

4. 出口信用证结算中,通知行的处理主要包括(　　)、(　　)、(　　)三个环节。

三、单选题

1. 我国商业银行使用(　　)进行外汇业务的核算。

A. 本币统账制　　B. 外汇分账制

2.“外汇买卖”科目是(　　)的专用科目。

A. 结汇　　B. 售汇　　C. 本币统账制　　D. 外汇分账制

3.“外汇买卖”属于(　　)性质的科目。

A. 资产类　　B. 负债类　　C. 资产负债共同类　　D. 损益类

4. 买入外汇时,以外币金额记入“外汇买卖”账户的(　　);卖出外汇时,以外币金额记入“外汇买卖”账户的(　　)。

A. 借方　　B. 贷方

5. 以一定单位的本国货币折合若干外国货币来表示外汇汇率的方法是(　　)。

A. 直接标价法　　B. 间接标价法　　C. 美元标价法　　D. 人民币标价法

6. 我国外汇汇率的标价方法是(　　)。

A. 直接标价法　　B. 间接标价法　　C. 美元标价法　　D.人民币标价法

7. 客户用一种外汇兑换另一种外汇的业务是(　　)。

A. 买入外汇　　B. 卖出外汇　　C. 外汇套汇　　D. 外汇支出

四、多选题

1. 下列属于外汇的有(　　)。

A. 外国货币　　B. 外币有价证券　　C. 外币票据　　D. 外币支付凭证

F. 其他外汇资金

2. 外汇汇价按标价方法的不同分为(　　)。

A. 直接标价法　　B. 间接标价法　　C. 外币标价法　　D. 人民币标价法

3. 出口信用证结算包括(　　)。

A. 受证与通知　　B. 交单议付　　C. 审单结汇　　D. 售汇与结汇

五、思考题

1. 外汇分账制的基本做法如何?

2.“外汇买卖”科目有何特点?

3. 外汇指定银行办理买入、卖出外汇业务的处理如何?

4. 单位活期、定期外汇存款的核算手续如何?

第十章 固定资产的核算

固定资产是银行资产的组成部分，是保证银行经营的必要条件。固定资产的使用、保管、核算涉及银行的会计部门、行政部门和使用部门等相关方面。

第一节 固定资产概述

一、固定资产的概念

固定资产是指同时具有以下特征的有形资产：

(1)为生产商品、提供劳务、出租或经营管理而持有。

(2)使用期限超过一年。

(3)单位价值较高。

在我国的会计实务中，划分固定资产的具体标准是：使用期限在一年以上的房屋、建筑物、机器、设备、运输工具等资产应作为固定资产；不属于生产经营主要设备的物品，单位价值在2 000元以上，并且使用期限超过两年的，也应作为固定资产。不符合上述条件的劳动资料，应作为低值易耗品进行管理和核算。

银行的固定资产虽然不能给银行带来收入，但它是银行业务经营和增加收入的基础。

二、固定资产的分类

基于银行的固定资产是银行最重要的资产之一，所以银行应该根据自身的具体情况，采取不同的分类标准制定适合于自身的分类方法。

(1)按固定资产的经济用途分类，可分为经营用固定资产和非经营用固定资产。经营用固定资产，是指直接服务于银行的经营活动的各种固定资产，如生产经营用的房屋、建筑物、动力设备、通信运输设备等。

非经营用固定资产，是指不直接服务于银行的经营活动的各种固定资产，如职工宿舍、食堂、招待所等使用的房屋、设备等。

(2)按固定资产使用情况分类，可分为使用中固定资产、未使用固定资产和不需用固定资产。

使用中固定资产，是指正在使用过程中的经营性或非经营性固定资产。由于季节性经营或大修理等原因，暂时停止使用的固定资产仍属于银行使用中的固定资产，银行出租给其他单位使用的固定资产和内部替换使用的固定资产也属于使用中的固定资产。

未使用固定资产，是指已完工或已购建的尚未交付使用的新增固定资产以及由于改建、扩建等原因暂停使用的固定资产。

不需用固定资产，是指银行多余或不适用的各种固定资产。

(3)按固定资产的所有权分类，可分为自有固定资产和租入固定资产。自有固定资产，是指银行拥有的、可供银行自由支配使用的固定资产。租入固定资产，是指银行采用租赁方式从其他单位租入的固定资产。银行对租入的固定资产依照租赁合同拥有使用权，同时负有支付租金的义务，但资产的所有权属于出租单位。租入固定资产分为经营性租入固定资产和融资性租入固定资产。

三、固定资产的价值构成

固定资产应当按其成本入账，这里的成本是指在取得固定资产时的成本。但是考虑到固定资产的价值会随着不断使用而逐渐减少，所以还需要揭示固定资产的折余价值。

固定资产的计价主要有按历史成本计价和按净值计价两种方法。固定资产的历史成本是指企业购建某项固定资产达到可使用状态前所发生的一切合理的、必要的支出。固定资产的净值是指固定资产原始价值或重置完全价值减去已提折旧后的净额。固定资产取得时的成本应当根据具体情况分别确定：

(1)银行购置的、不需要经过建造过程即可使用的固定资产，按实际支付的买价加上包装费、运输费、安装成本、缴纳的有关税金作为入账价值。

(2)自行建造的固定资产，按建造过程中该项固定资产达到预定可使用状态前所发生的全部支出，作为入账价值。

(3)投资者投入的固定资产，按投资各方确认的价值，作为入账价值。

(4)融资租入的固定资产，按租赁开始日租赁资产的原账面价值与最低租赁付款额的现值两者中较低者，作为入账价值。如果融资租入资产占资产总额的比例等于或低于30%，则在租赁开始日，也可按最低租赁付款额，作为固定资产的入账价值。

(5)在原有固定资产的基础上进行改建、扩建的，按原固定资产的账面价值，加上由于改建、扩建而使该项资产达到预定可使用状态前发生的支出，减去改建、扩建过程中发生的变价收入，作为入账价值。

(6)银行接受债务人以非现金资产抵偿债务方式取得的固定资产，或以应收债权换入固定资产的，按应收债权的账面价值加上应支付的相关税费，作为入账价值。

(7)接受捐赠的固定资产，捐赠方提供了有关凭据的，按凭据标明的金额加上应支付的相关税费作为入账价值；捐赠方没有提供凭据的，按同类或类似固定资产的市场价格或按接受捐赠方预计未来现金流量现值加上应支付的相关税费，作为入账价值。

(8)盘盈的固定资产，按相同或同类固定资产的市场价格，减去按该项资产的新旧程度估计的价值损耗后的余额，作为入账价值。

(9)经批准无偿调入的固定资产，按调出单位的账面价值加上发出的运输费、安装费等相关费用，作为入账价值。

第二节　固定资产增加的核算

银行固定资产增加主要包括自行购入、自行建造、其他单位投入、融资租入、接受捐赠以及盘盈固定资产等，银行应根据具体情况进行核算。

一、购入固定资产的核算

企业购入的固定资产，按实际支付的买价、增值税、进口关税等相关税费，以及为使固定资产达到预定可使用状态前所发生的可直接归属于该资产的其他支出，作为购入固定资产的原价入账。

(一)购入不需要安装的固定资产

购入不需要安装的固定资产，以购入固定资产实际支付的价款(包括买价、支付的包装费、运输费等)作为原始价值入账，其会计分录为：

借：固定资产

　　贷：银行存款

　　　(或：存放中央银行准备金)

(二)购入需要安装的固定资产

购入需要安装的固定资产，将其购入、安装及购建过程中发生的费用记入“在建工程”。其会计分录为：

借：在建工程

　　贷：银行存款

　　　(或：存放中央银行准备金)

安装或建造完毕交付使用时，由“在建工程”账户转入有关“固定资产”账户，相关的会计分录为：

借：固定资产

　　贷：在建工程

商业银行还应按固定资产类别和使用部门设置“固定资产登记簿”，并建立“固定资产卡片”，对每项固定资产的原价、使用情况和已提折旧等进行详细记载。

二、自行建造固定资产的核算

银行自行建造固定资产，应按建造过程中发生的必要支出(包括所消耗的材料、人工费、其他费用和缴纳的有关税金等)确定其价值。按其实施的方式不同可分为自营工程和出包工程两种。

(一)自营工程的核算

自营建造工程的，其会计分录为：

借：工程物资

　　贷：银行存款

　　　(或：存放中央银行准备金)

领用工程物资的，会计分录为：

借：在建工程——××工程户

　　贷：工程物资

发生相关费用，按实际发生额入账。其会计分录为：

借：在建工程——××工程户

　　贷：银行存款

　　　(或：应付工资等)

工程完工，交付使用的，会计分录为：

借：固定资产

　　贷：在建工程——××工程

(二)出包工程的核算

采用出包工程方式进行固定资产的自建、自制,"在建工程"科目实际上成为金融企业与承包单位的结算科目。金融企业与承包单位结算的工程价款作为工程成本,通过"在建工程"科目核算。

(1)按合同或协议预付给承包单位工程价款,其会计分录为:

借:在建工程

　　贷:银行存款

　　　(或:存放中央银行准备金)

(2)工程完工,交付使用,将"在建工程"科目汇集的工程成本转为"固定资产",会计分录为:

借:固定资产

　　贷:在建工程——××工程户

三、租入固定资产的核算

按租赁方式的不同,可分为经营性租赁和融资租赁两种。

(一)经营性租入固定资产的处理

承租人采用经营性租赁方式租入的固定资产,主要目的不是为长期拥有,因此租赁期限相对较短,而固定资产的所有权仍归属出租方,在租期内承租人拥有使用权,租赁期满,承租人应将固定资产归还给出租人。因此,承租人对经营性租入的固定资产不作为本企业的固定资产计价入账,也无需计提折旧。

(二)融资租入固定资产的处理

融资租入固定资产的租赁期比较长,一般应达到租赁固定资产使用年限的75%以上,并且有的在租赁合同中规定租赁期满后,固定资产所有权归承租人,承租人可以留购。因此,对于融资租入的固定资产,商业银行应作为固定资产计价入账。

租入固定资产如不需要安装、直接交付使用的,则按租赁资产的原账面价值与最低租赁付款额的现值两者中较低者,记入固定资产。其会计分录为:

借:固定资产

　　贷:长期应付款

租入固定资产如需安装后交付使用的,则各项费用先在"在建工程"科目列支,安装完毕交付使用时,再转入"固定资产"科目。

四、其他单位投入固定资产的核算

收到投资者投入的固定资产,按双方确认的价值入账。其会计分录为:

借:固定资产

　　贷:实收资本

　　　(或:股本)

五、接受捐赠固定资产的核算

接受捐赠的固定资产如已提取折旧,应记入"累计折旧"科目,将未来处理固定资产后应交所得税,记入"递延税款"科目。其会计分录为:

借：固定资产

　　贷：资本公积——接受非现金资产捐赠准备户

　　　　累计折旧

　　　　递延税款（固定资产净值×25%）

六、固定资产盘盈的核算

商业银行应定期或不定期地对固定资产进行清查盘点，以保证固定资产账实相符和完整。盘盈的固定资产，应按相同或同类固定资产的市场价格，减去按该项资产的新旧程度估计的价值损耗后的余额，作为入账价值。盘盈固定资产的会计分录为：

借：固定资产

　　贷：待处理财产损溢

报经批准后，固定资产盘盈转作营业外收入。其会计分录为：

借：待处理财产损溢

　　贷：营业外收入——固定资产盘盈户

第三节　固定资产折旧与修理的核算

固定资产折旧是指固定资产在使用过程中由于损耗而减少的价值。造成损耗的原因主要包括有形损耗和无形损耗两种。有形损耗是指固定资产在使用过程中由于磨损和自然力影响其物理性能而发生的实物损耗；无形损耗是指由于劳动生产力的提高和科学技术的进步，而使原有的固定资产贬值所造成的损耗。

一、计提折旧的范围

确定银行固定资产折旧的计提范围，是正确核算固定资产折旧的前提。具体来说，银行计提折旧的固定资产主要有：房屋和建筑物；在用的各类设备、运输工具等；季节性停用或因大修理停用的设备；融资租入的固定资产；以经营租赁方式租出的固定资产。

银行不计提折旧的固定资产主要有：已估价单独入账的土地；房屋建筑物以外未使用、不需用的固定资产；以融资方式租出的固定资产；以经营租赁方式租入的固定资产；在建工程项目交付使用以前的固定资产；提前报废的固定资产；已提足折旧继续使用的固定资产；破产、关停银行的固定资产；国家规定不计提折旧的其他固定资产。另外，一般银行在月初计提折旧，因此对当月增加的固定资产当月不计提折旧，下月开始计提折旧；对当月减少的固定资产，当月计提折旧，下月起不提折旧。

二、固定资产的折旧方法

银行的固定资产应按照国家规定采用分类折旧办法计提折旧，提取的折旧计入成本，不得冲减资本金。

固定资产折旧方法有平均年限法、工作量法、双倍余额递减法和年数总和法。银行可根据本单位的具体情况选择使用，并按照管理权限，经股东大会或董事会，或行长（经理）会议或类似机构批准，作为计提折旧的依据，并按规定报送各方备案。折旧方法一经确定不得随意变更。

(一)平均年限法

平均年限法又称直线法，是将固定资产的折旧均衡地分摊到各期的一种折旧方法。

使用这种方法需要首先确定固定资产的使用年限和预计净残值率。其计算公式如下：

$$年折旧率=\frac{1-预计净残值率}{固定资产使用年限}\times 100\%$$

按月计提折旧的，根据年折旧率换算为月折旧率。

当固定资产各期的负荷程度相同时，各期应分摊相同的折旧费，这时采用平均年限法计算是合理的。但是，若固定资产各期负荷程度不同，采用平均年限法计算折旧时，则不能反映固定资产的实际使用情况，提取的折旧数与固定资产的损耗程度也不相符。

(二)工作量法

工作量法是根据实际工作量折旧的一种方法，这种方法弥补了平均年限法只注重使用时间，不考虑使用强度的缺点，其计算公式如下：

$$每一工作量折旧额=\frac{固定资产原值\times(1-净残值率)}{预计总工作量}$$

按月计提折旧额时，用当月某项固定资产的当月工作量乘以每一工作量折旧额。

(三)双倍余额递减法

双倍余额递减法是在不考虑固定资产残值的情况下，根据每期期初固定资产的账面净值和折旧率计算固定资产折旧额的一种方法。其计算公式为：

$$年折旧率=\frac{2}{固定资产预计折旧年限}\times 100\%$$

$$月折旧率=\frac{年折旧率}{12}$$

$$月折旧额=固定资产账面净值\times 月折旧率$$

由于双倍余额递减法不考虑固定资产的预计净残值，因此，在应用这种方法时必须注意不能使固定资产的账面折余价值降低到它的预计净残值以下，应当在固定资产折旧年限到期以前的两年内，将固定资产净值扣除预计净残值后的余额进行平均摊销。

[**例 10-1**]一项固定资产原值为60 000元，预计使用年限为 5 年，预计净残值4 000元，按双倍余额递减法计算折旧。

第一年应提折旧额＝60 000×40％＝24 000(元)

第二年应提折旧额＝(60 000－24 000)×40％ ＝14 400(元)

第三年应提折旧额＝(60 000－24 000－14 400)×40％＝8 640(元)

第四、五年的折旧额＝(60 000－24 000－14 400－8 640－4 000)÷2＝4 480(元)

(四)年数总和法

年数总和法是将固定资产原值减去预计净残值后的净额，乘以一个逐年递减的折旧率，计算折旧额的一种方法。逐年递减的折旧率是固定资产预计使用年限减去已使用年限，即尚可使用年数与预计使用年限的年数总额之比。其计算公式为：

$$年折旧率=\frac{尚可使用年数}{预计使用年限的年数总和}\times 100\%$$

或者

$$年折旧率=\frac{预计使用年限-已使用年限}{预计使用年限\times(预计使用年限+1)/2}\times 100\%$$

$$折旧额=(固定资产原值-预计净残值)\times 折旧率$$

[**例 10－2**]假设[例 10－1]中该项固定资产使用年数总和法计提折旧。

为计算更加准确，折旧额可以直接使用以下公式：

$$折旧额=\frac{(固定资产原值-预计净残值)\times 尚可使用年数}{预计使用年限的年数总和}$$

各年折旧额见表 10－1。

表 10－1　　**某项固定资产折旧额计算表**

年份	尚可使用年限	原值－预计净残值(元)	各年份折旧率	各年折旧额(元)
1	5	60 000－4 000＝56 000	5/15	18 666.67
2	4	56 000.00	4/15	14 933.33
3	3	56 000.00	3/15	11 200.00
4	2	56 000.00	2/15	7 466.67
5	1	56 000.00	1/15	3 733.33

三、提取固定资产折旧的核算

提取固定资产折旧的会计分录为：

借：营业费用——固定资产折旧户

　　贷：累计折旧

四、固定资产修理的核算

固定资产修理分为大修理和中、小修理，中、小修理也称为经常性修理，发生的固定资产修理支出，计入当期成本；如果修理费用较多，发生不均衡，可以采用待摊或者预提的办法。

(一)修理费直接计入当期成本

修理费直接计入当期成本的，其会计分录为：

借：营业费用——固定资产修理费户

　　贷：银行存款

　　　(或：库存现金)

(二)修理费采用“先提后用”的办法

修理费采用“先提后用”办法处理的，在按期预提修理费时，其会计分录为：

借：营业费用——固定资产修理费户

　　贷：预提费用——预提固定资产修理费户

支付修理费时的会计分录为：

借：预提费用——预提固定资产修理费户

　　贷：银行存款

　　　(或：库存现金)

(三)修理费采用待摊方法

修理费采用待摊方法处理的，支付修理费的会计分录为：

借：待摊费用——固定资产修理费户

　　贷：银行存款

　　　(或：有关科目)

分期摊销的会计分录为：

借:营业费用——修理费户

贷:待摊费用——固定资产修理费户

五、固定资产的清理

银行的固定资产出售,或者意外事故造成的损毁,或者由于使用价值消耗殆尽而需要报废时,均应转入清理。这些都将通过固定资产净值转入“固定资产清理”账户,同时冲销该项固定资产的账面原价与累计折旧,发生的清理费用在“固定资产清理”账户中列支。收取的价款或变价收入大于账面净值及清理费用时,其差额为净收益,“固定资产清理”账户为贷方余额;否则即为净损失,“固定资产清理”账户反映借方余额。

(一)转出固定资产的会计分录

固定资产因出售、报废和毁损而从固定资产账户转出时,其会计分录为:

借:固定资产清理

累计折旧

贷:固定资产

如为出售固定资产,并且该项固定资产已计提减值准备,应同时冲减“固定资产减值准备”。

(二)发生的清理费用的会计分录

发生的固定资产清理费用,也在“固定资产清理”科目内列账。其会计分录为:

借:固定资产清理

贷:银行存款

(或:库存现金)

(三)收取价款或残料价值的会计分录

收取固定资产的价款或残料价值,记入“固定资产清理”科目的贷方。其会计分录为:

借:银行存款

贷:固定资产清理

如为出售固定资产,应交的营业税,也在“固定资产清理”科目列账。

(四)固定资产清理净损益

固定资产清理后如为净收益,其结转的会计分录为:

借;固定资产清理

贷:营业外收入——固定资产净收益户

固定资产清理后如为净损失,其结转的会计分录为:

借:营业外支出——固定资产净损失户

贷:固定资产清理

六、投资转出固定资产的核算

商业银行用固定资产向外投资,应以其净值作为投资额,并冲销原有账面记录。其会计分录为:

借:长期股权投资——其他投资户

累计折旧

贷:固定资产

七、固定资产盘亏的核算

商业银行定期或不定期地对固定资产进行盘点清查。发现盘亏时,应按盘亏的固定资产净值转入“待处理财产损溢”账户予以反映,待报经批准处理时,予以冲减。盘亏的固定资产净值,记入“营业外支出”科目。

第四节 固定资产期末计价

会计期末时,应按照固定资产账面价值与可收回金额孰低原则,对固定资产计价,可收回金额低于账面价值的差额,应当计提固定资产减值准备。

一、固定资产减值准备计提范围

固定资产发生损坏、技术陈旧或其他经济原因,导致其可收回金额低于其账面价值,这种情况称为固定资产减值。对于已经发生的资产减值如果不予确认,必将虚夸资产的价值,这不符合真实性原则,也有悖于稳健性原则,所以银行应当在会计期末对于减损的价值计提减值准备。

如果商业银行有在建工程并预计发生减值,诸如长期停建并且在 3 年内不会重新恢复建设,应当计提减值准备。

如发现存在下列情况,应当计算固定资产的可收回金额,以确定资产是否已经发生减值:

(1)固定资产市价大幅度下跌,其跌幅大大高于因时间推移或正常使用而预计的下跌,并且预计在近期内不可能恢复。

(2)经营环境如技术、市场、经济或法律环境,或者产品营销市场在当期发生或者近期发生大的变化,并对银行经营产生负面影响。

(3)同期市场利率等大幅度提高,进而可能导致贷款可收回金额大幅度降低。

(4)固定资产陈旧过时或发生实体损坏等。

(5)其他有可能表明资产已发生减值的情况。

如果固定资产的可收回金额低于其账面价值,企业应当按可收回金额低于账面价值的差额计提固定资产减值准备,并计入当期损益。

固定资产存在下列情况之一的,应当全额计提减值准备:

(1)长期闲置不用,在可预见的未来不会再使用,且已无转让价值的固定资产。

(2)由于技术进步等原因,已不可使用的固定资产。

(3)其他实质上已经不能再给商业银行带来经济利益的固定资产。

(4)已遭毁损,以至于不再具有使用价值的固定资产。

已全额计提减值准备的固定资产,不再计提折旧。

二、固定资产减值准备的核算

计提固定资产减值准备应当在“营业外支出”中列支,同时设置“固定资产减值准备”科目核算。其会计分录为:

借:营业外支出——计提固定资产减值准备户

　　贷:固定资产减值准备

已计提减值准备的固定资产价值得以恢复的，应将原已计提的减值准备转加，其会计分录为：

借：固定资产减值准备

　　贷：营业外支出——计提固定资产减值准备户

思考与练习

一、名词解释

1. 固定资产
2. 经营用固定资产
3. 非经营用固定资产
4. 未使用固定资产
5. 固定资产折旧

二、填空题

1. 租入的固定资产按租赁方式的不同，可以分为（　　）和（　　）两类。
2. 捐赠得到的固定资产记入"（　　）"科目的贷方。
3. 购入需要安装的固定资产，先记入"（　　）"科目核算。
4. 盘盈的固定资产经批准后，记入"（　　）"科目核算。
5. 处置固定资产时，应将固定资产净值转入"（　　）"科目核算。
6. 期末计价时，固定资产可收回金额低于账面价值时，其差额记入"（　　）"科目。

三、单选题

1. 自行建造固定资产按（　　）计价。

A. 买价和运输费　　B. 买价和安装费

C. 建造过程中的必要开支　　D. 评估价值

2. 投资者投入的固定资产以（　　）作为入账价值。

A. 双方确认价　　B. 市价　　C. 评估价　　D. 历史成本

3. 银行接受捐赠的固定资产记入"（　　）"科目。

A. 实收资本　　B. 资本公积　　C. 盈余公积　　D. 本年利润

4. 投资者投入的固定资产记入"（　　）"科目。

A. 实收资本　　B. 资本公积　　C. 盈余公积　　D. 本年利润

5. 盘盈的固定资产记入"（　　）"科目。

A. 营业外收入　　B. 其他业务收入

C. 资本公积　　D. 盈余公积

7. 固定资产减少时应转入"（　　）"科目。

A. 固定资产清理　　B. 其他业务支出

C. 营业外支出　　D. 营业费用

8. 计提固定资产减值准备应记入"（　　）"科目。

A. 营业外支出　　B. 其他业务支出

C. 资本公积　　D. 盈余公积

9. 发生的固定资产清理费用，应列支的科目是"（　　）"。

A. 营业外支出　　B. 其他业务支出

C. 固定资产清理　　D. 营业费用

10. 固定资产清理净收益记入"（　　）"科目。

A. 营业收入　　B. 非营业收入
C. 营业外收入　　D. 其他业务收入

四、多选题

1. 固定资产应具有的特征为(　　)。
A. 为生产商品、提供劳务、出租或经营管理而持有
B. 使用年限超过一年
C. 单位价值较高
D. 有形资产

2. 固定资产加速折旧法有(　　)。
A. 平均年限法　　B. 工作量法
C. 年数总和法　　D. 双倍余额递减法

3. 应当作为固定资产核算的有(　　)。
A. 购置的固定资产　　B. 自行建造的固定资产
C. 融资租入的固定资产　　D. 融资租出的固定资产

4. 不计提折旧的固定资产有(　　)。
A. 经营租入的固定资产　　B. 融资租入的固定资产
C. 已提足折旧继续使用的固定资产　　D. 未使用的房屋建筑物

5. 计提折旧的固定资产有(　　)。
A. 经营性租入的固定资产　　B. 融资租入的固定资产
C. 房屋和建筑物　　D. 在用的各类设备

五、思考题

1. 固定资产具有哪些特征?
2. 按照不同的分类标准,固定资产可分为哪几类?
3. 按照增加渠道的不同,固定资产原始价值应如何确定?
4. 固定资产折旧的计提范围是如何规定的?
5.“固定资产清理”科目应如何使用?

第十一章　无形资产与其他资产的核算

无形资产是指没有实物形态的长期资产，是银行资产的组成部分。其他资产是银行在经营过程中形成的待摊费用和待处理抵债资产。

第一节　无形资产的核算

无形资产是指商业银行长期持有的、没有实物形态的非货币性长期资产。

无形资产一般具有如下特征：没有实物形态；能在较长时期内使银行获得经济效益；持有的目的是使用而不是出售；能够给银行提供未来经济效益，大小具有较大的不确定性。无形资产分为可辨认无形资产和不可辨认无形资产。可辨认无形资产包括专利权、非专利技术、商标权、著作权、土地使用权等；不可辨认无形资产指商誉。自创的商誉以及未满足无形资产确认条件的其他项目，不能作为无形资产。

一、无形资产取得的核算

(1)银行的无形资产在取得时，应按取得时的实际成本计量。取得时的实际成本应按以下规定确定：

①购入的无形资产，按实际支付的价款作为实际成本。

②投资者投入的无形资产，按投资各方确定的价值作为实际成本。但是，为首次发行股票而接受投资者投入的无形资产，应按该项无形资产在投资方的账面价值作为实际成本。

(2)银行接受的债务人以非现金资产抵偿债务方式取得的无形资产，按应收债权的账面价值加上应支付的相关税费作为实际成本。如涉及补价的，按以下规定确定受让的无形资产的实际成本：

①收到补价的，按应收债权的账面价值减去补价，加上应支付的相关税费作为实际成本。

②支付补价的，按应收债权的账面价值加上支付的补价和应支付的相关税费作为实际成本。

(3)以非货币性交易换入的无形资产，按换出资产的账面价值加上应支付的相关税费作为实际成本。如涉及补价的，按以下规定确定换入无形资产的实际成本：

①收到补价的，按换出资产的账面价值加上应确认的损益和应支付的相关税费减去补价后的余额，作为实际成本。

②支付补价的，按换出资产的账面价值加上应支付的相关税费和补价，作为实际成本。

(4)接受捐赠的无形资产，应按以下规定确定其实际成本：

①捐赠方提供了有关凭据的，按凭据上标明的金额加上应支付的相关税费，作为实际成本。

②捐赠方没有提供有关凭据的，按如下顺序确定其实际成本：

A. 同类或类似无形资产存在活跃市场的，按同类或类似无形资产的市场价格估计的金额加上应支付的相关税费作为实际成本；

B. 同类或类似无形资产不存在活跃市场的，按该接受捐赠的无形资产的预计未来现金流量现值，作为实际成本。

(5)自行开发并按法律程序申请取得的无形资产，按依法取得时发生的注册费、聘请律师费等，作为无形资产的实际成本。在研究与开发过程中发生的材料费用、直接参与开发人员的工资及福利费、开发过程中发生的租金及借款费用等，直接计入当期损益。

已经计入各期费用的研究与开发费用，不再作为无形资产的成本。购入无形资产时以“无形资产”科目与有关科目对转。其会计分录为：

借：无形资产

　　贷：银行存款

　　　（或：存放中央银行准备金）

投资者投入无形资产的会计分录为：

借：无形资产

　　贷：实收资本

　　　（或：股本）

接受捐赠的无形资产，扣除未来出售应缴纳的所得税后，作为资本公积。其会计分录为：

借：无形资产

　　贷：资本公积——接受非现金资产捐赠准备户

　　　递延税款（=无形资产价值×25%）

自行开发的无形资产，对于作为无形资产入账成本的注册费、聘请律师费等支出，其会计分录为：

借：无形资产

　　贷：银行存款

　　　（或：存放中央银行准备金）

二、无形资产摊销的核算

无形资产也有一定的有效期限，它所具有的价值的权利或特权总会终结或消失，因此对无形资产应当自取得当月起在预计使用年限内分期平均摊销，计入损益。如果预计使用年限超过了合同规定的受益年限或法律规定的有效年限的，其摊销年限的确定应符合以下规定：合同规定受益年限而法律没有规定有效年限，摊销期不应超过合同规定的受益年限；合同没有规定受益年限，但法律规定有效年限的，摊销期不应超过法律规定的有效年限；合同规定了受益年限，法律也规定了有效年限的，摊销期不应超过二者中的较短者；如果合同和法律均未规定有效年限的，则摊销期不应超过 10 年。无形资产摊销的会计分录为：

借：营业费用——无形资产摊销费户

　　贷：无形资产

三、无形资产转让的核算

金融企业拥有的无形资产，可以依法转让。转让已入账的无形资产的方式有两种：一是转让无形资产所有权，以账面摊余价值作为成本注销无形资产账面价值；二是转让无形资产使用权。两者的会计处理有所区别。

（一）转让无形资产所有权

[例 11-1]某银行拥有一项无形资产，转让时取得收入100 000元，应交营业税6 000元，该

项无形资产账面摊余价值70 000元，已提减值准备5 000元。其会计分录为：

借：银行存款　　100 000

　无形资产减值准备　　5 000

　贷：无形资产　　70 000

　　应交税金——应交营业税　　6 000

　　营业外收入——出售无形资产收入户　　29 000

如果出售所得收入不足以抵减无形资产账面价值及应交税金，其差额应作为“营业外支出——出售无形资产损失”列账。

(二)转让无形资产使用权

由于转让单位仍拥有无形资产的所有权，所以不应注销无形资产的账面摊余价值。取得转让收入的会计分录为：

借：银行存款

（或：存放中央银行准备金）

　贷：其他营业收入

发生的与转让有关的费用支出，其会计分录为：

借：其他营业支出

　贷：银行存款

四、无形资产期末计价

期末时，应按照无形资产账面价值与可收回金额孰低原则计量。如果可收回金额低于账面价值，其差额应计提无形资产减值准备。

(1)当存在下列一项或若干项情况时，应当将该项无形资产的账面价值全部转入当期损益：

①某项无形资产已被其他新技术等所替代，且已不能为金融企业带来经济利益。

②某项无形资产不再受法律的保护，且不能为金融企业带来经济利益。

③其他足以证明某项无形资产已经丧失了使用价值和转让价值的情形。

(2)当存在下列一项或若干项情况时，应当计提无形资产减值准备：

①某项无形资产已被其他新技术等所替代，使其为金融企业创造经济利益的能力受到重大不利影响。

②某项无形资产的市价在当期大幅下跌，在剩余摊销年限内预期不会恢复。

③某项无形资产已经超过法律保护期限，但仍然具有部分使用价值。

④其他足以表明该项无形资产的账面价值已超过可收回金额的情形。

计提无形资产减值准备的会计分录为：

借：营业外支出——计提无形资产减值准备户

　贷：无形资产减值准备

已计提减值准备的无形资产价值得以恢复的，应在已计提减值准备范围内转回，其会计分录与计提减值准备相反。

第二节　其他资产的核算

其他资产是指在商业银行的资产中，除了流动资产、固定资产、长期投资和无形资产等以外的资产，主要包括长期性质的待摊费用和其他长期资产。

一、长期待摊费用的核算

长期待摊费用是指商业银行已经支出，但摊销期限在1年以上（不含1年）的各项费用。应当由本期负担的借款利息、租金等，不得作为长期待摊费用处理。

长期待摊费用应当单独核算，在费用项目的受益期限内分期平均摊销。除购建固定资产以外，所有筹建期间所发生的费用，先在长期待摊费用中归集，待开始经营当月起一次计入开始经营当月的损益。

如果长期待摊的费用项目不能使以后会计期间受益的，应当将尚未摊销的该项目的摊余价值全部转入当期损益。发生了长期待摊费用的，其会计分录为：

借：长期待摊费用

　　贷：××科目

摊销长期待摊费用，其会计分录为：

借：营业费用——长期待摊费用摊销

　　贷：长期待摊费用

二、抵债资产的核算

抵债资产是商业银行收到债务人以非现金资产抵偿债务而取得的资产。

（1）商业银行取得抵债资产时，按实际抵债部分的贷款本金和已确认的利息作为抵债资产的入账价值。其会计分录为：

借：待处理抵债资产

　　贷：××贷款

　　　　应收利息

（2）抵债资产处置时，如果取得的处置收入大于抵债资产的账面价值，其差额计入营业外收入；如果取得的处置收入小于抵债资产的账面价值，其差额计入营业外支出；保管过程中发生的费用直接计入营业外支出，处置过程中发生的费用，从处置收入中抵减。发生的抵债资产保管费用，其会计分录为：

借：营业外支出——抵债资产保管费用户

　　贷：银行存款

　　　　（或：存放中央银行准备金）

①处置抵债资产发生的费用，其会计分录为：

借：其他应收款

　　贷：银行存款

　　　　（或：存放中央银行准备金）

②处置抵债资产取得的收入大于抵债资产的账面价值的，其会计分录为：

借：银行存款

　（或：存放中央银行准备金）

　　贷：待处理抵债资产

　　　　营业外收入——处置抵债资产净收益户

　　　　其他应收款

③处置抵债资产取得的收入小于抵债资产的账面价值的，其会计分录为：

借：营业外支出——处置抵债资产净损失户

　银行存款

（或：存放中央银行准备金）

　贷：待处理抵债资产

　　其他应收款

抵债资产在期末应按照账面价值与可收回金额孰低计量。

思考与练习

一、名词解释

1. 无形资产
2. 长期待摊费用
3. 抵债资产

二、填空题

1. 无形资产的特征是（　　）、（　　）、（　　）、（　　）。
2. 合同和法律均未规定无形资产摊销期的，摊销期不应超过（　　）年。
3. 银行转让无形资产的使用权所取得的收入记入“（　　）”科目。
4. 期末，无形资产可收回金额低于账面价值的差额记入“（　　）”科目。

三、单选题

1. 接受投资者投入的无形资产按（　　）作为实际成本。

A. 投资者的账面价值　　B. 投资各方确认的价值

C. 市价　　D. 评估价值

2. 首次发行股票而接受投资者投入的无形资产按（　　）作为实际成本。

A. 投资者的账面价值　　B. 投资各方确认的价值

C. 市价　　D. 评估价值

3. 接受捐赠的无形资产，记入“（　　）”科目。

A. 实收资本　　B. 资本公积　　C. 盈余公积　　D. 本年利润

4. 转让无形资产所有权时，转让收入大于账面价值及相关税费的，记入“（　　）”科目。

A. 营业外收入　　B. 其他营业收入　　C. 投资收益　　D. 本年利润

5. 转让无形资产使用权时，取得的收入记入“（　　）”科目。

A. 营业外收入　　B. 其他营业收入　　C. 投资收益　　D. 本年利润

四、多选题

1. 自行开发研制的无形资产发生的（　　）可以计入实际成本。

A. 依法取得时的注册费　　B. 聘请律师费

C. 研究中的材料费　　D. 参与人员工资

2. 下列各项作为银行无形资产的有（　　）。

A. 专利权　　B. 商誉　　C. 专有技术　　D. 有价证券

五、思考题

1. 什么是无形资产？不同渠道取得的无形资产，入账成本如何确定？
2. 长期待摊费用的摊销期有何规定？

第十二章　所有者权益的核算

所有者权益是银行投资者对银行净资产的所有权，包括投资者的投入资本(实收资本)、资本公积、盈余公积和未分配利润。银行计提的一般准备金也是所有者权益的组成部分。从数量关系上看，所有者权益等于银行的全部资产减去全部负债的余额。

第一节　实收资本

一、实收资本的概念

实收资本是投资者按照商业银行章程或合同、协议的约定，作为资本投入到商业银行中的各种资产的价值。所有者投入的资本，在一般情况下无需偿还，可以长期周转使用。它是商业银行最原始的资金来源，是商业银行设立和生存的前提。资本金具有垫支性和营利性的特点。

二、实收资本核算的基本要求

一般来说，投资者可以采取现金、实物、无形资产或者发行股票等方式向商业银行进行投资。

1. 股份制商业银行实收资本入账的规定

(1)股份制商业银行的股本应当在核定的股本总额及核定的股份总额的范围内发行股票或股东出资取得。股本以发行的股票面值入账，超过面值发行股票取得的收入，其超过面值的部分，作为股本溢价，记入“资本公积”。

(2)境外上市商业银行以及在境内发行外资股的上市商业银行，其股本是按确定的人民币股票入账面值和核定的股份总额的乘积计算出的金额，以收到股款当日的汇率折合的人民币金额与按人民币计算的股票面值总额的差额，作为资本公积处理。

2. 非股份制商业银行的实收资本入账的规定

(1)投资者以现金投入的资本，应当以实际收到的金额作为实收资本入账。实际收到的金额超过其在该商业银行注册资本中所占份额的部分，记入“资本公积”。

(2)投资者以实物、无形资产等非现金资产投入的资本，应按投资各方确认的价值作为实收资本入账；首次发行股票而接受投资者投入的无形资产，应按该项无形资产在投资方的账面价值入账。

(3)投资者投入的外币，合同没有约定汇率的，按收到出资额当日的汇率折算；合同约定汇率的，按合同约定的汇率折算，因合同汇率与出资当日汇率不同而产生的差额，作为资本公积处理。

3. 实收资本管理

为了确保商业银行经营活动的顺利进行，保障所有者的权益，必须贯彻资本保全原则。

商业银行登记注册的资本金应与实有资金相一致并在财务制度规定的期限内缴足;商业银行筹集的资本金,在经营期间,投资者除依法转让外,不得以任何方式抽走。

符合增资条件并经有关部门批准增资的,在实际取得股东的出资时,增加实收资本(或股本)。商业银行按法定程序报经批准减少注册资本的,在实际返还投资时,减少实收资本(或股本)。

三、实收资本的核算

对于实收资本,除股份制商业银行以“股本”科目核算外,其他商业银行以“实收资本”科目核算。

1. 投资者以现金投入资本的核算

收到投入资本时,以实际收到的金额入账。其会计分录为:

借:库存现金

(或:××存款,存放中央银行准备金)

贷:实收资本

(或:股本)

2. 投资者以固定资产、无形资产等非现金资产投入资本的核算

收到投资者以非现金资产投入资本,按双方确认的价值入账。其会计分录为:

借:固定资产

(或:无形资产等)

贷:实收资本

(或:股本)

3. 以资本公积、盈余公积转增实收资本的核算

以资本公积、盈余公积转增实收资本的会计分录为:

借:资本公积

(或:盈余公积)

贷:实收资本

(或:股本)

第二节 资本公积

一、资本公积的概念

商业银行的资本公积是指归所有者共有的、非收益转化而形成的资本。资本公积在转增资本时应按各个投资者在实收资本中所占的投资比例计算其转增的资本额。

二、资本公积的内容

资本公积主要包括资本(或股本)溢价、接受捐赠资产、股权投资准备、外币资本折算差额、关联交易差价、其他资本公积等。

(1)资本溢价是投资者投入的资金超过其在注册资本中所占份额的部分。

(2)接受非现金资产捐赠准备是指商业银行因接受非现金资产捐赠而增加的资本公积。

(3)接受现金捐赠是指商业银行因接受现金资产捐赠而增加的资本公积。

(4)股权投资准备是指在商业银行对被投资单位的长期股权投资采用权益法核算时,由于被投资单位接受捐赠等原因增加的资本公积,商业银行按其持股比例计算而增加的资本公积。

(5)外币资本折算差额是指商业银行接受外币投资因所采用的汇率不同而产生的资本折算差额。除以上各项以及从资本公积准备项目转入的,作为其他资本公积。

(6)关联交易差价是指上市的商业银行与其关联方之间的交易,由于显失公允的交易价格部分而形成的资本公积。关联交易差价不能用于转增资本或弥补亏损。

(7)其他资本公积是指上述各项资本公积以外而形成的资本公积金以及从资本公积准备项目转入的金额。债权人对于按政策规定豁免的债务人的债务部分,也计入资本公积。

资本公积既可用于弥补亏损,也可用于转增资本金。但接受捐赠的非现金资产,按规定记入"资本公积准备"账户,资本公积准备项目不能转增资本,需待处置接受捐赠的非现金资产时,由"资本公积准备"项目转入"其他资本公积"后,可与其他资本公积合并转增资本。

三、资本公积的账务处理

(一)资本溢价的核算

投资者实际缴付的,出资额大于注册资本的,其差额为资本溢价,记入"资本公积"科目。

对于股份制商业银行来说,溢价发行股票的,其发行股票面值的部分作为实收资本记入"股本"科目,超过面值的部分作为资本溢价记入"资本公积"科目。

对于有限责任公司性质的商业银行来说,资本溢价一般是在商业银行经营过程中,有新的投资者加入,其实际投入的资本应当大于按其所占有表决权资本比例计算的资本额,大于其所占有表决权资本比例的部分,作为资本公积。这是因为商业银行经营中有一定的利润积累,这样新加入的投资者要获得一定比例的有表决权资本,就必须付出大于按比例计算的资本额,从而形成资本公积。其会计分录为:

借:××科目

　　贷:实收资本

　　　　(或:股本)

　　　　资本公积——资本溢价户

(二)接受现金捐赠的核算

商业银行接受现金捐赠时,按实际捐赠额入账。其会计分录为:

借:库存现金

　(或:××科目)

　　贷:资本公积——接受现金捐赠户

(三)接受非现金捐赠的核算

接受非现金捐赠,在非现金资产处置前,作为资本公积准备项目,将接受的非现金资产价值扣除未来处置该项非现金资产应交所得税后的差额,记入"资本公积准备"科目。

如接受捐赠的为已提取折旧的固定资产,其折旧额应记入"累计折旧"科目。以接受固定资产捐赠为例,其会计分录为:

借:固定资产

　　贷:资本公积——接受非现金资产捐赠准备户

　　　　递延税款(固定资产净值×25%)

累计折旧

(四)股权投资准备的核算

商业银行作为投资人对被投资单位的投资采用权益法核算，当被投资单位因接受捐赠资产而引起所有者权益增加时，商业银行按持股比例计算应享有的部分，作为股权投资准备，增加资本公积。其会计分录为：

借：长期股权投资——××单位（股权投资准备户）

贷：资本公积——股权投资准备户

(五)外币资本折算差额的核算

接受外币资本投资时，如果合同约定汇率与收到投资时的市场汇率不同，其按合同汇率与收到投资时市场汇率折算金额之间的差额作为资本公积。

[**例 12－1**]外方投资 50 万美元，投资合同规定汇率 1 美元＝7.8 元人民币，收到外币投资时的市场汇率为 1 美元＝7. 82 元人民币。其会计分录如下：

借：银行存款（或存放中央银行准备金）	US＄500 000. 00	
贷：外汇买卖		US＄500 000. 00
借：外汇买卖	RMB￥3 910 000	
贷：实收资本（或股本）		RMB￥3 900 000
资本公积——外币资本折算差额		RMB￥10 000

(六)资本公积转增资本的核算

参见本章第一节。

第三节　盈余公积

一、盈余公积的内容

商业银行的盈余公积是按照规定从净利润中提取的积累资金，它包括法定盈余公积金、任意盈余公积金和法定公益金。

(1)法定盈余公积金是指商业银行按照规定的比例从净利润中提取的盈余公积。法定盈余公积金按照税后利润的 10％提取，累计提取达到注册资本的 50％时，可不再提取。

(2)任意盈余公积金是金融企业经股东大会或类似机构批准按规定比例从净利润中提取的盈余公积。

(3)法定公益金是按照规定的比例从净利润中提取的、用于职工集体福利设施的公益金。在用于职工集体福利时，应将其先转入任意盈余公积金。盈余公积可用于弥补亏损和转增资本。盈余公积转增资本后留存的数额不得少于注册资本的 25％。

二、盈余公积的核算

1. 提取盈余公积

按照规定的比例，从税后利润中提取盈余公积金时，其会计分录为：

借：利润分配——计提盈余公积金户

贷：盈余公积——法定盈余公积金户

——任意盈余公积金户

——公益金户

2. 以盈余公积转增资本金

借:盈余公积——盈余公积金(任意盈余公积金)户

　　贷:实收资本

　　　(或:股本)

3. 以盈余公积弥补亏损

借:盈余公积

　　贷:利润分配

4. 法定公益金用于集体福利

借:盈余公积——法定公益金户

　　贷:盈余公积——任意盈余公积金户

第四节　未分配利润的核算

未分配利润,是指银行税后净利润的留存收益形式。未分配利润有两层含义:一是指这部分净利润未分给投资者,留待以后年度分配;二是指这部分净利润未指定用途。

一、年终结转利润

每个年度结束后,银行将本年实现的各项收入与各项支出科目归集到"本年利润"科目。将当年收支轧差后,如果余额出现在借方,为本年亏损;如果余额出现在贷方,为本年盈余,然后将"本年利润"结转到"利润分配"科目。当年银行盈余时,会计分录为:

借:本年利润

　　贷:利润分配——未分配利润

如果当年银行亏损,会计分录则相反。

二、利润分配

将"利润分配"科目中各明细账户的分配转入"未分配利润"二级科目。

借:利润分配——未分配利润

　　贷:利润分配——其他明细科目

"利润分配"账户余额在贷方,表示历年积累的未分配利润;如该科目为借方余额,表示历年未弥补的亏损。

思考与练习

一、名词解释

1. 实收资本
2. 资本公积
3. 盈余公积
4. 关联交易差价
5. 未分配利润

二、填空题

1.资本公积既可用于(　　),也可用于(　　),但(　　)项目不能转增资本金。

2.法定盈余公积金按照规定的比例从(　　)中按(　　)的比例提取,累计提取达到(　　)的50%时,可不再提取。

3.盈余公积包括(　　)、(　　)、(　　)。

三、单选题

1.投资者以实物、无形资产等非现金资产投入的资本,应按(　　)作为实收资本入账。

A. 市场价值　　B. 评估价值

C. 投资方账面价值　　D. 投资各方确认的价值

2. 法定盈余公积金按(　　)提取。

A. 税前利润的5%　　B. 税前利润的10%

C. 税后利润的5%　　D. 税后利润的10%

3. 投资者投入的外汇,因汇率不同产生的差额,作为(　　)处理。

A. 实收资本　　B. 资本公积　　C. 盈余公积　　D. 营业外收入

四、多选题

1.资本公积包括(　　)。

A. 资本溢价　　B. 捐赠资产　　C. 股权投资准备　　D. 关联交易差价

2. 盈余公积包括(　　)。

A. 法定盈余公积金　　B. 任意盈余公积金

C. 法定公益金　　D. 接受捐赠

3.商业银行提取的盈余公积可用于(　　)。

A.核销呆账损失　　B. 核销坏账损失

C.转增资本　　D. 弥补亏损

五、思考题

实收资本、资本公积、盈余公积如何进行核算?

第十三章　银行损益的核算

银行在办理各项资产和负债业务时发生的各项财务收入和财务支出构成损益的主要项目，直接关系到银行的经营成果，必须及时、准确地核算，以便合理地控制成本费用，提高经济效益，促进银行业务的不断发展以及竞争力的不断提高。

第一节　营业收入的核算

一、商业银行收入的内容与确认原则

商业银行的营业收入是指其在经营各项业务中所取得的各项收入，包括利息收入、金融机构往来收入、手续费收入、汇兑收益和其他营业收入等。

营业收入应按权责发生制原则核算，在以下条件均能满足时予以确认：

(1)与交易相关的经济利益即收入能够流入商业银行，如果收回的可能性不大，即使满足其他条件，也不应当确认收入。

(2)收入的金额能够可靠地计量。收入能够可靠地计量，是确认收入的基本前提。收入不能可靠计量，则无法确认收入。

二、商业银行收入的核算

(一)利息收入的核算

利息收入是商业银行在发放各项贷款时计收的利息。利息收入在营业收入中占有很大的比重，是商业银行财务成果的重要内容之一。利息收入的会计核算在前面的存款和贷款章节已经讲过，在此不再赘述。

(二)手续费收入的核算

手续费收入是指商业银行在办理各项业务或代理业务中收取的各项手续费收入。其主要包括：支付结算业务收入、委托贷款收入、拆借资金手续费收入、代理发行证券收入、信用卡签购手续费收入等。

银行在办理这些业务时收取的手续费，会计分录为：

借：库存现金

　（或：××科目）

　　贷：手续费收入——××收入户

(三)金融机构往来收入的核算

金融机构往来收入是指各商业银行系统内、商业银行之间以及商业银行与人民银行相互之间资金往来的利息收入。

在“金融机构往来收入”科目下设置中央银行往来利息收入户、同业往来利息收入户、系统

内往来利息收入户等。发生了金融机构往来收入后，其会计分录为：

借：存放中央银行款项

贷：金融机构往来收入——××利息收入户

(四)汇兑收益的核算

汇兑收益是商业银行在经营外汇买卖、外汇兑换等业务中，因汇率变动而取得的收入。银行的汇兑收益应分别按买入价、卖出价和汇率变动的净收益计算后，通过“汇兑收益”科目进行核算。

在按期计算损益时，以外币的余额及该外汇与人民币的中间价计算。如“外汇买卖”科目下该外币账户为贷方余额，在按中间价计算后大于该种外币“外汇买卖”科目下的人民币账户借方余额，或者“外汇买卖”科目下该外币账户为借方余额，在按中间价计算后小于该种外币“外汇买卖”科目人民币账户贷方余额时，即为汇兑收益；反之即为汇兑损失。

发生了汇兑收益，以“外汇买卖”和“汇兑收益”科目对转。其会计分录为：

借：外汇买卖

贷：汇兑收益

(五)其他营业收入的核算

其他营业收入是商业银行经营的除存款、贷款、中间业务、投资、外汇买卖、金融企业往来以外的其他营业收入，比如咨询服务收入、代保管收入等。银行设置“其他营业收入”科目进行核算。其会计分录为：

借：库存现金

(或：××科目)

贷：其他营业收入——××收入户

第二节　成本费用的核算

一、成本费用的概念和内容

商业银行的成本是指商业银行为提供劳务和产品而发生的各种耗费。费用是指商业银行为销售银行产品、提供劳务等日常活动所发生的经济利益的流出。在业务经营过程中发生的与业务经营有关的支出、营业成本，包括利息支出、金融机构往来支出、手续费支出、汇兑损失、其他营业支出等，不包括为第三方或客户垫付的款项。

银行必须分清本期营业成本、营业费用和下期营业成本、营业费用的界限，不得任意预提和摊销费用。

二、成本费用的核算

(一)利息支出的核算

利息支出是商业银行在存款和借款业务中发生的各项利息支出。利息支出必须以国家规定的适用利率分档次计算。关于利息支出的核算已在前面章节中叙述，此处不再重复。

(二)手续费支出的核算

手续费支出是指商业银行委托其他单位代办金融业务而支付给其他受托单位的费用，如储蓄代办手续费支出、结算手续费支出以及其他手续费支出。对代办业务的手续费和结算业务手续费，必须按规定标准计算后支付。

支付某项代办业务的手续费时，其会计分录为：

借：手续费支出——××支出户

　　贷：库存现金

　　　（或：××科目）

（三）金融机构往来支出的核算

金融机构往来支出是指商业银行系统内、商业银行相互之间以及商业银行与中央银行之间资金往来而支付的利息，包括系统内往来支出、同业往来支出、中央银行往来支出等。

发生了金融机构往来支出后，其会计分录为：

借：金融机构往来支出——××支出户

　　贷：存放中央银行款项

　　　（或：银行存款）

（四）营业费用的核算

商业银行的营业费用是商业银行在业务经营与管理工作中发生的各项费用，主要包括以下内容：固定资产折旧、业务宣传费、业务招待费、电子设备运转费、安全防卫费、邮电费、劳动保护费、外事费、印刷费、公杂费、低值易耗品摊销、理赔勘察费、职工工资、差旅费、水电费、租赁费（不包括融资租赁费）、修理费、职工福利费、职工教育经费、工会经费、房产税、车船税、土地使用税、印花税、会议费、诉讼费、公证费、咨询费、无形资产摊销、长期待摊费用摊销、失业保险费、劳动保险费、取暖费、审计费、技术转让费、研究开发费、绿化费、董事会费、上缴管理费、广告费、银行结算费等。

银行在经营过程中发生的各项费用按照权责发生制和配比原则，以实际发生数计入成本费用。

营业费用的支付方式一般包括直接支付和转账摊销两种。直接支付的会计分录为：

借：营业费用——××户

　　贷：××科目

营业费用采取转账摊销的，会计部门可向行政部门拨付周转金，并为行政部门开立存款户。行政部门在支出各项费用时，从存款账户支付款项，定期向会计部门报销，年底将周转金划还会计部门。其分别阐述如下：

1. 业务宣传费

业务宣传费是指银行为其他经营业务活动服务的宣传费用。商业银行的业务宣传费一般不超过营业收入的 2%，据实列支。业务宣传费支出时的会计分录为：

借：营业费用——业务宣传费户

　　贷：库存现金

　　　（或：银行存款等）

2. 业务招待费

业务招待费是指商业银行为业务经营的需要而开支的招待费用。业务招待费按照营业收入（扣除金融机构往来收入）的一定比例据实列支。开支业务招待费的会计分录为：

借：营业费用——业务招待费户

　　贷：库存现金

　　　（或：银行存款等）

3. 职工工资

职工工资是指发放给在职职工的工资、奖金、津贴、补贴等。职工工资一般先发放后摊入营业费用。发放工资时的会计分录为：

借:应付工资

　　贷:库存现金

对于已经发放的工资摊入营业费用的会计分录为：

借:营业费用——职工工资户

　　贷:应付工资

4. 劳动保险费

劳动保险费是指离退休职工的退休金、价格补贴、医药费(含参加医疗保险单位的离退休职工的医疗保险基金)、异地安家补助费、退职金、6个月以上病假人员工资、职工死亡丧葬补助费、抚恤金、按规定支付给离休干部的各项费用以及实行社会统筹办法按规定提取的退休统筹基金。发生劳动保险费支出的会计分录为：

借:营业费用——劳动保险费户

　　贷:银行存款

　　　(或:存放中央银行准备金等)

5. 税金

营业费用中的税金是按照规定向税务部门缴纳的房产税、车船税、土地使用税、印花税等应当在成本中列支的税金。房产税、车船税、土地使用税是在会计期末计算后,列支"营业费用"并记入"应交税费",实际缴纳时再冲减"应交税费"。列支营业费用的会计分录为：

借:营业费用——税金户

　　贷:应交税费——应交房产税(或车船税、土地使用税)户

实际缴纳的会计分录为：

借:应交税费——应交房产税(或车船税、土地使用税)户

　　贷:银行存款

　　　(或:存放中央银行准备金等)

印花税是企业在书立、使用、领受具有法律效力的凭证时应当缴纳的一种税金,在缴纳时直接列支营业费用。其缴纳的会计分录为：

借:营业费用——印花税户

　　贷:库存现金

　　　(或:银行存款等)

6. 职工福利费

职工福利费按照职工工资总额的14%提取,用于职工个人福利方面的费用。会计分录为：

借:营业费用——××户

　　贷:应付福利费

实际支付福利费的会计分录为：

借:应付福利费

　　贷:库存现金

　　　(或:银行存款等)

7. 工会经费

工会经费是指按照职工工资总额的2%提交工会使用。会计分录为：

借：营业费用——工会经费户

贷：其他应付款——应付工会费户

8. 职工教育经费

职工教育经费是按照职工工资总额的1.5%提取，用于职工教育培训的各项费用。提取职工教育经费的会计分录为：

借：营业费用——职工教育经费户

贷：其他应付款——应付职工教育经费户

(五)汇兑损失的核算

“汇兑损失”科目用以核算在办理外汇买卖和外币兑换等业务中所发生的损失。如果买入、兑入的外汇期末汇率低于记账汇率，卖出、兑出的外汇期末汇率高于记账汇率，其所形成的即为汇兑损失。会计分录为：

借：汇兑损失

贷：外汇买卖

(六)营业税金及附加的核算

金融企业的营业税是按照各项营业收入(金融机构往来利息收入除外)与其他营业收入之和及规定的税率(税率为5%)计算后缴纳的税金。城市维护建设税是按实际缴纳的营业税额，与规定的税率计算后缴纳的附加税。教育费附加是按实际缴纳的营业税额，与规定的税率计算后缴纳的附加税，其性质是用于教育事业的基金。教育费附加和城市维护建设税与营业税同时缴纳。

每季末按该季纳税项目收入净增额计算应交营业税额，并在此基础上计算城市维护建设税及教育费附加。其会计分录为：

借：营业税金及附加

贷：应交税费——营业税户

——城市维护建设税户

其他应付款——教育费附加户

实际缴纳时的会计分录为：

借：应交税费——营业税户

——城市维护建设税户

其他应付款——教育费附加户

贷：银行存款

(或：存放中央银行准备金等)

第三节 利润与利润分配的核算

一、利润的构成及计算

利润是商业银行在一定时期内的经营成果，包括营业利润、利润总额和净利润。营业利润是营业收入减去营业成本、营业费用加上投资净收益的结果，是一定会计期间进行业务经营所取得的收入超过所发生支出的差额部分。利润总额由营业利润减去营业税金及附加，加上营业外收支净额(即营业外收入与营业外支出相抵后的差额)构成。净利润是利润总额减去所得税后的净额。

计算公式如下：

营业利润＝营业收入－营业成本－营业费用＋投资净收益

利润总额＝营业利润－营业税金及附加＋营业外收入－营业外支出

净利润＝利润总额－所得税

二、利润形成的核算

每个会计年度终了时，银行都要结转利润。将损益类各科目余额转入"本年利润"科目的借方，收入类各科目余额转入"本年利润"科目的贷方，支出类各科目余额转入"本年利润"科目的借方，从而结清各收入、支出科目。

损益类各科目的余额在全部转入"本年利润"科目后，"本年利润"科目借、贷方发生额相抵后的余额即为利润总额，即会计利润。"本年利润"科目如为贷方余额，则为本年利润；如为借方余额，则为本年亏损。

(1)结转收入类科目余额时，将财务收入各科目按账户编制转账传票转入"本年利润"科目的贷方。其会计分录为：

借：利息收入——各明细账户
　　金融机构往来收入——各明细账户
　　手续费收入——各明细账户
　　其他营业收入——各明细账户
　　汇兑收益——各明细账户
　　投资收益——各明细账户
　　营业外收入——各明细账户
　　贷：本年利润

(2)将支出各科目按明细账户编制转账传票转入"本年利润"科目的借方。其会计分录为：

借：本年利润
　　贷：利息支出——各明细账户
　　　　金融机构往来支出——各明细账户
　　　　手续费支出——各明细账户
　　　　营业费用——各明细账户
　　　　营业税金及附加——各明细账户
　　　　其他营业支出——各明细账户
　　　　汇兑损失——各明细账户
　　　　营业外支出——各明细账户

三、所得税

所得税是指商业银行应计入当期损益的部分，是根据应纳税所得额按税法规定调整以后计算的应当缴纳的税金。应纳税所得额与会计利润不同，主要是因为会计制度与税法在计算收益、费用或损失时的口径不同，所产生的税前会计利润与应纳税所得额之间存在差异。为此，在计算所得税费用时，需要按照税法规定进行纳税调整，将会计利润调整为应纳税所得额，以应纳税所得额乘以所得税率即为所得税额。

纳税调整主要是对会计利润与应纳税所得额之间的差异进行调整，这些差异按其性质分为永久性差异和时间性差异。

(一)永久性差异与时间性差异

1. 永久性差异

永久性差异是指在某一会计期间，由于会计制度和税法在计算收益、费用或损失时的口径不同，而产生的会计利润与应纳税所得额之间的差异。这种差异在本期发生，不会在以后期间转回。永久性差异有以下几种类型：

(1)按会计制度规定核算时作为收益记入会计报表，在计算应纳税所得额时不确认为收益。

(2)按会计制度规定核算时不作为收益记入会计报表，在计算应纳税所得额时作为收益，需要缴纳所得税。

(3)按会计制度规定核算时确认为费用或损失，在计算应纳税所得额时则不允许扣减。

(4)按会计制度规定核算时不确认为费用或损失，在计算应纳税所得额时则允许扣减。

2. 时间性差异

时间性差异是指因税法与会计制度在确认收益、费用或损失时的时间不同而产生的税前会计利润与应纳税所得额的差异。这种差异产生于某一会计期间，但在以后一期或若干期内能够转回。时间性差异主要有以下几种类型：

(1)商业银行获得的某项收益，按照会计制度规定应当确认为当期收益，但按照税法规定需待以后期间确认为应纳税所得额，从而形成应纳税时间性差异。这里的应纳税时间性差异是指未来应增加应纳税所得额的时间性差异。

(2)商业银行发生的某项费用或损失，按照会计制度规定应当确认为当期费用或损失，但按照税法规定待以后期间从应纳税所得额中扣减，从而形成可抵减时间性差异。这里的可抵减时间性差异是指未来可以从应纳税所得额中扣除的时间性差异。例如，如果会计按照加速折旧法对固定资产计提折旧，而税法规定按直线法计提折旧，这样加速折旧与直线折旧之间的差额不能从当期的应纳税所得额中扣减，而在未来会计期间从应纳税所得额中扣减。

(3)商业银行获得的某项收益，按照会计制度规定应当于以后期间确认收益，但按照税法规定需计入当期应纳税所得额，从而形成可抵减时间性差异。

(4)商业银行发生的某项费用或损失，按照会计制度规定应当于以后期间确认为费用或损失，但按照税法规定可以从当期应纳税所得额中扣减，从而形成应纳税时间性差异。例如，如果会计按照直线法计提折旧，而税法规定按加速折旧法计提折旧，则直线法折旧与加速法折旧之间的差额，应当在本会计期间从应纳税所得额中扣减，而在未来会计期间转回。

(二)所得税的计算方法

所得税的计算方法有应付税款法和纳税影响会计法。

1. 应付税款法

应付税款法是将当期计算的应交所得税确认为当期所得税费用，而不确认时间性差异对所得税影响金额的方法。在采用这种方法时，当期所得税费用等于当期应交的所得税。在计算应纳所得税额时，应当对会计利润与按税法规定计算的应税所得额之间的差异进行调整。

[例 13－1]某企业有员工 100 人，当地规定每人每月计税工资 1 000 元，当年计税工资总额1 200 000元，而年内实际发放工资 1 500 000 元。当年税前会计利润 2 800 000 元，企业所

得税税率为25%。

本例中企业实际发放的工资与按税法规定的计税工资标准不同，由此所形成的差异在未来会计期间不可能转回，因而属永久性差异，应当在本会计期间进行调整，将税前会计利润调整为应纳税所得额，再计算应缴纳的所得税额，并且全部计入所得税费用。

应税所得额＝2 800 000＋(1 500 000－1 200 000)＝3 100 000(元)

应纳企业所得税＝3 100 000×25%＝775 000(元)

其会计分录为：

借：所得税　　775 000

　　贷：应交税费——应交所得税　　775 000

2. 纳税影响会计法

纳税影响会计法是企业确认时间性差异对所得税的影响金额，将当期应交所得税和时间性差异对所得税影响金额的合计，确认为当期所得税费用的方法。

(1)税率不变的情况。采用纳税影响会计法时，在税率不变的情况下，本期发生的时间性差异对未来所得税的影响金额，将作为本期所得税费用的组成部分，但不在当期上交，而在今后能够转回。其会计分录为：

借：所得税

　　贷：应交税费——应交所得税

　　　　递延税款(时间性差异)

(2)税率变动的情况。在所得税税率变动的情况下，企业有两种方法可以根据情况采用，一是递延法，二是债务法。

①递延法。递延法是将本期时间性差异产生的影响所得税的金额，递延和分配至以后各期，并转回原已确认的时间性差异对本期所得税的影响金额。递延税款的账面余额是按照产生时间性差异的时期所使用的税率计算确认，而不是用现行税率计算的。因此，在税率变动或开征新税时，不需要对原已确认的时间性差异对所得税的影响进行调整，但是，在转回时间性差异对所得税的影响金额时，应当按照原所得税税率计算转回。

采用递延法时，一定时期的所得税费用包括：第一，本期应交所得税；第二，本期发生或转回的时间性差异所产生的递延税款贷项或借项。

上述本期应交所得税，是指按照应纳税所得额和现行所得税税率计算的；本期发生或转回的时间性差异所产生的递延税款贷项或借项，是指本期发生的时间性差异用现行所得税税率计算的未来应交的所得税和未来可抵减的所得税金额，以及本期转回原确认的递延税款借项或贷项。按照上述本期所得税费用的构成内容，可列公式如下：

本期发生的时间性差异所产生的递延税款借项金额＝本期发生的可抵减时间性差异×现行所得税税率

本期转回的前期确认的递延税款借项金额＝本期转回的可抵减本期应纳税所得额的时间性差异(即前期确认本期转回的可抵减时间性差异)×前期确认递延税款时的所得税税率

本期转回的前期确认的递延税款贷项金额＝本期转回的增加本期应纳税所得额的时间性差异(即前期确认本期转回的应纳税时间性差异)×前期确认递延税款时的所得税税率

②债务法。债务法是本期由于时间性差异产生的影响所得税的金额，递延和分配到以后各期，并同时转回已确认的时间性差异对所得税的影响金额，在税率变动或开征新税时，需要调整递延税款的账面余额。在转回时间性差异对所得税的影响金额时，应当按照现行所得税税率计算转回。

采用债务法时，一定时期的所得税费用包括：第一，本期应交所得税；第二，本期发生或转回的时间性差异所产生的递延所得税负债或递延所得税资产；第三，由于税率变更或开征新税，对以前各期确认的递延所得税负债或递延所得税资产账面余额的调整数。

按照上述本期所得税费用的构成内容，可列公式如下：

本期所得税费用＝本期应交所得税＋本期产生的时间性差异所产生的递延所得税负债

－本期发生的时间性差异所产生的递延所得税资产＋本期转回的前期确认的递延所得税资产

－本期转回的前期确认的递延所得税负债

＋本期由于税率变动或开征新税调减的递延所得税资产或调增的递延所得税负债

－本期由于税率变动或开征新税调增的递延所得税资产或调减的递延所得税负债

四、将净利润转入“利润分配”科目

年度终了，应将“本年利润”科目结平，转入“利润分配——未分配利润户”科目。如盈利，则会计分录为：

借：本年利润

　　贷：利润分配——未分配利润户

如亏损，则会计分录为：

借：利润分配——未分配利润户

　　贷：本年利润

五、利润分配的核算

（一）可供分配的利润

商业银行当年实现的净利润，加上年初未分配利润（或减去年初未弥补亏损）及其他转入的余额，同时按规定扣除抵补的项目后，为可供分配的利润。

（二）可供投资者分配的利润

可供分配的利润减去提取的法定盈余公积金、法定公益金等，称为可供投资者分配的利润。可供投资者分配的利润按照如下顺序进行分配：

（1）应付优先股股利，是金融企业按照利润分配方案分配给优先股股东的现金股利。

（2）提取任意盈余公积金。

（3）应付普通股股利，是金融企业按照利润分配方案分配给普通股股东的现金股利。不属于股份制金融企业分配给投资者的利润也在该账户核算。

（4）转作资本（股本）的普通股股利，是金融企业通过利润转增资本或按照利润分配方案用分派股票股利的形式转为资本或股本。

(三)未分配利润

可供投资者分配的利润经过这些分配以后,剩下的为未分配利润。未分配利润可在以后年度进行分配,也可以用来弥补以后年度的银行亏损。

(四)利润分配的核算

(1)从净利润中提取盈余公积金和法定公益金的会计分录为:

借:利润分配——提取法定盈余公积金户

贷:盈余公积——法定盈余公积金户

借:利润分配——提取法定公益金户

贷:盈余公积——法定公益金户

借:利润分配——提取任意盈余公积金户

贷:盈余公积——任意盈余公积金户

如以盈余公积补亏,则其会计分录为:

借:盈余公积

贷:利润分配——盈余公积补亏

(2)提取一般准备金的会计分录为:

借:利润分配——提取一般准备金户

贷:一般准备金

(3)向股东分配股利或向投资者分配利润,其会计分录为:

借:利润分配——应付优先股股利户

——应付普通股股利户

贷:应付股利(应付利润)

(4)利润转作资本(或股本)的会计分录为:

借:利润分配——转作资本(或股本)的普通股股利户

贷:实收资本

(或:股本)

(5)按规定对利润进行分配后,应将"利润分配"科目中各明细账户的余额转入"未分配利润"账户。其会计分录为:

借:利润分配——未分配利润户

贷:利润分配——各有关账户

经过利润分配后,如"利润分配"科目还有贷方余额,则为当年未分配利润;如有借方余额,则表示未弥补的亏损。

思考与练习

一、名词解释

1. 营业收入
2. 汇兑收益
3. 营业费用
4. 汇兑损失
5. 利润

6. 所得税费用

二、填空题

1.（　　）是商业银行在经营外汇买卖、外汇兑换等业务中，因汇率变动而收取的收入。

2.（　　）是商业银行在办理各项业务或代理业务中收取的各项收入。

3.（　　）是商业银行为提供劳务和商品而发生的各种耗费。

4.（　　）是商业银行为销售银行产品、提供劳务等日常活动所发生的经济利益的流出。

5.（　　）是商业银行在一定时期内的经营成果。

6. 利润包括（　　）、（　　）、（　　）三个部分。

三、单选题

1. 商业银行实现的利润总额通过（　　）科目核算。

A.“营业收入”　　B.“本年利润”　　C.“盈余公积”　　D.“利润分配”

2. 年度终了，如果银行全年盈利，结转本年利润时，应记入（　　）。

A.“本年利润”的贷方　　B.“营业收入”的贷方

C.“利润分配”的借方　　D.“利润分配”的贷方

3. 商业银行职工工资及福利费支出，应作为（　　）项目。

A. 营业费用　　B. 营业成本　　C. 非营业费用支出　　D. 其他营业支出

四、多选题

1. 商业银行的营业收入包括（　　）。

A. 利息收入　　B. 金融机构往来收入

C. 汇兑收益　　D. 其他营业收入

2. 商业银行确认收入实现的条件是（　　）。

A. 与交易相关的经济利益能够流入商业银行

B. 收入的金额能够可靠地计量

C. 资金在本期收到

D. 资金已进入相关账户

3.（　　）是营业成本。

A. 利息支出　　B. 汇兑损失　　C. 为第三方垫款　　D. 固定资产折旧

4.（　　）是营业费用。

A. 职工工资　　B. 业务招待费　　C. 印花税　　D. 汇兑损失

五、思考题

1. 怎样计算利润总额、净利润？利润分配按什么顺序进行？

2. 结转利润的核算如何？

第十四章　年度决算与财务会计报告

年度决算是会计工作的重要环节，通过决算能够综合反映银行的业务经营情况，全面反映银行的财务收支与经营成果以及利润的实现。

第一节　年度决算概述

一、年度决算的概念和意义

银行年度决算是根据日常会计核算资料，通过会计报表等形式，对会计年度内经营状况和财务成果进行数字总结和文字说明的一项综合性工作。它是考核银行经营活动及其成果、对外公布财务会计信息的一项重要工作。

根据《中华人民共和国会计法》，我国银行会计年度自公历1月1日起至12月31日止。每年12月31日为银行的年度决算日，如果遇节假日也不顺延。根据我国银行体制为联行制的特点，总行为对外报告的会计主体。银行系统内部，凡独立会计核算单位(总行、分行、支行)都应进行年度决算，附属会计核算单位(分理处、营业所)则应当以总账或报表方式，由管辖行合并进行年度决算。各独立会计核算单位的决算报表填制完毕后，应逐级汇总全辖数字报上级行，最后向总行汇总全国各分行上报的决算报表数字，进行全行的汇总决算。认真、准确、及时地做好年度决算工作，对于银行提高经营管理水平，向管理当局、投资者、债权人等社会公众提供正确、完整、真实的财务会计信息，充分发挥银行的职能作用，具有重要的意义。

(1)有利于加强金融宏观调控，促进社会主义市场经济的健康发展。银行是社会资金活动的枢纽，通过会计对日常各项业务活动的记录、计算，综合反映国民经济各部门、各单位、各企业的经济活动。银行会计决算数据可以提供一定时期社会货币运用和需求的信息以及微观经济主体的综合资料，因此银行会计决算还可以为宏观管理和微观调节提供重要的数字依据。

(2)有利于考核全年业务和财务活动情况，提高银行经营管理水平。银行年度决算不是平时核算资料的简单加总，而是要在核实日常会计记录的基础上，清理和调整账务，比较收支，计算盈亏，确定经营成果。

(3)有利于总结和检查日常会计核算工作，发挥会计的职能作用。银行的年度决算必须要对日常核算的账簿记录进行全面的核实和整理，一方面可以检查平时核算的真实性、完整性；另一方面还可以总结会计工作经验，提高工作效率和质量。

二、年度决算的基本要求和程序

年度决算是关系到银行全局的一项重要工作。为了进一步做好银行财务决算管理工作，提高银行财务管理水平和会计信息质量，有效解决银行财务管理和会计核算中存在的突出问题，应该遵循以下基本要求：

(一)贯彻“统一领导、分级管理、数据准确、逐级汇总”的原则

年度会计决算是反映银行年度财务状况和经营成果的总结性书面文件。认真做好年度会计决算编审工作，既是全面反映银行年度经营成果和财务状况的主要手段，也是监管部门预防和化解金融风险的有效途径。因此，各级行处主要领导要充分重视、加强组织领导，按照“统一领导、分级管理、数据准确、逐级汇总”的原则进一步规范银行的财务行为和核算方法，严格执行国家的统一政策，通过编审年度会计决算，进一步落实内部整章建制工作。

(二)对会计资料真实性的要求

认真做好财产清查、债权债务确认、资产质量核实、损益及时结转等基础工作，并根据真实的交易事项、会计记录和会计账簿资料编制财务决算报告，不得编造虚假的财务报表。真实计算银行损益，完整地反映银行的财务成果和经营成果。

(三)对决算报表编制的要求

银行对会计报表的种类、术语和格式等，必须做到全国范围内的统一。下级行必须按规定的时间及时编制财务报表，及时呈送给上级行，不能延误及拖后，以免影响整个银行系统的年度决算。

在坚持这些原则的基础上，银行年度决算工作主要包括两个基本步骤：一是决算准备工作。它是年度决算的前期工作，除上级行对当年决算工作的一般布置外，主要是基层行处，将资金清理核实，利息核计正确，账务调整相符，在此基础上，结出全年的经营活动成果。二是决算日办理结账轧计损益和编制年度决算报表。其具体程序一般包括以下五个方面：

(1)决算准备工作。

(2)年终日账处理。

(3)决算整理期账务调整。

(4)编制决算报表。

(5)结束年度账簿。

三、年度决算准备工作

为了保证年度决算工作按时按质完成，一般在每年第四季度开始年度决算的准备工作。一般来说，总行要颁发决算通知，提出决算事项的处理原则、要求及注意事项，以便决算口径一致，决算报表数字准确；各级管辖行则根据总行的统一部署，组织和监督辖内各独立会计核算单位正确、及时办理年度决算；银行营业机构是决算原始数据的产生单位，其决算工作质量的高低直接关系到全行决算的质量。因此，应本着实质重于形式的原则，着重做好以下准备工作。

(一)全面清理各类账户

各级银行机构应于年终前对开立的所有内部、外部各种账户，根据会计制度和账户管理办法进行全面的清理检查。查实各种账户所使用的会计科目是否符合规定，账户的经济内容和隶属级别是否正确无误，要认真核实各项财务收支，对各应收、应付以及借支、待摊费用等款项，要全面清理。通过上述检查清理，如发现有误，则必须在年终前及时调整。

(二)彻底清查财产价值

在年前对本行所有的实物资产和账面资产进行一次彻底的检查盘点。如库存现金、有价证券、重要单证、固定资产、机器设备、低值易耗品等，要一一核对。发现余缺的，要查明原因按盘盈或盘亏的有关规定报经批准，在年前办好入账或报损手续，以做到账实相符；账面余额发生价值变动的，要提取或转回减值准备，以反映财务状况。

(三)全面清理资金

年前对各种贷款和往来账项要做一次全面的检查，对已到期的各种贷款、应收利息、应付应收款项，通知业务部门催收或办理核销；检查应计贷款与非应计贷款的转换及对应挂账利息的冲销；全面清理联行资金，及时查清未达账项；全面清理结算资金，减少在途资金；清理存款睡眠户；全面清理内部资金，及时进行结转、核销和摊销，减少遗留问题。

(四)全面清理财务收支

对于已计付计收的贷款利息、手续费收入进行复查，如有输入、计算错误等，应及时予以纠正；全面检查各种费用的入账、摊销是否符合有关的财务制度；检查其他营业收支、营业外收支是否配比一致，核对相符。

(五)做好对账工作

对存款余额、贷款余额、重要的往来账款余额进行函证，落实债权债务，以保证银行资产和权益安全。

(六)做好账、证、表、簿的准备

对于手工操作的账务处理部分，在年终前做好建立新账和编制决算所用单、证、报表的准备。如编列新账页账号，盖好“上年结转”戳记，预先填好账首有关事项，准备好各种决算报表及签证单。

总之，年前应充分做好组织安排工作，争取时间，把年前能做的工作提前做好，以提高决算工作效率。

四、决算日的工作

每年 12 月 31 日为年度决算日，当天发生的会计业务，一定要处理完毕，不得提前或延后。在 12 月 31 日全部账目轧算平衡后，应停止一切收付，并将旧账余额按以下方法办理结转并建立新账。

(一)总账的结转

年度终了，总账各科目全部结转新账。结转时，应写新年度 1 月 1 日，在摘要栏记载“上年结转”字样。

(二)明细账的结转

结转明细账不填制凭证，按结转对照表结转过来的科目所属的账户余额，逐户转入下年度新账页上，并在新账页的摘要栏内注明“上年结转”字样，结转后新账名账户的余额之和，必须与总账同科目的余额相等，要认真验算核对。明细账由于核算方法不同，结转的方法也不相同。

(1)贷款明细账的结转，除账首有关栏目和贷款余额，未计利息的日数和积数结转新账外，还要将“贷款指标累计”、“发放贷款累计”、“收回贷款累计”等一并结转；年末贷款指标结余注销的应按减除注销指标数后的指标数(与发放贷款累计数相同)结转年终前已还清贷款的账户，不再办理结转。

(2)存款科目明细账按照余额结转。未计利息的日数和积数分别记入新账有关栏目。

(3)营业收支等损益科目余额分别转入“本年利润”科目，“本年利润”科目余额转入“利润分配”科目。下年只结转“利润分配”等权益性科目余额。

(4)应收及暂付款的结转。应收及暂付款要按照各账户余额或户内未销的内容和余额，逐笔结转新账。

(5)其余各科目明细账,均按年终余额逐户结转新账。

(6)各种登记簿的结转。各种登记簿、登记账延至下年继续使用。

五、决算整理期账务调整

为了正确编制决算财务会计报表,在年度过后、报出财务会计报表之前,设置决算整理期,按照金融企业会计制度的规定,进行必要的账务调整。决算整理期调账的对象是决算旧年度的账,称为旧账。但为了使新旧年度账务衔接,凡涉及新年度科目的账务,要填制新旧年度两套记账凭证,分别记载新旧年度账;不涉及结转新年度的账务,只填制旧年度一套凭证。记账日期都以调账日为准,摘要栏注明"决算整理期调账"字样。调整凭证要单独装订保管。

六、编审年度决算报告

编审年度决算报告是年度决算中的一项重要工作。银行年度决算报告采取从下向上逐级审查汇总编报的办法,是在决算账务调整的基础上编制而成的。

第二节　财务会计报告

一、财务会计报告的分类

银行应当按照《企业财务会计报告条例》的规定,编制和对外提供真实、完整的财务会计报告。

(一)财务会计报告按编制时间分类

财务会计报告按编制时间的不同,可分为年度、半年度、季度和月度财务会计报告。月度、季度财务会计报告是指月度和季度终了提供的财务会计报告;半年度财务会计报告是指在每个会计年度的前6个月结束后对外提供的财务会计报告;年度财务会计报告是指年度终了对外提供的财务会计报告。半年度、季度和月度财务会计报告统称为中期财务会计报告。

其中,月报因其概括的时间短,编报的次数频繁,所以其编报的内容要简明扼要,以能反映主要问题和主要情况为特征;年报需要概括的范围广、时间长,所以其编报的种类要齐全,综合反映的信息要全面、完整,以能全面地反映全年的经营活动为特征;季报的编报内容要求及特征介于月报和年报之间,具有承月报、启年报的作用和功效。季度、月度中期财务会计报告通常仅指会计报表,国家统一的会计制度另有规定的除外。

(二)财务会计报告按编制内容分类

财务会计报告按编制内容分类,可分为会计报表、会计报表附注和财务情况说明书(不要求编制和提供财务情况说明书的金融企业除外)。

1. 会计报表的主要内容

银行向外提供的会计报表包括资产负债表、利润表、现金流量表、利润分配表、所有者权益变动表、分部报表、信托资产管理会计报表、其他有关附表。

2. 会计报表附注的主要内容

(1)会计报表编制基准不符合会计核算基本前提的说明。

(2)重要会计政策和会计估计的说明。

(3)重要会计政策和会计估计变更的说明。

(4)或有事项和资产负债表日后事项的说明。

(5)关联方关系及其交易的披露。

(6)重要资产转让及其出售的说明。

(7)金融企业合并、分立的说明。

(8)会计报表中重要项目的明细资料。

(9)有助于理解和分析会计报表需要说明的其他事项。

半年度中期财务会计报告中的会计报表附注至少应当披露所有重大的事项。半年度中期财务会计报告报出前发生的资产负债表日后事项、或有事项等,除特别重大事项外,可不作调整或披露。

3. 财务情况说明书的主要内容

(1)金融企业经营的基本情况。

(2)利润实现和分配情况。

(3)资金增减和周转情况。

(4)对金融企业财务状况、经营成果和现金流量有重大影响的其他事项。

(三)财务会计报告按报表数字的信息特征分类

财务会计报告按照报表数字的信息特征,可分为静态报表和动态报表。静态报表如资产负债表,是假定银行处于指定时刻(即报表编填截止期)资产、负债和所有者权益的存在状况。动态报表如利润表、现金流量表,是反映银行在一段经营时间(即报表编填的时间区段)内的资金耗费和资金收回变动情况。

(四)财务会计报告按编制单位分类

财务会计报告按编制单位分类,可分为单位报表和汇总报表。单位报表是指银行某一具体机构在自身会计核算的基础上对会计资产进行整理加工而编制的会计报表,主要用于反映自身的财务状况、经营成果、现金流动情况;汇总报表是指根据所辖单位报送的、连同本单位会计报表汇总编制的综合性会计报表。

(五)财务会计报告按报送对象分类

财务会计报告按报送对象分类,可分为内部报表和外部报表。内部报表是指银行为适应内部经营管理需要而编制的不对外公开的报表。内部报表的种类、格式、指标体系、编制要求根据内部管理的要求由银行自行规定。外部报表是指银行对投资人、债权人、管理当局及相关公众提供的、展示银行经营成果和财务状况的报表,需要运用统一的会计报表语言。因此,银行对外提供的财务会计报告的内容、指标体系、会计报表的种类和格式、会计报表附注的主要内容等,由金融企业会计制度规定。

二、财务会计报告的编制要求

财务会计报告是重要的管理工具和信息工具,尤其是外部财务会计报告的编制,必须符合公认的基本会计假设和编制原则,以保证财务会计报告的质量,有益于报告的使用者阅读、理解财务会计报告的信息,据以做出正确的经济决策。具体编制要求可归纳为以下几点:

(1)真实、准确。要做到财务报告内容真实,数据准确。

(2)全面、完整。要求所报内容能全面、系统、有效地反映银行的经营活动和经营结果全貌,不能只求格式上的完整,不求内容上的完整。对各有效数据、资料,应全面反映在报告书内，不得少报、漏报、虚报、假报以及隐瞒一些经营活动或经营结果。

(3)编报及时。财务会计报告具有极强的时间效应，因此，按照现行金融企业会计制度的规定，银行的月度财务会计报告应当于月度终了后 6 天内（节假日顺延，下同）对外提供；季度财务会计报告应当于季度终了后 15 天内对外提供；半年度财务会计报告应当于年度中期结束后 60 天内（相当于 2 个连续的月度）对外提供；年度财务会计报告应当于年度终了后 4 个月内对外提供。年度财务报告应于年度终了后 4 个月内经过独立部门（如注册会计师事务所、中介机构、审计机关等）审校后向财政机关报出。银行对外提供的会计报表应当依次编定页数，加具封面，装订成册，加盖公章。封面上应当注明：银行名称、金融企业统一代码、组织形式、地址、报表所属年度或者月份、报出日期，并由银行负责人和主管会计工作的负责人、会计机构负责人（会计主管人员）签名并盖章；设置总会计师的银行，还应当由总会计师签名并盖章。

第三节　资产负债表及其编制

一、资产负债表的概念及格式

资产负债表是反映银行在某一特定日期财务状况的报表。例如，反映公历每年 12 月 31 日的财务状况。由于它反映的是某一时点的情况，所以又称为静态报表。资产负债表主要提供有关银行财务状况方面的信息。通过资产负债表，可以提供某一日期资产的总额及其结构，表明银行拥有或控制的资源及其分布的情况；提供某一日期的负债总额及其结构，表明银行未来需要用多少资产或劳务清偿债务以及清偿时间；反映所有者所拥有的权益，据以判断资本保值、增值的情况以及对负债的保障程度。资产负债表还可以提供进行财务分析的基本资料，如计算流动比率、速动比率等，表明银行的变现能力、偿债能力和资金周转能力，从而有助于会计报表使用者做出经济决策。

银行编制资产负债表的格式主要有以下几种：

(一)账户式资产负债表

账户式资产负债表又称水平式资产负债表，是依照“资产＝负债＋所有者权益”这一会计恒等式各项目的方向和方位特征设计的。通常将资产项目列在报表的左方，将负债项目和所有者权益项目列在报表的右方，要求左方合计数等于右方合计数。

(二)报告式资产负债表

报告式资产负债表又称垂直式资产负债表，根据“资产＝负债＋所有者权益”这一平衡公式中的三大项目的顺序按上、下方位安排，即资产项目列在报表的最上端，负债项目列在资产项目的下边，所有者权益项目列在报表的最下端。数量平衡关系采用资产项目的金额合计数减去负债项目的金额合计数的差额与所有者权益项目的金额合计数相等。这种格式的资产负债表主要强调所有者权益的实际权益数量。

我国采用账户式资产负债表格式，每个项目又分“期初余额”和“期末余额”两栏分别填列。

二、资产负债表列报总体要求

所谓资产负债表的内容，是指资产负债表中的项目及项目的分类，全体项目按其分类的方式在表中排列。目前我国主要是按流动性对资产和负债进行分类，按权益的项目对所有者权益进行分类。商业银行资产负债表中的资产、负债、所有者权益项目具体分类如下：

(一)资产的列报

资产负债表中的资产反映由过去的交易、事项形成并由企业在某一特定日期所拥有或控制的、预期会给企业带来经济利益的资源。资产应当按照流动资产和非流动资产两大类分别在资产负债表中列示,在流动资产和非流动资产类别下进一步按性质分项列示。

(二)负债的列报

资产负债表中的负债反映在某一特定日期企业所承担的、预期会导致经济利益流出企业的现时义务。负债应当按照流动负债和非流动负债在资产负债表中进行列示,在流动负债和非流动负债类别下再进一步按性质分项列示。

(三)所有者权益的列报

资产负债表中的所有者权益是企业资产扣除负债后的剩余权益,反映企业在某一特定日期股东投资者拥有的净资产的总额。资产负债表中的所有者权益一般按照净资产的不同来源和特定用途进行分类,应当按照实收资本(或股本)、资本公积、盈余公积、未分配利润等项目分项列示。资产负债表的具体格式见表14—1。

表14—1 **资产负债表**

项　目	期末余额	期初余额
资　产		
现金及存放中央银行款项		
存放同业及其他金融机构款项		
贵金属		
拆出资金		
以公允价值计量且其变动计入当期损益的金融资产		
衍生金融资产		
买入返售款项		
客户贷款及垫款		
可供出售金融资产		
持有至到期投资		
应收款项类投资		
长期股权投资		
固定资产		
在建工程		
递延所得税资产		
无形资产		
其他资产		
资产合计		
负　债		
向中央银行借款		

续表

项　　目	期末余额	期初余额
同业及其他金融机构存放款项		
拆入资金		
以公允价值计量且其变动计入当期损益的金融负债		
衍生金融负债		
卖出回购款项		
存款证及应付票据		
客户存款		
应付职工薪酬		
应交税费		
应付次级债券		
递延所得税负债		
其他负债		
负债合计		
股东权益		
股本		
资本公积		
盈余公积		
一般准备金		
未分配利润		
负债及股东权益总计		

三、资产负债表的编制

会计报表的编制，主要是通过对日常会计核算记录的数据加以归集、整理，使之成为有用的财务信息。我国银行资产负债表各项目数据的来源，主要通过以下几种方式取得：

(一)根据总账科目余额直接填列

如"现金及存放中央银行款项"、"存放同业款项"、"贵金属"等项目，根据相应总账科目的期末余额直接填列。

(二)根据总账科目余额计算填列

如"固定资产"项目，应根据"固定资产"科目的期末余额减去"累计折旧"和"固定资产减值准备"科目期末余额后的金额填列。

(三)根据明细科目余额计算填列

如"客户存款"项目，根据各有关存款科目所属相关明细科目的期末贷方余额计算填列。

(四)根据总账科目余额和明细科目余额分析计算填列

如"客户贷款和垫款"项目，根据"贷款"、"贴现"等科目的期末借方余额减去"贷款损失准备"科目所属明细科目期末余额后的金额分析计算填列。

(五)根据科目余额减去其备抵项目后的净额填列

如"无形资产"项目,根据"无形资产"科目的期末余额减去"无形资产减值准备"备抵科目余额后的净值填列。

在我国,资产负债表的"期初余额"栏内各项数字,根据上年末资产负债表"期末余额"栏内各项数字填列,"期末余额"栏内各项数字根据会计期末各总账账户及所属明细账户的余额填列。如果当年度资产负债表规定的各个项目的名称和内容同上年度不一致,则按编报当年的口径对上年年末资产负债表各项目名称的数字进行调整,填入本表"期初余额"栏内。

四、资产负债表的附表

(一)资产减值准备明细表

资产减值准备明细表,是反映银行一定会计期间各项资产减值准备的增减变动情况的报表。资产减值准备明细表包括在年度会计报表的附注中,是资产负债表的附表。

《金融企业会计制度》规定,银行应当定期或者至少于每年年度终了,对各项资产进行检查,并根据谨慎性原则的要求,合理预计各项资产可能发生的损失,对可能发生的各项资产损失计提减值准备。在资产负债表中,银行的各项资产是以其账面价值列示的,即扣除了减值部分。为了全面反映银行各项资产的减值情况,给会计信息使用者提供有用的信息,便于深入分析资产减值情况,对银行的未来发展前景作出预测,要求银行编制资产减值准备明细表。

资产减值准备明细表包括表首和正表两部分。其中,表首说明报表名称、编制单位、编制日期、报表编号、货币名称、计量单位等;正表是资产减值准备明细表的主体,具体说明资产减值准备表的各项内容。银行主要编制贷款损失准备明细表。表中项目分为年初余额、本年增加数、本年转回数、年末余额 4 栏,分别列示其年度变化过程或结果。

(二)所有者(股东)权益增减变动表

所有者(股东,下同)权益增减变动表,是反映银行在某一特定日期所有者权益增减变动情况的报表,所有者权益增减变动表包括在年度会计报表中,是资产负债表的附表。

所有者权益增减变动表全面反映银行的所有者权益在年度内的增减变化情况,便于会计信息使用者深入分析银行所有者权益的增减变化情况,进而对银行的资本保值增值情况做出正确判断,从而提出对决策有用的信息。

所有者权益增减变动表包括表首和正表两部分。其中,表首说明报表名称、编制单位、编制日期、报表编号、货币名称、计量单位等;正表是所有者权益增减变动表的主体,具体说明所有者权益增减变动的各项内容,包括实收资本(股本)、资本公积、法定和任意盈余公积、法定公益金、一般准备金、未分配利润等。每个项目分为年初余额、本年增加数、本年减少数、年末余额四小项,每个小项中,又分别具体情况列示其不同内容。

所有者权益增减变动表各项目根据"实收资本"、"资本公积"、"盈余公积"、"一般准备金"、"未分配利润"等科目的发生额分析填列。

第四节 利润表

一、利润表的概念及格式

利润表是反映银行在一定会计期间经营成果的报表。例如,反映 1 月 1 日至 12 月 31 日经营成果的利润表。由于它反映的是某一期间的情况，所以又称为动态报表。有时利润表也称为损益表、收益表。利润表主要提供有关银行经营成果方面的信息。通过利润表，可以反映银行一定会计期间的收入实现情况。

从总体结构看，利润表一般分为两个部分：一部分用于反映银行在某一会计期间所取得的全部收入，以及为取得收入而支付的费用；另一部分用于反映银行在该会计期间财务成果的分配情况，并与资产负债表上的有关项目相关联。前者为报表使用者提供银行在该会计期间利润（或亏损）总额的信息，后者向报表使用者报告银行在该会计期间财务成果的分配过程和结果。

利润表是按"收入－成本费用＝利润（或亏损）"这一会计等式的关系来编制的，编制的格式必须反映这一等式的计算规则和计算规律。利润表的格式主要有两种：

（一）单步骤利润表格式

单步骤利润表为上下对照的账户式结构。报表分为上下两个主要部分，上部分列示各收入类项目的名称和金额；下部分列示各费用支出类项目的名称和金额，两项相减得出当期净损益。整个报表与计算公式"收入－成本费用＝利润（或亏损）"相照应，将收入类项目的金额合计数减去费用支出类项目的金额合计数，结果应为当期的利润或亏损额。以这种格式编制利润表，优点是结构简单、直观，编制比较容易；缺点是不能反映收支项目之间的内在联系，只表现了单纯的计算关系，不利于报表使用者对银行经营结果与分配情况作分析及比较，只宜供规模较小的商业银行企业选用。

（二）多步骤利润表格式

多步骤利润表的本期利润总额是通过多步计算求出的，通常采用从上到下逐项计算的结构形式。首先通过营业收入和营业支出相减计算营业利润；然后由营业利润、投资收益、营业外收入、营业外支出 4 个项目相加减计算利润总额；最后，通过利润总额减所得税费用计算净利润。多步骤利润表的优点是能充分揭示收支项目之间的各种增减关系，能为报表使用者提供科学的数据结构；缺点是报表的结构与编制方法比较复杂。利润表的具体格式见表 14－2。

表 14－2　　**利润表**

项　　目	本期数	本年累计数
一、营业收入		
利息收入		
利息支出		
利息净收入		
手续费及佣金收入		
手续费及佣金支出		
手续费及佣金净收入		
投资收益		
其中：对联营及合营企业的投资收益		
公允价值变动（损失）收益		
汇兑收益（损失）		

续表

项　目	本期数	本年累计数
其他业务收入		
二、营业支出		
营业税金及附加		
业务及管理费		
资产减值损失		
其他业务成本		
三、营业利润		
加:营业外收入		
减:营业外支出		
四、利润总额		
减:所得税费用		
五、净利润		
六、每股收益(金额单位为元/股)		
(一)基本每股收益		
(二)稀释每股收益		
七、其他综合收益		
八、综合收益总额		

在我国,利润表采用多步式,每个项目通常又分为“本期数”和“本年累计数”。“本月数”栏反映各项目的本月实际发生数;在编制中期财务会计报告时,填列上年同期累计发生数;在编制年度财务会计报告时,填列上年全年累计实际发生数。如果上年度利润表与本年度利润表的项目名称和内容不一致,则按编制当年的口径对上年度利润表项目的名称和数字进行调整,填入本表“上年数”栏。在编制中期和年度财务会计报告时,将“本期数”栏改成“上年数”栏。本表“本年累计数”栏反映各项目自年初起至报告期末止的累计实际发生数。

二、利润表的编制说明

(1)“营业收入”项目,反映“利息净收入”、“手续费及佣金净收入”、“投资收益”、“公允价值变动”、“汇兑收益”、“其他业务收入”等项目的金额合计。

(2)“营业支出”项目,反映“营业税金及附加”、“业务及管理费”、“资产减值损失”、“其他业务成本”等项目的金额合计。

三、利润表的附表

(一)利润分配表

利润分配表,是反映银行一定会计期间对实现净利润以及以前年度未分配利润的分配或者亏损弥补的报表。利润分配表包括在年度会计报表中,是利润表的附表。

利润分配表一般有表首和正表两部分。其中，表首说明报表名称、编制单位、编制日期、报表编号、货币名称、计量单位等；正表是利润分配表的主体，具体说明利润分配的各项内容，每项内容通常还分为“本年实际”和“上年实际”两栏填列。在我国，利润分配表的“本年实际”栏，根据“本年利润”及“利润分配”科目及其所属明细科目的记录分析填列；“上年实际”栏根据上年“利润分配表”填列。如果上年度利润分配表与本年度利润分配表的项目名称和内容不一致，则按编报当年的口径对上年度报表项目的名称和数据进行调整，填入本表“上年实际”栏内。

(二)分部报告

分部报告是指银行对外提供的财务会计报告中，按照确定的银行内部组成部分(业务分部或地区分部)提供的各组成部分有关收入、资产和负债等信息的报告。分部报告包括在年度会计报表中，是利润表的附表。

所谓分部，是指银行内部可区分的、专门向外部提供信息的一部分。分部包括业务分部和地区分部两类。

1. 业务分部的确定

业务分部是指银行内可区分的组成部分，该组成部分提供单项金融产品或劳务，或一组相关金融产品或劳务，并且承担不同于其他业务分部所承担的风险和回报，如房地产信贷部、票据业务部、金融衍生工具业务部等。

2. 地区分部的确定

地区分部是指银行内可区分的组成部分，该组成部分在一个特定的经济环境内提供金融产品或劳务，并且承担不同于在其他经济环境下经营的组成部分所承担的风险和回报。例如经济开放地区的业务部、外汇管制地区的业务部、经济发展先进地区的业务部等。

3. 报告分部的确定

报告分部是指按确定的业务分部或地区分部对其相关信息予以披露的业务分部或地区分部。一般情况下，满足以下三个条件之一的，可以纳入报告分部的范畴。

(1)分部营业收入占所有分部营业合计的10%或以上。这里所指的营业收入包括主营业务收入和其他业务收入。

(2)分部营业利润占所有盈利分部营业利润合计的10%或以上；或者分部营业亏损占所有亏损分部营业亏损合计的10%或以上。

(3)分部资产总额占所有分部资产总额合计的10%或以上。

需要注意的是，如果银行按上述条件纳入报告分部范围的各个分部对外营业收入总额低于银行全部营业收入总额的75%，应将更多的分部纳入报告分部范围(即使未满足上述条件)，以使至少达到编制的分部报表各个分部对外营业收入总额占银行全部营业收入总额的75%及以上。纳入分部报表的各个分部最多为10个，如果超过，应将相关的分部予以合并反映；如果某一分部的对外营业收入总额占银行全部营业收入总额的90%及以上，则不需要编制分部报表。

第五节　现金流量表

一、现金流量表的概念及作用

现金流量表是综合反映一定期间内银行现金(及其等价物)流入和流出信息的会计报表。

通过现金流量表能够说明银行一定期间内的现金流入和流出的原因；分析投资和理财活动对银行经营成果和财务状况的影响及银行的支付能力、偿债能力和周转能力；评价银行的经营质量、经营特征；预测银行未来的现金流量、经营走势和潜在发展能力。

二、现金流量表的内容

对现金流量进行恰当的分类构成现金流量表的主要内容，它通常包括以下三类现金流量：

(一)经营活动产生的现金流量

经营活动是指银行除投资活动和筹资活动以外的所有交易或事项，包括对外发放的贷款和收回的贷款；吸收的存款和支付的存款本金；同业存款及存放同业款项；向其他金融企业拆借的资金、利息收入和利息支出；收回的已于前期核销的贷款；经营证券业务的企业买卖证券所收到或支出的现金；融资租赁所收到的现金。

经营活动产生的现金流量是银行通过运用所拥有或控制的资产创造的现金流量，是与净利润有关的现金流量。通过现金流量表中反映的经营活动产生的现金流入和流出，说明经营活动对现金流入和流出净额的影响程度。

(二)投资活动产生的现金流量

投资活动是指金融企业长期资本以及不包括在现金等价物范围内的投资的购建和处置，包括取得或收回权益性证券的投资，购买或收回的债券投资，购建和处置的固定资产、无形资产和其他长期资产等。投资活动产生的现金流量不包括作为现金等价物的投资，作为现金等价物的投资属于现金自身的增减变化，如购买还有一个月到期的债券等，都属于现金内部各项目转换，不会影响现金净额的变动。通过现金流量表中反映的投资活动产生的现金流量，可以分析银行通过投资获取现金流量对企业现金流量净额的影响程度。

(三)筹资活动产生的现金流量

筹资活动是指导致银行资本及债务规模和构成发生变化的活动，包括吸收权益性资本、发行债券、借入资金、支付股利、偿还债务等。通过现金流量表中筹资活动产生的现金流量，可以分析金融企业筹资的能力，以及筹资产生的现金流量对企业现金流量净额的影响程度。

三、现金流量表的格式

编制现金流量表时，经营活动现金流量的列报方法有两种：一是直接法，二是间接法。这两种方法通常也称为现金流量表的编制方法。直接法是通过现金收入和支出的主要类别来反映银行经营活动的现金流量，一般是以利润表中的营业收入为起算点，调整与经营活动有关的项目的增减变动，然后计算出经营活动的现金流量。间接法是以本期净利润为起算点，调整不涉及现金的收入、费用、营业外收支以及有关项目的增减变动，据此计算出经营活动的现金流量。

采用直接法编制的现金流量表，便于分析银行经营活动产生的现金流量的来源和用途，预测现金流量的未来前景；采用间接法编制的现金流量表，便于将净利润与经营活动产生的现金流量额进行比较，了解净利润与经营活动产生的现金流量差异的原因，从现金流量的角度分析净利润的质量。《企业会计准则——现金流量表》规定，银行应当采用直接法编制现金流量表，同时要求提供在净利润基础上调节经营活动现金流量的信息，即同时采用直接法和间接法两种方法编制现金流量表。

现金流量表的具体格式见表 14－3。

表 14—3　　现金流量表

项　　目	本年数	上年数
一、经营活动产生的现金流量		
客户存款净增加额		
拆出资金净额		
同业及其他金融机构存放款净额		
拆入资金净额		
卖出回购款项的净额		
为交易而持有的投资款项净额		
指定为公允价值计量且其变动计入当期损益的债券投资款项净额		
以公允价值计量且其变动计入当期损益的金融负债款项净额		
收取的利息、手续费及佣金现金		
收取的以公允价值计量且其变动计入当期损益的债券投资收益		
收到的其他与经营活动有关的现金		
经营活动现金流入小计		
客户贷款及垫款净增加额		
存放中央银行款项净额		
存放同业及其他金融机构款项净额		
同业及其他金融机构存放款项净额		
拆入资金净额		
拆出资金净额		
买入返销售款项净额		
卖出回购款项的净额		
以公允价值计量且其变动计入当期损益的金融负债款项净额		
支付的利息、手续费及佣金的现金		
支付给职工以及为职工支付的现金		
支付的各项税费		
支付其他与经营活动有关的现金		
经营活动现金流出小计		
经营活动产生的现金净流量净额		
二、投资活动产生的现金流量		
收回投资收到的现金		

续表

项　　目	本年数	上年数
取得子公司所收到的现金净额		
分得股利所收到的现金		
处置联营公司所收到的现金		
处置固定资产、无形资产和其他长期资产支付的现金		
增加在建工程所支付的现金		
投资活动现金流出小计		
投资活动产生的现金流量净额		
三、筹资活动产生的现金流量		
吸收投资收到的现金		
发行债券收到的现金		
筹资活动现金流入小计		
偿付债券利息支付的现金		
分配股利支付的现金		
筹资活动现金流出小计		
筹资活动产生的现金流量净额		
四、汇率变动对现金及现金等价物的影响		
五、现金及现金等价物净额增加		
加:年初现金及现金等价物余额		
六、年末现金及现金等价物余额		

四、现金流量表的编制方法

具体编制现金流量表时,可以采用工作底稿法,也可以采用T形账户法,还可以直接根据有关账户分析填列。

(一)工作底稿法

采用工作底稿法编制现金流量表,就是以工作底稿为手段,以利润表和资产负债表数据为基础,对每一项目进行分析并编制调整分录,从而编制出现金流量表。

在直接法下,整个工作底稿纵向分成三段:第一段是资产负债表项目,其中又分为借方项目和贷方项目两部分;第二段是利润表项目;第三段是现金流量表项目。工作底稿横向分为五栏:在资产负债表部分,第一栏是项目栏,填列资产负债表各项目名称;第二栏是期初数,用来填列资产负债表项目的期初数;第三栏是调整分录的借方;第四栏是调整分录的贷方;第五栏是期末数,用来填列资产负债表项目的期末数。在利润表和现金流量表部分,第一栏也是项目栏,用来填列利润表和现金流量表项目名称;第二栏空置不填;第三、四栏分别是调整分录的借方和贷方;第五栏是本期数,利润表部分这一栏数字应和本期利润表数字核对相符,现金流量表部分这一栏的数字可直接用来编制正式的现金流量表。采用工作底稿法编制现金流量表的程序是：

(1)将资产负债表的期初数和期末数过入工作底稿的“期初数”栏和“期末数”栏。

(2)对当期业务进行分析并编制调整分录。调整分录大体有以下几类：第一类涉及利润表中的收入、成本和费用项目以及资产负债表中的资产、负债及所有者权益项目，通过调整，将权责发生制下的收入费用转换为现金基础；第二类是涉及资产负债表和现金流量表中的投资、筹资项目，反映投资和筹资活动的现金流量；第三类是涉及利润表和现金流量表中的投资和筹资项目，目的是将利润表中有关投资和筹资方面的收入和费用列入现金流量表投资、筹资现金流量中去。此外，还有一些调整分录并不涉及现金收支，只是为了核对资产负债表项目的期末期初变动数。

在调整分录中，有关现金和现金等价物的事项并不直接借记或贷记现金，而是分别记入“经营活动产生的现金流量”、“投资活动产生的现金流量”、“筹资活动产生的现金流量”有关项目。借记表明现金流入，贷记表明现金流出。

(1)将调整分录过入工作底稿中的相应部分。

(2)核对调整分录，借贷合计应当相等，资产负债表项目期初数加减调整分录中的借贷金额以后，应当等于期末数。

(3)根据工作底稿中的现金流量表项目部分编制正式的现金流量表。

(二)T形账户法

采用T形账户法，就是以T形账户为手段，以利润表和资产负债表数据为基础，对每一项目进行分析并编制调整分录，从而编制出现金流量表。采用T形账户法编制现金流量表的程序如下：

(1)为所有的非现金项目(包括资产负债表项目和利润表项目)分别设置T形账户，并将各自的期末期初变动数过入各该账户。

(2)开设一个大的“现金及现金等价物”T形账户，每边分为经营活动、投资活动和筹资活动三个部分，左边记现金流入，右边记现金流出，与其他账户一样，过入期末期初变动数。

(3)以利润表项目为基础，结合资产负债表分析每一个非现金项目的增减变动，并据此编制调整分录。

(4)将调整分录过入各T形账户，并进行核对，该账户借贷相抵后的余额与原先过入的期末期初变动数应当一致。

(5)根据大的“现金及现金等价物”T形账户编制正式的现金流量表。

第六节 会计报表附注和财务情况说明书

一、会计报表附注

会计报表附注是为了便于会计报表使用者理解会计报表的内容而对会计报表的编制基础、编制依据、编制原则和方法及主要项目等所作的解释。它是对会计报表的补充说明，是财务会计报告的重要组成部分。

(一)会计报表编制基准不符合会计核算基本前提的说明

(1)会计报表不符合会计核算基本前提的事项。

(2)对编制合并会计报表的企业,应说明纳入合并范围的子公司的名称、业务性质、注册地、注册资本、实际投资额、母公司所持有的权益性资本的比例及合并期间。报告期纳入合并范围的子公司有增减变动的,还应说明增减变动的情况以及合并范围变动的基准日。对纳入合并范围但母公司持股未达到50%以上的子公司,应说明纳入合并范围的原因。

(二)重要会计政策和会计估计的说明

(1)贷款的种类和范围。

(2)计提贷款损失准备的范围和方法。根据个别款项的实际情况认定的准备,应说明认定的依据,如根据对借款人还款能力、财务状况、抵押担保充分性等的评价。

(3)回售证券的计价方法、收益确认方法。

(4)收入确认原则。

(5)对于外汇交易合约、利率期货、远期汇率合约、货币和利率套期、货币和利率期权等衍生金融工具,应说明其计价方法。

(6)会计年度、记账本位币、记账基础和计价原则、外币业务折算方法、外币报表折算方法、现金等价物的确定标准、合并会计报表的编制方法、短期投资核算方法、坏账核算方法、存货核算方法、长期投资核算方法、固定资产计价和折旧方法、在建工程核算方法、委托贷款计价以及委托贷款减值准备的确认标准及计提方法、无形资产计价及摊销政策、长期待摊费用的摊销政策、借款费用的会计处理方法、应付债券的核算方法、收入确认的方法、所得税的会计处理方法等。

(三)重要会计政策和会计估计变更的说明

(四)或有事项和资产负债表日后事项的说明

(五)关联方关系及其交易的披露

(六)重要资产转让及其出售的说明

(七)金融企业合并、分立的说明

(八)会计报表中重要项目的明细资料

(1)分类列示存放中央银行款项,披露计算依据。

(2)按存放境内、境外同业披露存放同业款项。

(3)按拆放境内、境外同业披露拆放同业款项。

(4)按贷款性质(如信用、保证、抵押、质押等)披露短期贷款。

(5)按性质(如国债、金融债券回购)披露回购证券。

(6)按信用贷款、保证贷款、抵押贷款、质押贷款分别披露不同期限的中长期贷款。

(7)按信用贷款、保证贷款、抵押贷款、质押贷款分别披露贷款的期初数、期末数。

(8)按贷款风险分类的结果披露贷款的期初数、期末数。

(9)披露贷款损失准备的期初、本期计提、本期转回、本期核销、期末数;一般准备、专项准备和特种准备应分别披露。

(10)按境内、境外披露同业拆入期初数、期末数。

(11)披露存入承兑汇票保证金、信用证开证保证金、外汇买卖交易保证金等短期保证金的期初数和期末数。

(12)披露发行的短期债券名称、面值、发行日期、到期日、发行金额。

(13)披露银行承兑汇票、融资保函、非融资保函、贷款承诺、开出即期信用证、开出远期信用证、金融期货、金融期权等表外项目,包括它们的年末余额及其他具体情况。

(14)披露委托交易的期初数和期末数。

(15)披露金融工具的风险头寸,如信贷风险、货币风险、利率风险、流动性风险等。

(16)未决赔款准备金估计的基础、未到期责任准备金计提的方法、对采用贴现方法提取准备金的说明(使用的贴现率及确定依据)、长期责任准备金的计提方法、寿险责任准备金和长期健康险责任准备金的精算方法及采用的主要精算假设。

(17)关于投资联结产品,应披露独立账户的财务状况、经营成果、净资产变动情况以及独立账户的资产估值方法、单位净资产、单位卖出价和买入价等情况。

(18)关于万能寿险产品,应披露保单持有人利益等情况。

(19)分红保险产品,应披露可供分配的分红产品收益、公司留存的分红产品收益、分红比率等情况。

(20)投资型财产险,应披露保证收益率等情况。

(21)披露自营证券分类、计价依据,以及自营证券成本结转方法。

(22)分类披露代买卖证券款的期初数和期末数。

(23)按承销方式披露代发行证券款的期初数、本期承购数、本期支付发行人数和期末数。

(24)按债券种类披露代兑付债券款的期初数、本期收到兑付资金、本期已兑付债券、本期抵扣手续费收入和期末数。

(25)因信托投资公司自身责任而导致的信托资产损失等。

(九)有助于理解和分析会计报表需要说明的其他事项

二、财务情况说明书

财务情况说明书是以文字来补充说明金融企业在一定会计期间内财务经营状况、利润实现及分配等情况的综合性说明,是财务会计报告的重要组成部分。《金融企业会计制度》中规定,财务情况说明书至少应当对下列情况做出说明:金融企业经营的基本情况;利润实现和分配情况;资金增减和周转情况;对金融企业财务状况、经营成果和现金流量有重大影响的其他事项。

(一)银行经营的基本情况

银行通常需要反映以下有关银行经营的基本情况:银行主营业务范围及经营情况;银行所处的行业及在本行业中的地位;银行员工的数量和专业素质情况;经营中出现的问题与困难及解决方案;对银行业务有影响的知识产权;经营环境变化;新年度业务发展计划,如经营目标等;开发在建项目的预期进度;配套资金的筹措计划;需要披露的其他业务情况与事项。

(二)利润实现和分配情况

利润实现和分配情况,主要指银行本年度实现的净利润及其分配情况,如实现的净利润额;在利润分配中,提取法定盈余公积金和法定公益金的数额,提取的一般准备金数额;累计可分配利润的规模;资本公积金转增实收资本(或股本)的情况,如果在本年度内没有发生利润分配情况或资本公积金转增实收资本的情况,则银行需要在财务情况说明书中明确说明。银行利润的实现和分配情况对于判断银行未来发展前景至关重要,所以需要银行披露有关利润实现和分配情况方面的信息。

(三)资金增减和周转情况

资金增减和周转情况主要反映年度内银行各项资产、负债、所有者权益、利润构成项目的增减情况及其原因,这对于财务会计报告使用者了解银行的资金变动情况具有重要意义。

思考与练习

一、名词解释

1. 年度决算
2. 资产负债表
3. 利润表
4. 现金流量表

二、填空题

1. 年度决算是根据日常会计核算资料，通过会计报表等形式对会计年度内经营状况及财务成果进行(　　)和(　　)的一项综合性工作。

2. 我国的会计年度是公历(　　)起至(　　)止。

3. 附属会计核算单位通过(　　)或(　　)方式，由(　　)合并进行年度决算。

4. 商业银行财务会计报告由(　　)、(　　)、(　　)组成。

三、思考题

1. 年度决算的基本要求和程序如何？
2. 决算日的工作有哪些？
3. 年度决算要编制哪些会计报表？如何编制？

参考文献

[1]中华人民共和国财政部:《企业会计准则》,经济科学出版社 2006 年版。

[2]中华人民共和国财政部:《企业会计准则——应用指南》,中国财政经济出版社 2006 年版。

[3]中国人民银行会计司:《支付结算制度汇编》,新华出版社 1997 年版。

[4]丁元霖:《银行会计》,立信会计出版社 2007 年版。

[5]张慧钰、莫桂青:《银行会计》,上海财经大学出版社 2013 年版。